铁面皇帝：雍正

吕志勇　著

河南文艺出版社
·郑州·

图书在版编目（CIP）数据

铁面皇帝：雍正 / 吕志勇著 . -- 郑州：河南文艺出版社，2023.7

（读客中国史入门文库）

ISBN 978-7-5559-1545-4

Ⅰ . ①铁… Ⅱ . ①吕… Ⅲ . ①雍正帝（1678-1735）- 传记 Ⅳ . ① K827=49

中国国家版本馆 CIP 数据核字 (2023) 第 104675 号

铁面皇帝：雍正

著　　者 吕志勇
责任编辑 李亚楠
责任校对 梁　晓
特约编辑 王星麟　刘　芬　王　珺
策　　划 读客文化
版　　权 读客文化
封面设计 陈　晨　周　末
出版发行 河南文艺出版社
印　　刷 三河市龙大印装有限公司
开　　本 710mm × 1000mm　1/16
印　　张 18.5
字　　数 263 千
版　　次 2023 年 7 月第 1 版
印　　次 2023 年 7 月第 1 次印刷
定　　价 49.90 元

读客®

读客中国史入门文库

顺着文库编号读历史，中国史来龙去脉无比清晰！

目　录

蓄势：佛系旁观者夺位胜出

喜怒不定的少年

1

康熙十七年（1678）三月初一，被清军围剿了五年、穷途末路的吴三桂自知年老，决定“过过瘾”，希望靠“回光返照”的称帝行为冲喜，于是宣布在衡州（今湖南省衡阳市）建立周。称帝之后，册封皇后、立太孙；设六部，置百官，封国公；诏颁新历（年号昭武）；在云南、贵州、四川、湖南举行乡试。

吴三桂在大清外另起炉灶，弄得有模有样不亦乐乎，甚至荒唐到大殿上的瓦都来不及换，直接用黄漆涂抹，还临时搭建了数百间茅草屋当作朝房。然而就在祭拜天地时，狂风忽起，暴雨骤降，登基闹剧只得草草收场。

同年八月，六十七岁的吴三桂因急性赤痢突然撒手归天。

听闻吴三桂一命呜呼，二十五岁的青年大帝康熙按捺住兴奋，冷静地以最高统帅的身份遥控指挥。

就在康熙誓要将吴三桂集团一网打尽之时，这一年的十月三十日寅时（凌晨三时至凌晨五时），紫禁城传出喜报：又一个儿子降生。

康熙十四岁就有了第一个儿子，之后生的儿子，因各种原因多夭亡。

降生的这个皇子，依顺序本是第十一个皇子，可前面夭折了七个，当前健康存世的仅有康熙十一年（1672）出生的胤禔、康熙十三年（1674）出生的胤礽和康熙十六年（1677）出生的胤祉。按照清朝皇室的规矩，幼殇的皇儿不算序齿。这个新生儿自然就是皇四子，取名胤禛。

去岁刚添皇子，今年又诞子嗣，连添两子，宿敌吴三桂又死，上苍眷顾，康熙感觉红光喜照，国运整体大好，预示大清国蒸蒸日上。

胤禛的母亲，是三年前进宫的乌雅氏，如今才十九岁，这是她生的第一个儿子。

顺治、康熙两朝的皇子，多交给内务府官员抚养，成年之后，将抚养之家的产业赐予该皇子。还有一条路子，就是由皇帝指定的妃嫔代为抚养。

照例，胤禛也应该找人抚养，因为他母亲只是个地位卑微的宫女，没有抚育皇子的权利。

在讲究地位的地方，身份是一根绳索，皇帝也要受约束。

这一次，康熙挑选了皇宫里地位尊崇的贵妃佟佳氏来抚养胤禛。用康熙的话说："朕之诸子，多令人视养……惟四阿哥朕亲抚育。"这成为胤禛继位后炫耀皇阿玛"早有偏爱"的资本，也是对怀疑其皇位来路不正之人的有力驳斥。

母凭子贵，子首先要贵。胤禛是爱新觉罗的子孙、康熙血胤、皇亲贵胄。交给贵妃抚养，贵上加贵。其生母次年因"诞子有功"被封为德嫔。

一国之君的康熙，并不会将太多的心思放在恩养皇子上。

十六岁拿下权臣鳌拜，年轻气盛的康熙正在全力除三藩。铁腕扭转乾坤、雄霸天下是他的首要政治任务。

幸运的是，胤禛身体健康，少有灾殃。贵妃无子，就把这"霸占"来的养子当成亲儿子疼爱。景仁宫内，母慈子"淘"，胤禛幸福地长到五岁。

2

康熙对待皇子的教育，达到了严父教育的巅峰。胤禛和别的皇子一样，六岁开始进入尚书房读书。

每天凌晨四时，空旷昏暗的紫禁城内，达到读书年龄的皇子们已经点着白纱灯笼经隆宗门走进尚书房无逸斋内，开始咿咿呀呀地复习前一天的功课。

五时，康熙亲自在帝国精英中挑选的大儒（皇子师傅）来到课堂，先以臣礼给皇子们行跪拜礼，转脸便以严肃师礼检查功课。学生与师傅互相尊重又互相制约，这种怪诞的教育方式却并不影响学业进步。

皇子们必须吐字清晰、背诵内容一字不错，方才过关。然后师傅为他们挑选新功课，让其背诵。

师傅是多学科合成团队。汉族师傅非状元即翰林院学士，有张英、熊赐履、李光地、汤斌等人，主讲经史子集等文化课；满族师傅主要教授满文和蒙古文、弓箭、骑马射箭、游泳等技艺；还请法国传教士白晋等客串算术、几何等课程的讲师。

集语言、体育、历史、理学、科学等多学科为一体的综合素质教育，是为了保证这些“人上人”将来名实相符，不丢皇家脸面。

中午一时，皇子们开始练习书法。读书和练字必须正襟危坐，每个字要写一百遍，不得偷懒。为避免书房内外、宫中上下巴结皇子或者出于真心而叫好，康熙下了一道严厉的谕旨：谁敢赞美，我就治理谁！

吃饭也不能打乱学习的节奏。侍卫们送来饭，老师跪着接过去吃。皇子在旁边吃，午饭后不能休息，继续埋头功课。

畅春园内的尚书房，俨然就是皇子和老师们的“学业监狱”。任何人不得违反规矩，且整个帝国皆以此为荣，尤其是师傅们心里最为骄傲，这些学生既有将来的亲王，又有储君，这不仅仅是当朝受益，很可能会成为下一朝最辉煌的资历，是要载入史册、光宗耀祖以至不朽的荣誉。

老师也是不断更换的。胤禛跟随汉族师傅张英学习“四书”“五经”，向徐元梦学习满文。与胤禛感情最深厚的老师是顾八代，他是满族镶黄旗人，康熙二十三年（1684）以侍讲学士入值尚书房，后升为礼部尚书。顾八代品行端方，学术醇正，但非常清贫，死后连办丧事的钱都没有。胤禛亲自给他料理了丧事，出资安葬。顾八代勤俭、端正的作风，给少年胤禛留下了非常深刻的印象，以至于胤禛登基后曾无数次提倡节俭并以身作则。他奉劝臣子们递送奏折要节省，要爱惜绫子，除了封面用，折子本身还是用黄色纸即可。亲信张廷玉曾目睹胤禛吃饭时，连掉在桌上的饭粒、饼屑都要吃干净。

康熙看似是正位继统的安稳皇帝，可他接手帝国时，正是满族政权由顾命大臣辅政向皇家独裁过渡的时期，他的父皇顺治帝并没有很好地解决这个棘手的问题。八岁登基的爱新觉罗·玄烨（康熙）不是要安稳地接管清廷，他受强势且颇具手段的祖母影响，誓要做一代雄主，让大清帝国在他手中成为超级强国！他要做千古帝王！

既然要让大清国强盛，就不能让皇家后继无人或有人无才。他见很多贵胄之家，对子孙过于娇纵，在锦衣玉食的喂养下，这些子孙成年后不是痴呆无知就是任性狂恶，照此下去，不是败家就是亡国。

康熙紧急踩下刹车，刹住这股歪风邪气。他从自己做起，对皇子教育不容有丝毫微小的错误，一经发现，当即严饬！严父训导下，确实无犬子。后来的诸多皇子，在争夺皇位中展示出的百般智慧和过人手段，着实非凡。

3

胤禛和诸皇子接受的不仅仅是师傅们严格的教育，还有幸随皇阿玛康熙一同到野外实战。

从皇子们懂事起，康熙就训练他们骑马、射箭和使用各种火器。可也并非全部皇子都精通这些武艺，胤禛就没有锻炼成武林高手。他更热衷于吟诗作赋，还善于在适当的时候，用诗才代替口才。

康熙二十九年（1690），大漠西部准噶尔部首领噶尔丹野心勃勃，攻占了漠北喀尔喀蒙古。康熙震怒并发出谕旨，令其收兵。噶尔丹不但不听劝告，直接出兵蒙古，还口出狂言，要夺取黄河，当作饮马的马槽！

小小噶尔丹，好大口气，真是人心不足蛇吞象！

正值盛年的康熙，已做了三件大事：制服鳌拜、平定三藩、收复台湾。听到嚣张的噶尔丹如此不听话，是定要教训的。

于是，康熙三十五年（1696），四十三岁的康熙亲征噶尔丹，命皇子随行参与军事。时年十九岁的胤禛奉命掌管正红旗大营。胤禛与掌管镶黄旗的五阿哥胤祺、掌管正黄旗的七阿哥胤祐、掌管镶红旗的八阿哥胤禩，煞有介事地参与讨论进兵策略。这一次，胤禛是参战皇子中年龄最大的一个。第二年，康熙再次出征，彻底击败噶尔丹，这回没有带胤禛，或许上一次讨论不符合康熙意图，或许康熙觉得二十岁的胤禛不需要再加入这种“参谋团”。胤禛对没有参加出征并非毫不在意，他作了首《狼居胥山大阅》的诗：“帝为生民计，狼胥阅大兵。穷荒金鼓震，朔漠旆旌明。令出山川动，威扬神鬼惊。技娴百战勇，恩重一身轻……”言辞夸张，对康熙在狼居胥山大阅兵极尽赞美。他知道，皇阿玛正需要听到这样的赞美之词。

这还不算够，胤禛又作了《功成回銮恭颂二首》诗：“庙算无遗策，神功迈昔踪。凯旋旌耀日，光景霁天容。”将康熙的功劳与上天相比。同时，“共仰神机邃，深维圣体劳”，也表现出对父亲辛苦的关切。

胤禛用笔墨促使父子关系升温。选择用诗词的方式“说话”，是因为他性子急，说话快，怕一激动说错话，所以采用这种自己擅长的手段来讨好父亲，既展示了文采，又歌颂了父皇，一举两得。

胤禛还有一手绝技，就是模仿康熙的字迹。康熙四十一年（1702），康熙南巡，来到德州，太子胤礽病了，只好住下。但皇子们依照宫中尚书房的规矩，照常练习写字。康熙有一天召见翰林院侍读学士陈元龙讨论书法，谈到兴奋时，和一帮大臣来到尚书房，见胤禛和众兄弟正在书写对联，他端详胤禛的字体，很得“康熙体”神韵，就人为嘉奖。

尽管胤禛用心良苦，也多次得康熙赞扬，但他性子急的毛病一直少有改变。而且说话声音洪亮，即使是温和地办事，也常让人感觉是“急躁发脾气”。

这大概是因为抚育他的贵妃佟佳氏，在其十二岁那年逝世。从此，胤禛的性格发生了比较大的变化。此前，他是母亲德嫔生育的第一个皇子，又得准皇后佟佳氏的抚养，内心充满了骄傲。可就在康熙十九年（1680），母亲又生了一个皇子胤祚（六岁夭亡），对他自然就不再牵挂。再过八年的康熙二十七年（1688），母亲再生育十四阿哥胤禵。

巧的是，胤禵出生一年后，胤禛的嫡母孝懿仁皇后[1]去世，亲生母亲又忙于抚育幼小的儿子，胤禛一时成为断线的风筝。这对十二岁的孩子来说，颇难接受，胤禛性格开始变得喜怒不定，有些叛逆。可这种心里的苦痛又无法说给旁人听，渐渐地胤禛变得有些孤僻。以致康熙三十七年（1698），大阿哥胤禔被封直郡王，三阿哥胤祉被封诚郡王，可胤禛却和五阿哥胤祺、七阿哥胤祐、八阿哥胤禩一样，均被封为贝勒。要知道，三阿哥胤祉仅比胤禛大一岁。不但二十一岁的胤禛感觉面子上挂不住，就连大学士伊尔根觉罗·伊桑阿等也请求将这六个皇子都封为郡王。康熙却说："朕于阿哥等留心视之已久，四阿哥为人轻率，七阿哥赋性鲁钝，朕意已决，尔等勿得再请，异日视伊等奋勉再为加恩，未始不可。"

一句话给胤禛定了性：为人轻率！

这对于一直自诩才能出众的胤禛来说，无疑是个不小的打击。他开始变得沉默寡言，过起了书斋生活，较少独立活动。在随父亲游历五台山时，他朝拜佛寺有感，作诗云："隔断红尘另一天，慈云常护此山巅。雄关不阻骖鸾客，胜地偏多应迹贤。兵象销时崇佛像，烽烟靖始飏炉烟。治平功效无生力，赢得村翁自在眠。"开始露出潜心向佛的倾向。他期望让内心的不羁通过朝佛的清净有所改观，于禅音中将自己修炼得让父皇满意。

有一个自然规律，人往往越标榜什么其实是越缺什么。胤禛虽信佛，却难掩内心的浮躁。

1　孝懿仁皇后，即贵妃佟佳氏，康熙二十八年（1689）七月初九日，册立为皇后，次日崩逝。

不选边站队

1

三十岁之前的胤禛，如藏身于羊群中的一只羊。既非头羊（太子），也非最差的一只，按部就班地听从皇阿玛的吩咐，不时出外巡幸。这虽然是得不到郡王封赏后落寞的不得已，却也为日后他临朝称帝奠定了了解民间疾苦的基础。东北到满人发祥地辽吉，东南至富甲天下的苏杭，北临蒙古草原，足迹遍布半个中国。随行期间，他目睹了康熙处理政事的认真与果断，考察了地方行政官吏，获得了第一手官场资料。

自知此生无望登基，索性就乐得将来做个有才能的郡王，或许还能辅佐二哥（当时的太子）做些实实在在的事情。人在升迁无望的时候，往往最接地气。这期间，胤禛一面信佛修炼内心，一面醉心于各地风土人情、山脉河川、水利运输、宗教信仰、名胜古迹和历史问题。

就在三十一岁的胤禛准备安心做个闲王时，却发生了太子被废的事件。虽然开始他并不觊觎皇位，可随之而来的是：诸皇子纷纷伸出欲望的手，不断抚摸未来的龙椅——这让胤禛雪藏多年的欲望之蛇也开始吐出芯子。

太子被废，本质在于"天出二日"。皇帝被比作太阳，普照大地臣民，康熙就是太阳，"太子党"却意欲推出太子这颗年轻的太阳发光，逼迫康熙让位。

确实，皇太子胤礽从康熙十四年（1675）初册立至康熙四十七年（1708）初被废，长达三十三年之久。他熬不住了，三十三年，足以挑战任何人的耐心，谁都会熬不住的。太子心急固然不对，但康熙在位太久本身就是一种无声的压迫，是强大的危险源。

父子都无错，错在时间点不对。

尽管太子已经忍无可忍，可康熙此时才五十五岁，正是一个男人的事业巅峰期。他怎肯拱手让出号令亿万人的大权，甘心做个退休老头?！而太子此时三十五岁，年轻气盛，自然要争一争。

太子急于掌权，而他的命运又被牢牢掌控在老皇帝手中。太子采用这种逼迫式的夺权方式，着实让谁也难主动卸任，何况是深谙斗争精髓的康熙。

斗争的结果显而易见，实权在握的康熙完胜。四十七年九月十六日，康熙回到北京后，下令在皇帝养马的上驷院旁设毡帷，给胤礽居住，让胤禛与大阿哥共同看守。当天，康熙召集诸臣于午门内，宣谕拘执皇太子胤礽之事。康熙亲自撰写告祭文，于十八日告祭天地、太庙、社稷，将废太子幽禁咸安宫。二十四日，颁诏天下。

太子胤礽被废，起因很简单。

四十七年夏天，康熙出巡塞外，命胤礽、胤禔、胤祥等皇子从行。

这时候，别有用心的大阿哥胤禔提醒父亲，说胤礽常在皇阿玛的帐篷外转悠，并且从缝隙偷看皇阿玛的动静。

康熙本来就担心这件事，生怕某一日发生政变，于是听信了胤禔的话，生出废掉太子的念头。康熙不等回到紫禁城，在归途中于九月初四日宣布废黜太子，他找出的理由是："朕不卜今日被鸩、明日遇害，昼夜戒慎不宁。"

这个儿子靠不住，幸好还有其他儿子，康熙命大阿哥胤禔好好保护自己——这给他提供了最佳的表现机会。

康熙没有想到，从此时起，他亲手点燃了皇子夺嫡的导火线。

2

当初立太子，康熙自诩是睿智而英明的。

那时，正是三藩之乱，入关后政局并不稳定。为安定人心，巩固政权，康熙一改清朝不立储君的习惯，学习汉人传统，立嫡长子为皇太子，把立皇太子当作"垂万年之统，系四海之心"的大事，关乎国家根本。

皇太子胤礽也确实争气，被立为太子后，在父皇和各位师傅的调教下，学问和武功日渐增长，并且随着年龄增长，他在政治上也越来越成熟。康熙表扬他"骑射、言词、文学无不及人之处"。康熙三次亲征噶尔丹时，命太子监国，他也确实显示出不凡的才能。但也就在那时，太子开始组建起自己的太子党。

太子党的形成，暗中催生了“朝中朝”局面。

太子党主要领头人是索额图，胤礽生母孝诚仁皇后是索额图的亲侄女，他觉得自己有义务为太子组建强有力的班子，以便将来掌权时根基更稳。

同期掌权的是另一位大学士明珠，他的妹妹是大阿哥胤禔的母亲惠妃纳喇氏。明珠也觉得有能力帮助年龄最长的大阿哥谋取最显赫的权位，率领大学士余国柱、户部尚书佛伦、刑部尚书徐乾学等人，与太子党对立。

康熙二十七年，御史郭琇出面弹劾明珠与余国柱结党营私。他亲自到明珠府上，递给明珠弹劾抄本，并告诉他，弹劾奏折已经交给皇上。这一天，是二月初六，正是明珠的生日。

明珠何等聪明，见郭琇如此狂妄，便知道这是皇帝授意！

康熙罢免明珠及其党羽，就是要大张旗鼓地宣布：朕是在保护太子。

康熙的偏爱，加速了太子党的形成。

政治斗争从来就是弱此强彼。处理完明珠集团，康熙转而发现太子党羽翼渐丰，最终于康熙四十二年（1703）以索额图等人“结党议论国事”为罪名，将索额图圈禁宗人府。

处理明珠与索额图的理由看起来完全一致，其实本质是不一样的。明珠一派要争夺的是太子位置，主要的敌人是以索额图为首的太子党；而索额图是被察觉有提前逼迫康熙退位的嫌疑，直接戳中了康熙最疼痛的神经。

康熙废除太子，心里窝了一肚子气。最疼爱的儿子、努力培养多年的接班人，竟然如此不争气。可让他更恼火的事情才刚刚开始。

就在康熙归京途中，刚宣布废黜太子，大阿哥胤禔就看到一缕璀璨的光芒照亮人生，他急不可耐地以未来储君的身份参与竞争。不料康熙却兜头给他泼了一盆冷水，明确表示“并无欲立胤禔为皇太子之意”。胤禔见自己夺嫡无望，转而推荐胤禩，说“术士张明德尝相胤禩必大贵”。

在胤禔心中，敌人（太子）的敌人（胤禩）就是朋友。

而且，为防止胤礽东山再起，胤禔说出了最恶毒的话，希望帮父皇的忙：“如诛胤礽，不必出皇父手。”言外之意，康熙杀胤礽，会落下骂名，这个恶人由他来当。胤禔为了太子之位，可谓用尽心机。

对康熙来说，废太子本身就是打脸的行为，没想到面前的大儿子竟然如此无耻地“为父皇解忧”！恼怒之下，康熙大骂胤禔：“不谙君臣大义，不念父子至情。”后来听说胤禔运用法术恶毒诅咒胤礽，遂将其革爵，进行圈禁，说他是“乱臣贼子，天理国法，皆所不容者”。大阿哥胤禔自此彻底丢掉竞争名额，再无翻身的资本。

康熙废掉太子，心中是悲戚的。他亲手操办的聪明之举（立太子），又被自己亲自否定，多年心血付之东流，怎能不懊恼。他一直想给自己找个台阶下，希望找到太子由“人中龙凤”转为暴戾淫乱之徒的理由。有了理由，不但能证明自己无错，更能彰显贵为帝王“及时纠错”的高超智慧。

偏偏很多人没悟透他的心思。

皇子们和朝臣见太子被废，看到的都是自己利益集团冉冉升起的希望。

八阿哥胤禩素来被称为“八贤王”，此时尤其要锦上添花，在以往“贤德”的基础上再添“贤名”。胤礽被废后，康熙命胤禩署理内务府总管事。这本是最大的机会，没想到他搞砸了。

胤礽被废后，胤禩受命审查内务府前任总管凌普。凌普是胤礽乳母的丈夫。当初康熙起用他，主要是为了他服务太子方便，不想凌普却借助太子势力，贪婪嚣张，做出很多不法之事。

康熙希望借打击凌普，让太子集团余晖不再。可胤禩这时心里装的全是“谋太子之位良机”，处处注意，不能有半点闪失。于是，他一改对抗策略，生怕触动太子余党利益，引起大范围对抗，就主动包庇凌普，草草结案。

聪明用错了地方，画虎不成反类犬。

胤禩收买人心的举动，迅速引起康熙的警惕：刚刚处理完收买人心的太子，又跳出来一个“与朕争人心”的八阿哥，意图十分明显，他要当“第二个太子”。识破胤禩伎俩后，康熙大为恼火，骂他到处“妄博虚名，凡朕所施恩泽，俱归功于己”，一句话击中胤禩软肋：天下所有恩泽，皆朕所施。康熙遂下令将胤禩锁拿，交议政处审理。

康熙不允许“皇帝”之外再有“施恩”的角色。有如雄狮宣告主权的吼叫：此地别无分店，谁也不得挑衅！

众皇子都在觊觎太子之位时，胤禛却反其道而行之，举动与众不同。

3

胤礽被废后，康熙命胤禛参与对其的监视。

这时，胤礽的脖子上，被气愤的康熙套上了一条锁链，蜷缩于养马圈旁边的一个院子。

看着昔日一呼百应、高高在上的储君如此惨状，胤禛不忍心，此时若不救太子，或许，明日自己有可能也会落到这样的悲惨下场。

胤禛更愿意相信，父皇此时一怒废黜太子，只不过是恨铁不成钢，并非真的要将太子置于死地。因为从一岁被立为太子，父皇对太子一直是偏爱甚至溺爱的。父皇对太子的用心培养程度，超过了对任何一位皇子。无论新立谁当储君，都不如这个已经培养多年的“旧太子”更合适。重新选拔、培养，远远要比“恢复太子”代价更大，而且也难保“孝顺且绝无反心”一定能超过旧太子。

竞争者有无数个，皇位只有一个。他们要争夺的是皇位，并不是要推翻父亲，胤禛对这点比谁都清楚。

胤禛也比任何一个皇子都明白：再聪明，也聪明不过父皇，还是安生的好。

既然太子之位不属于自己，换了新太子，对自己未必更好。之前，胤禛与胤礽保持着良好的“君臣”关系，既不越位又不生疏。延续这种已经形成的既有关系，远比重新搭建另一套关系要省心，也更方便。因此，他决心要替胤礽争取机会。

机会还是来了。

康熙在宣布胤礽的告天文书之前，将文书让人带给胤礽观看。胤礽看后，悲伤而赌气地说：我的皇太子就是父皇给的，要废便废，何必告天！

胤禔听后，“满心欢喜”地将原话转述给康熙。康熙见胤礽毫不示弱，盛怒之下说：“以后他的话不必上奏。”

胤禔扭头将康熙的话转给胤礽，胤礽不服地说：“父皇若说我别的不是，我都承认，唯独说我弑逆的事，我实无此心，须代我奏明。”

胤禔当然不肯转奏这种对废太子有利的话。九阿哥胤禟觉得此事重大，同胤禔说，似乎应该代奏，胤禔依旧不肯。胤禛听了，果断地说：“你不奏，我就奏！”胤禔无奈，只好替废太子陈奏。康熙听后非但不恼，反而夸赞他们奏得对。

因为胤禛的争取，胤礽脖子上的锁链终于被摘掉。

4

按照康熙的初衷，这次废太子事件，本是他和胤礽父子之间的事情。在最不该混淆家庭与朝廷的事情上，康熙犯起了糊涂，也由此挑起了更大的政治闹剧。

此时，大阿哥胤禔三十七岁，二阿哥胤礽三十五岁，三阿哥胤祉三十二岁，四阿哥胤禛三十一岁，五阿哥胤祺三十岁，七阿哥胤祐二十九岁，八阿哥胤禩二十八岁，九阿哥胤禟二十六岁，十阿哥胤䄉二十六岁……十三阿哥胤祥二十三岁，十四阿哥胤禵二十一岁。

庞大的皇子阵容，二十岁以上者十多位，人人都具备夺嫡的资格和心智。其实，皇子们主要分为四大阵营。

以大阿哥胤禔为首的长子派。胤禔与八阿哥胤禩亦有联络，原因是胤禩少年时，曾被胤禔的生母抚养，有“一奶同胞”之亲。胤禔是废太子胤礽的主要竞争者，由于其年龄最大，多次被委以重任，曾出任副将军领兵征讨噶尔丹、衔命祭华山、总理永定河工程，又于康熙三十七年被封为直郡王。如此身份显赫，战功卓著，年近四十，见太子被废，自然想顺理成章地接替太子之位。

以八阿哥胤禩为首的“口碑派”。胤禩为人极注重口碑，随时散播恩德，受到大臣和皇子胤禟、胤䄉、胤禵的热捧，一度被赞誉为“八贤王”。他们集团的所有成员在看到胤礽被废后，急于将胤禩推选为第一候选人。而且，由于胤禩十分注重学习康熙的“仁德”风度，广为拉拢大臣，一度成为废太子之外众人都看好的太子候选人。就连康熙的哥哥裕亲王福全也曾当着康熙面称赞：“胤禩有才有德。”相面人张明德给胤禩看相，说：“八阿哥丰神清逸，仁谊敦厚，福寿绵长，诚贵相也。”诸多元素综合，胤禩声望、人脉均得分最高，无疑是最合适的储君接替者。

所有人都这么认为，唯独康熙嫌其收买人心过于明显。父亲希望能透过亲情这个窗口看清儿子们的优缺点，可胤禩却过于精心塑造“完美无缺”的形象。

康熙讲亲情，胤禩却玩起了皇权政治。这让康熙觉得他假模假样。

以胤禛为代表的四爷派。主要成员为胤禛和十三阿哥胤祥。因胤禛的生母德妃（德嫔生皇六子胤祚后晋封为德妃）是胤祥的养母，所以二人较亲近。他们采取的措施是，广结善缘，对任何一派都保持友善态度，不得罪也不过于亲密。不参与争斗的胤禛平日里热衷于接触僧衲住持，研习佛法，以居士自居，他性格内向，有些急躁，希望靠诵念、抄写佛经调节心性。十三阿哥胤祥则性格豪爽，对皇权争斗并不热衷，随四哥率性而为，倒也觉得自在。

还有势力最大的太子党。尽管太子已经被废，但其庞大的集团支系依旧有着稠密的网络和稳定的体系。这是由于胤礽长期任太子形成的，也是康熙特殊给予的。众大臣在皇帝和太子之间，其实已经开始有所选择。年老的大臣们，偏向于皇帝；可年轻的臣子们，希望将来储君登基后，对自己有所提拔，便将很大精力投到太子身上。年轻的臣子们，多寄希望于太子早日登基，这样他们平时的投资就会变现。他们知道，老皇帝更喜欢那些使用起来顺手的老臣，只有新皇帝即位，他们才有翻本的机会。

当然，平日里长期在太子身上下赌注的老臣，也希望能在有生之年完成人生的跨越——两朝元老！

太子被废，如大火刚熄，在灰烬里暗藏底火！

风吹来吹去

1

废太子，康熙是被动且不太情愿的。尤其是看到众皇子蠢蠢欲动的嘴脸，更是让他心灰意懒，遂做出决定，不再立太子。

废黜与放弃，皆非他本意。

他一直想不通，放着好好的储君不做，胤礽为何火急火燎地逼父退位——这里面一定有原因，才使得胤礽丧心病狂，做出欲弑君父的举动。

恰在此时，有人揭发，给胤禩相面的张明德曾意图谋杀胤礽，康熙当即下令将张明德凌迟处死。

惊恐之余，为防止年长的皇子谋变，康熙下令将大阿哥胤禔、三阿哥胤祉、四阿哥胤禛、五阿哥胤祺、十三阿哥胤祥全部拘拿。

在警报解除之前，全部控制无疑是最有效的手段。

皇子和大臣们都摸不准皇帝的脾气，开始各自想自保之策。

三阿哥胤祉看准时机，主动揭发大阿哥胤禔早有阴谋，使用厌胜术谋害太子。所谓厌胜，是用法术诅咒，达到制胜厌恶之人的目的。具体做法是，由巫师采用法术，将恶毒的咒语寄托于物品上，深埋地下，使被咒之人被镇压住，从此迷失心智。

这么恶毒的事件一下让康熙找到了太子祸乱的病因，气愤地问："这种绝密之事，你如何得知？”

胤祉低下头主动认罪：“巫师本是儿臣府上的蒙古喇嘛巴汉格隆，我不知他要害二哥。”

“好你个糊涂鬼！”

盛怒之下，康熙下令将胤禔永久圈禁，并多次指示严行看守。胤禔此后如同行尸走肉，苟活到雍正十二年（1734），无声无息死去。

废除太子，康熙本以为是灭了火，不想如今听到、看到的情形，已经远远超出了他的预想，事情反而变得更为扑朔迷离——这让康熙顿时警觉：众大臣正在各谋私利，暗中结党营私，若是任由事态发展下去，必致大祸。

康熙及时抛出烟幕弹，说：“立太子之事，朕已有成算，尔等不必揣度，到时候听安排就是。”

紧接着，康熙召见胤礽和胤禩，好言相劝，让他们保持团结：若你们奔竞不息，等我死时，“必至将朕躬至乾清宫内，束甲相争耳”。他想到齐桓公死后，五公子停尸争位的可怕情景，不寒而栗。

强势的康熙谆谆教诲，希望唤起儿子们的骨肉深情。两个皇子当即也信誓旦旦，表示绝不会做这种不忠不孝之事。可其实，两人并未记在心上。

“去吧，以往的事，莫要再提。”康熙眼中荡漾着无限柔情，几乎在恳求儿子们念及亲情，“胤礽去咸安宫休养吧。”

出了大殿，两个皇子各自心怀鬼胎而去，将父亲的劝诫抛至脑后。

为让大家安心，康熙将胤祉、胤禛、胤祺也一并开释。

太子被放出，立刻被大臣们认定为风向标。在关键时刻看不懂上级心思或者反应迟钝，均被认为是官场大忌。

一日之内，康熙的案子上，就堆放起见风使舵的聪明大臣递上的密折，集体保奏胤礽复立。

连康熙自己都把握不准立或者不立。看着这么多奏陈，他脑子里嗡嗡作响：匆匆罢黜太子的是自己，如果再匆匆立胤礽为太子，太子党反而会信心倍增，日后对自己构成更大威胁。如此被一帮老臣和胤礽玩弄于无形，这个皇帝当得实在窝囊。

既然你们要玩，索性来个刺激的。十一月初八，康熙告诉大臣们，不要妄加揣测，向废太子献殷勤。立谁为太子，“在朕裁夺，臣下不得干预”。

如此一来，胤礽势力确实不敢轻举妄动了，也挡住了其他皇子被立的可能性。迫于无奈，康熙出尔反尔，十四日又放出风来，命满朝大臣举荐太子。除大阿哥外，其他皇子皆可入选。这一次实行民主，说：“众意属谁，朕即从之。”翻云覆雨，烟幕弹炸得谁也辨不清动向。

虽然说出了满汉大臣都可以推荐太子人选，康熙却单独下令给最亲密的议政大臣、大学士马齐，让马齐不得参与此事。他不想让马齐卷进这场争斗中。

康熙内心已经倾向于复立胤礽，可他不说，他希望臣子们这一次能够真的看懂自己的心思。

马齐却并不听话，来到内阁，对大学士张玉书暗中透露：众议欲举胤禩。

领侍卫内大臣鄂伦岱、理藩院尚书阿灵阿、户部尚书王鸿绪、工部右侍郎揆叙等则暗中串联，在手掌心写“八”，互相靠眼神交流，心领神会，共举胤禩。

康熙名义上说，大家推选谁就立谁。但见到众人一边倒地推举胤禩，当即食言，举出胤禩不宜被立的缺点：第一，办理政事较少，缺乏经验；第二，刚刚犯过错，遭受处分；第三，他的生母是出身于辛者库的贱籍，立储有损国体。

这分明就是强词夺理。

康熙就是要昭示独裁者的权势，让大臣们知道，立太子这件事，可以说成是皇家私人事，也可以说成是国家大事。遂了我的心愿，我采纳；不遂我的心愿，决定权在我！谁也休想要聪明、胁迫我！

不过，这件事确实闹心，一来二去，康熙气病了。

2

胤礽被释放后，众多皇子最怕他被复立。

这时候，唯独胤禛，在父亲反复无常的行为中得出一个结论：不宜争！

无论是胤礽有可能复立，抑或是胤禩被众人推举，又或者谁被立为太子——都有可能。但从康熙反反复复的举动中可以看出：此时大清国的皇帝，心是乱的。

所以，胤禛坚定了一件事——做个好儿子！

康熙病了的这段时间，胤禛把全部心思都用在了请安、问候、关切上，每日里往返于紫禁城，真诚地伺候于侧。两人在一起时，完全忘却了父子之间是君与臣、父皇与皇子。

这让康熙暂时得以舒心。其间，康熙有意无意问起立太子之事，胤禛也真诚地说："二哥虽然有错，希望皇阿玛能多加教育，令其改过。"他这种毫不掩饰的说法，康熙虽然没有表态，却也没有训斥。

问起胤禩和其他兄弟时，胤禛也多说好话，认为大家虽然时不时惹父皇生气，皆因都是皇子，愿意为国出力，希望父皇莫要怪罪。

这期间，发生了一件事，让康熙对胤禛大为赞赏。

康熙拒绝众大臣举荐胤禩后，专门找来胤礽，语重心长地告诫他，不许对揭发他的人打击报复，要多看修身养性的书，提高道德修养，对待大臣和贵戚要以礼相待，还专门讲了胤礽几个兄弟各自的优点，说胤禛"能体朕意，爱朕之心，殷情诚恳，可谓诚孝"，说胤祺"心性甚善，为人淳厚"，说胤禩"诸臣奏称其贤"，希望胤礽同他们亲近。

大臣们这才顿悟，康熙还是要复立胤礽，次日便纷纷递上奏折，希望复立胤礽。康熙还在考虑中，就将奏折留中，直到第二年即康熙四十八年（1709）三月，才宣布重新立胤礽为皇太子。

为了缓解皇太子与众兄弟的关系，也防止皇太子打击报复，康熙专门册封胤祉、胤禛、胤祺为亲王，后又给胤祉赐号诚亲王，胤禛为雍亲王，胤祺为恒亲王。封胤祐、胤禩为郡王，胤禟、胤祹、胤禵为贝勒。

胤禛在这次封赏中，一下升到了人臣的顶端，心中当然高兴。可他不盲目乐观，而是找到康熙，诚恳地表示："儿臣与众兄弟，地位平等。皇阿玛封胤禟等为贝勒，爵位低，我心中不忍，愿意降低我的爵位，抬高他们，让众兄弟地位相当。"

康熙见胤禛能够如此宽容，龙颜大悦，特传谕旨表彰胤禛："前拘禁胤礽时，并无一人为之陈奏，惟四阿哥性量过人，深知大义，屡在朕前为胤礽保奏，似此居心行事，洵是伟人。"

这样至高无上的评价，对胤禛来说，本该高兴，可他却仿佛看到暗藏的敌对势力正咬牙切齿——于是他当即表示不敢接受，诚惶诚恐地对康熙说："皇父嘉嘉之旨，臣不敢仰承。"

胤禛清楚，胤礽被废或者重新被立，此事重大，一不小心就会被划入圈内，因此不肯承认保举废太子。他心中有数，胤礽多年为皇太子，性格已经十分乖戾，报复心极强，如若再有不轨行为，一旦牵连到自己，或将万劫不复，所以他坚决不承认这件事。同时，他也不想因为此事遭众兄弟妒忌，破坏了好不容易建立起来的和谐人际关系。

忽然得到了梦寐以求的亲王之位，可胤禛却始终不敢露出太过得意的神色。因为势力巨大的胤禩此前曾被革爵，虽然恢复了，但档案里，已经留下了不可磨灭的污痕。

虽然档案可以更改，可档案里的黑历史，如同长在身体上的息肉，是心理上抹不去的羞耻。

这就要说说亲王、郡王、贝勒、贝子的区别。

清朝皇室爵位从高到低依次为：和硕亲王、多罗郡王、多罗贝勒、固山贝子、镇国公、辅国公、不入八分镇国公、不入八分辅国公、镇国将军、辅国将军、奉国将军、奉恩将军。

胤禛提出愿意降低自己的爵位，是看到贝勒与亲王差距太大，怕引起胤禵等人的不舒服。别人不舒服了，尽管你未必有错，都可能升级为潜藏的仇恨。

人在高升之时，最应该留心那些失意之人。

尽管胤禛做出了低姿态，也注意照顾这些人的情绪，但直到他登上皇位，还是没能改变这些人对他的仇恨。仇恨，有时候不是你做错了什么，而是你挡了别人的道。这次封赏，亦如此。

3

康熙对太子废而重立，原意是要解决皇权与日益壮大的太子权力的矛盾，希望通过这样的警示，让两者达到平衡。

皇太子再次被立，是康熙被环境所逼，不得不做出的让步。在他看来，胤礽未必就是皇太子的不二人选，但至少目前为止，他看不到更好的结果。如果“顺应民意”立胤禩为皇太子，显然是陷入了众人的圈套中——这是独裁的皇权统治者最不愿意看到的结局。他宁愿拧着干，也绝不会使自己陷入这种“臣指挥君”的窘境。

如果不再立太子，众多皇子如狼嗅肉，始终盯着太子之位不松口，拖得越久，越容易出大事。而且，半生最擅长斗争的康熙心中有数，此事一旦久拖不决，就会在外戚、群臣和皇子间形成盘根错节的党争集团，进而对国家造成破坏性的打击。集团的人在处理问题时，会只考虑符合不符合集团利益，而绝不会提及是否符合国家利益，或者君主利益。

那么，立胤礽之外的其他皇子呢？

三阿哥胤祉喜欢钻研学问，康熙希望他能够潜心治学，研究历法，编纂中国第二部大类书《古今图书集成》，不要参与结交官员的结党事件中。胤祉的属下孟光祖却打着他的旗号，到陕西、山西、四川、湖广、广西等省活动，代表诚亲王向四川巡抚年羹尧、江西巡抚佟国勷赠送礼物。按照清朝制度，阿哥差人赐外任官物件，该官员是要奏报中央的，但年羹尧和佟国勷都未上奏。康熙直接过问此事，派人捉拿孟光祖，将其处斩，将年羹尧革职留任、佟国勷革职，却并不深究是否为胤祉所派。在康熙眼里，一个完整的国家是需要各方面人才的，如此优秀的学术精英，又是自己的血胤，一定要维护他的名声并给予大力支持，对于将来上任的帝王，他将是十分需要的大才。而且，康熙也从大阿哥事件和属下犯错看出了胤祉缺乏政治手段，自然就不会生出立胤祉为太子的心。

四阿哥胤禛呢?

康熙虽然没有明确表示，但他知道，如果骤然立胤禛为太子，胤禛就会夹在胤礽和胤禩两股势力中间，徒然耗费大量心血。而且，胤禛虽然处理政务能力不凡，却稍欠仁慈，总觉得还要再斟酌、观察。

其他皇子，都尚且年轻。皇太子毕竟不同于爵位，必须慎之又慎。

而且，在康熙内心里，还是对自己一手培养三十多年的这个“皇太子作品”，不肯轻易撒手。如果直接废了的话，就证明自己能力太差，三十多年竟然看走了眼。这是单属于他的帝王倔强——不能认输!

事与愿违的是，胤礽被废后虽然看透了兄弟间你死我活的争夺，却在再次被立为皇太子后，不但不反思自己，反而觉得是“因为我太心善，人就利用来陷害我”，加速了拉拢和培养新势力的脚步。

皇太子废而复立，是康熙做出的最错误的政治决策，是一次极其失败的政治举措。它让太子与皇子、皇帝与太子之间的矛盾更为加深。

康熙还使出了自认为最有效的一招。复立皇太子之前，他将势力超群的胤禩集团的主要人物一网打尽：马齐被夺职拘禁，其弟马武、李荣保革职辞退，王鸿绪责令退休，逐回原籍。

削弱胤禩集团，康熙是要“压”这股力量。而将胤禛等封为亲王，偏偏是“抬”另外的势力。这多种复合措施搅在一起，间接促成了另外的争斗势力暗暗抬头。其中，年轻的新生力量胤禵渐渐浮出水面。只不过，胤禵知道，时机还不成熟，作为八阿哥胤禩的跟班，他不想过早加入争斗。而胤禩却等不及了，匆匆抛出胤禵，作为“八王党”的新秀，换了一种方式再次卷入储君争夺战。

胤礽复立后，不仅不收敛，反而故意给所有人施压，让大家感受到“太子舍我其谁”的强大压迫感。胤礽动辄就勒索贡物和美女，谁若不服，就向皇帝诬告，给以惩罚。

这一次，胤礽学精了！他牢牢把控一条原则：不轻易去惹皇帝，就能牢牢保住太子之位。

造成的恶果是，官员们无所适从。若屈服于太子，皇帝不乐意，立刻就能招来灾祸；若只顾奉承皇帝，对太子爱搭不理，储君嗣位之后，一定会遭到惩罚，因此产生了“两处总有一死”的不安情绪。

一套班子，却要照顾两套领导的感受，群臣苦不堪言。对胤礽恨之入骨的阿灵阿甚至想一死了之，不想再受其嘲弄。但很快他就振作起来，联合揆叙等人，专门密谋购买少女送给胤礽，然后在官员聚会时散布胤礽的丑行。

康熙第二次立胤礽为太子后，是希望他能彻底好转，行正道，当好后备帝王，随时准备接班。所以，他对太子此时的很多行为，一忍再忍。一旦太子需要责备哪个官员，康熙就替他责备，甚至对太子提出的处罚方案也“极力赞同”，全部批准。康熙这么做，是觉得自己的老脸不能再丢了：第一次废黜太子过于急躁，以致一两年间扰动心神；如果再度废黜，这张老脸真就没地方搁了。

两三年间，朝野对胤礽的不满越聚越多。康熙五十一年（1712）九月三十日，康熙忍无可忍，再度出手，废黜太子。不管大臣们如何劝谏，从此再也不肯立太子。

早立太子，满族本没有这个先例。这是康熙帝为了显示其“学习汉人优秀传统”和彰显“满汉一家”的得意之举，但最终以失败告终。年近六十岁的康熙感到了前所未有的疲惫和挫败。

一封谋略书

1

胤礽废废立立，胤禛感到了寒意。

可首先倒霉的却是胤禩。

自诩聪明的胤禩看到大清缺少太子，装作真诚地请教父亲：“我如今该怎么做？”

这句话的潜台词是：别人如果再推举我，不是我的问题。

康熙此时对“立太子”已经伤透了心，不想再提这三个字，可胤禩偏偏来揭这伤疤。

见康熙不肯明示，胤禩索性自己提出主张：“我要不就装病，免得再有人保举。”

康熙看透了他有点逼迫禅让的意思，不断试探，就是想当皇帝的贼心不死。康熙厌恶其嘴脸，当即回绝。

偏偏这时候，发生了一件事，让康熙对胤禩厌恶透顶。

胤礽再度被废后的十一月，康熙出外狩猎，住在京北的遥亭。这一次，胤禩没有随行，为其生母举行两周年祭奠，完毕后住在京北的汤泉。他没有来康熙的行宫请安，派人送来一份礼物。

打开礼盒，里面是一只将死的鹰，康熙陡然失色，这礼物明摆着是暗示“老康熙”将死，遂咬牙切齿地说：“二阿哥悖逆，屡失人心；胤禩则屡结人心，此人之险百倍于二阿哥也。”康熙看透了胤禩笑面虎的本质，感觉这个儿子用心险恶，远远比胤礽要难对付得多，他心酸地说：“连我都畏惧他。”

父子如此深仇，康熙不得不深思，胤禩恨从何来？想来想去，找到了源头——我曾将胤禩乳母及其丈夫雅齐布发配边疆之地。

盛怒之下，康熙总算新仇旧恨，当即下令，将暗藏在北京的雅齐布夫妻捉拿正法。这件事康熙牢记在心，并于日后放出预言：“自此朕与胤禩父子之恩绝矣。朕恐后日必有行同狗彘之阿哥，仰赖其恩，为之兴兵搏难，逼朕逊位而立胤禩者。若果如此，朕惟有含笑而殁已耳。”

因为康熙将胤禩比作狗与猪的这个“狗彘”说，胤禛登基后，最终有一天按照父亲的说法，将胤禩改名“阿其那”（满语：狗）。

胤禩彻底失去夺取太子之位的资格，无形中为胤禛扫清了一大障碍。

胤禛也是皇子，看到三个哥哥和最具竞争力的八弟相继失去机会后，作为有资格且最年长的皇子，说一点都不想太子之位，显非真心。

胤禛知道，父亲太英明，父子关系最难处。“不露其长，恐其见弃。过露其长，恐其见疑。”而且，年老之人，疑心最重，很在意儿孙是否一如从前地尊敬自己。“太子”这个位置，就是试金石。康熙对这件事十分敏感，千万不能轻易触碰这道红线。

胤禛选用了最笨的办法，从以前的“不宜争”转化为“真不争”。

“真不争”，虽非真的不争，但一定要让康熙感觉到——胤禛是真的不争。想要接任，唯有让现任者放心，这是关键中的关键。现任者的心态都一样：任何东西我都可以给你，可你不能抢！

胤禛把握准了这个法则，时时处处拿出“谁爱争谁争，我绝不抢太子之位”的韬光养晦姿态，静待机缘。

等待是漫长的，漫长最适合蓄力。

2

胤禛营求储君的大策略，来自戴铎的一封建议书。

戴铎是胤禛的属人，是个很有谋略的策士。

他看透诸皇子夺嫡争斗的时机，给胤禛写了一封建议书，其中既有具体韬略，也有规劝的巴结话，更有表忠心的铮铮誓言。

说是建议书，其实是戴铎的谋划方案。为胤禛谋，也为自己谋。

一开头，戴铎便指出形势的紧迫：“当此君臣利害之关，终身荣辱之际，奴才虽一言而死，亦可少报知遇于万一也。谨据刍荛之见，为我主子陈之。”

开篇就说明了目前局势的重要性，也表达了戴铎已经认准胤禛将来要当皇帝。他觉得，空缺的太子之位，正是关系到自己终身荣辱的关键，才冒死给胤禛出谋划策，开启四阿哥的夺嫡之路。

他口口声声“冒死”，其实是情商极高。这种好听话说给主子听，主子哪肯杀如此忠心的奴才。

接着，戴铎开始分析皇上与诸皇子之间的关系，说明了储君之位的复杂性在于：康熙太英明，哪个皇子做事都瞒不过他。还有一难，就是皇子众多。这就好比你有好竽，别人也有好瑟，任何皇子都会展现优美的音乐给皇帝听，所以很难争出个胜负来。

提出了问题，他忽然就抛出真经：“而不知孝以事之，诚以格之，和以结之，忍以容之，而父子、兄弟之间，无不相得者。”

戴铎的分析，一语中的。皇帝要的是孝顺，不是看重谁的本事。在康熙心里，任何一个皇子的综合素质，都不足以超过他。他选定的接班人，才能固然重要，但首先要对君父绝对孝顺。

不因觊觎皇位而假孝——这是康熙最真实的心理需求。

可惜所有皇子都没看透这一点，只顾着争夺太子之位。

戴铎为胤禛开出的处方是：对父亲孝顺，以诚心待人，和兄弟们和睦，对所有事容忍、宽恕。

看似极为普通的策略，其实在当时众多皇子急于表现的大环境下，让胤禛做一个不争不斗的“完人”，确实是技高一筹。看似不争，却会在康熙心目中树立起王者气度。康熙选拔的是天下第一人——皇帝！需要的正是这种“能容天下”的掌舵者。

这样做的好处是：使有才者不嫉妒，无才者能向自己靠拢。

这样的良好氛围一旦形成，康熙是会看得见的。而且，戴铎说：“我主子天性仁孝，皇上前毫无所疵。”有这个感情基础，康熙又看到只有胤禛能包容所有皇子，不让你接位，还会给谁？

然后突然话锋一转，说，昔日的东宫胤礽出事后，有人偷偷说：如果胤礽为君，整个皇族谁都活不下去。这就提醒胤禛，千万不能因为小事而睚眦必报，耽误了天下大事。

这些大层面的通理说清楚了，戴铎开始拿出具体方案：

第一，用孝赢得康熙的信赖，打牢决定性根基。

第二，要善待皇帝身边的人。这些人“一言之誉，未必得福之速；一言之谗，即可伏祸之根”。重视这些人，未必能左右大事，但他们若是递送坏话，一定会坏了你的好事。

第三，要注意联络百官，尤其是康熙的宠臣。对地位较低的汉臣也不能放过，平日里多说好话赞美，这样就胜过送给他们金帛，他们自然会感激的。一旦获得了好的名声，大家就会有公论。

第四，要以废太子为戒，妥善处理好兄弟间的关系，不得罪任何一个。

第五，对于雍王府的人，要放他们出门，谋求内外要职，积累人才。

这是戴铎要赴湖广出差前给胤禛的建议，他认为，时机已经到了最紧要的时候，一刻也不容放松。

胤禛看完这封建议书，心中激荡不已，可这样直截了当提出争夺皇位，似乎不妥，因此他当即就写了批语：

> 语言虽则金石，与我分中无用。我若有此心，断不如此行履也。况亦大苦之事，避之不能，尚有希图之举乎？至于君臣利害之关，终身荣辱之际，全不在此，无祸无福，至终保任。汝但为我放心，凡此等居心语言，切不可动，慎之慎之。

这样的批语，胤禛言不由衷。这是为了警告戴铎，有些话千万不敢轻易出口。胤禛比任何皇子都清楚形势的严峻，为避免陷入旋涡不得不自保，提前留下这种“真心话”，倘或有变，来日可以拿出来证实清白。

胤禛素来谨慎，断然不会轻易让属下摸透自己的心思。他明白，此事一旦暴露，将是杀身之祸。

至于说“与我分中无用”，还有，做皇帝是“大苦之事”，这是他亲眼所见康熙日理万机的辛劳，发出的由衷之言。但并不表示他无心竞争皇位，否则也不会体会到这种大苦。即使多年后登上皇位，胤禛也常说“朕向无希望大位之心”。这不仅仅是标榜贤良的漂亮话，也是他切切实实地感受到工作的辛苦。

批语如此严厉，但胤禛还是全盘接纳了戴铎的建议，并指示戴铎将有关某个道士的话细细说透。

3

戴铎出京后，并没有将自己的责任抛之脑后。为自己考虑，他是极其希望胤禛能当上皇帝的。这种依靠后台、黏结在某个链条才能升迁的模式，是很多当官者常走的捷径。

没有后台的官，是很难走得长久的，一旦出事，缺少人保护，就会成为牺牲品。而有利益链条的存在，即使遇到凶险，为保证整个链条不断，一级一级的后台就会出来替自己说话，大事化小，小事化了。

戴铎的总后台当然就是胤禛。官场上，小官员有很多后台，但总后台是绝对不能背叛的，否则会身败名裂。

戴铎自从给胤禛递送了这封建议书后，就牢牢地将自己捆绑在“胤禛当皇帝”这根链条上，为此费尽心机。

康熙五十五年（1716）秋天，戴铎到福建任知府，沿途有见闻就写信告诉主子胤禛，到任后也是着力搜罗重要信息。

他很早就是胤禛藩邸旧人，对胤禛的脾气十分了解。尤其见胤禛信佛，就留心这方面的事情。

戴铎在武夷山中时，遇到一个道人，行踪甚怪。和他交谈，发现其见解十分独特。为此，戴铎专门写信给胤禛，说要改日在信中细细说来。

胤禛闻讯，很感兴趣，随即在批语中追问："所遇道人说了什么话，你可细细写来。"

戴铎上一次写信，耍了点小心思，本就是试探胤禛的反应。这一次得到胤禛回信后，就急忙说："遇到这个道人后，奴才心里默默预祝主子，然后告诉他是要问主子事，道人说出了一个'万'字。奴才听了，很是欣喜。有关这一切，等奴才回京后当面向主子细细诉说。"

这一次，戴铎倒不是卖关子，他是确实考虑到此事机密，福建与京城相隔这么远，路上万一出点纰漏，可不得了，为此他专门将这封信藏在装土特产的匣子双层夹底内，以防泄密。

胤禛是个急性子，这一次轮到他冒险。在回信中他虽赞扬戴铎的警惕，可急不可耐地想听听道人算命的全部内容，还说戴铎得遇此人，好造化。事关重大时，人往往最能暴露真实心迹，胤禛急于知道"万"字背后还有哪些玄机。

戴铎借助道人之口，帮助胤禛圆了"天命所归"的梦。

满族未入关时，他们是单独信奉"天帝"为保护神的。统治了中原后，满族内部也曾怀疑过，来到中原，究竟是该信奉汉族人的神，还是该继续信奉满族的神？为了清朝能统治久远，最后统治者将这些虚化，统一成明亡清兴是"天命使然"——清朝是天赐予的，为巩固政权、收买人心找了一个合理的借口。

既然天要清兴，皇帝自然就是天之骄子。胤禛想当皇帝，首先也要有天命。这套神秘的"命该如此"的理论，对于"求而不得"的事情，最具蛊惑性。胤禛一面积极按照既定的步骤经营，一面也寄希望于这种虚无缥缈的算命中，希望求得心灵的慰藉。

这样的行为并非胤禛庸俗，其他的皇子也都这么做：胤禩让张明德相面，胤禵让张恺算命，胤礽请哲布尊丹巴问命运，胤祉延聘杨道昇，都相信有荣登九五之位的天命。

选择信天命，并非他们不聪明，而且即使到今天，很多聪明人也还在信奉“天命”。分析其原因，多是靠这种天命所归暗暗激励自己朝目标进发。胤禛和诸皇子信奉天命，无非三个原因：一是求暗示，坚定徘徊的心；二是激励自己和手下人，坚定夺取储君的信心；三是制造舆论，收买人心。

胤禛不是不知道这样做的严重后果——胤禩就因为张明德被囚禁，可他敢于冒险，是因为觉得戴铎是绝对忠诚的，而且坚信两人的通信是极其保密的。

胤禛的脾气急，尽管采用诵念佛经等手段努力磨砺火性，但秉性是一个人最难改变的软肋。

他在处理国事时，不徇私情，不讲情面，作风严厉，即秉性使然。

康熙四十八年，胤禛随从康熙巡视京畿，归途中，康熙责备鄂伦岱等结党。鄂伦岱是康熙舅舅佟国纲的儿子，他仗着这层外戚关系，对康熙的责备漫不经心。胤禛看到情况后，怒而劝谏父皇：“这样的乱臣贼子，悖逆之人，何必总是烦君父发怒，如果交给我，当即就诛杀了事。”他的不徇私情虽然稍微缓解了康熙的怒气，但康熙也真实感受到，这个四儿子喜欢严刑峻法，铁面无情。

曾有太监曹之璜勒索官员银两，赶打抬夫，让命妇“常在”的棺材落地；胤禛审判时，以大不敬之罪议斩，监候待刑。

顺治淑惠妃去世后，康熙发现办事人员草率从事，命胤禛严查。结果胤禛据实将工部尚书满笃、侍郎马进泰、署总管事马齐以及内阁学士、内务府总管一并议处，让这些高官都受到处分。

胤禛这种就事论事、不念私情、不顾及情面的做法，确实令很多大臣胆寒，也因此，暗地里他被人叫作“冷面王”。

胤禛主张君王要威严治臣，方可朝政清明。所以康熙朝晚期戴铎和大学士李光地在一起讨论储君人选时，李光地认为，综合各方面情况，八阿哥胤禩最贤，深得人心，很有希望。戴铎据理力争，认为：“八王爷柔懦无为，不及我四王爷聪明天纵，才德兼全，且恩威并济，大有作为。”

康熙朝晚期，有资格竞争太子之位的诸皇子中，胤禛年龄最大，在他的筹划下，他渐渐成为最具优势的候选人。

而他却常以“天下第一闲人”自称。

真的如此吗？

天下第一闲人

1

胤禛始终以“倘若我有机会”为前提，做着充分准备，在暗地里使劲儿。

明面上，他号称“天下第一闲人”。

闲到什么程度？

雍王府邸相邻柏林寺，胤禛常与僧衲深度往来，谈论佛法，以示无争夺大宝的心，还专门作诗：

> 懒问沉浮事，闲娱花柳朝。
> 吴儿调凤曲，越女按鸾箫。
> 道许山僧访，棋将野叟招。
> 漆园非所慕，适志即逍遥。

为表明心迹，他自称圆明居士。而且，他好像也确确实实参透了佛法，对于三关，他曾独自参悟：

> 破本参后，乃知山者山，河者河，大地者大地，十方虚空者十方虚空，地水火风者地水火风，乃至无明者无明，烦恼者烦恼，色香

味触法者色香味触法，尽是本分，皆是菩提，无一物非我身，无一物是我己。境智融通，色空无碍，获大自在，常住不动，是则名为透重关，名为大死大活者。

这种淡然的情怀里是洞穿世事后的大彻大悟，似乎带着一种宿命，可又分明是悟禅后的解脱。这时的胤禛，用闲人身份来解脱自己，又用闲人作为来澄清自己，让康熙和众皇子都不再对他心怀警惕。

胤禛虽然信佛，却不迷恋。当上皇帝后，他十多年闭口不言佛事，主要是担心臣民因为他信佛而过度崇尚佛教，轻视政事。这种极致的自律，既杜绝了阿谀之臣的献媚路，又体现出以国为重的君王襟怀。

不但如此，他还将视线转移到很多地方。

康熙命臣子绘制《耕织图》，劝百姓重视农桑，提倡男耕女织，描绘天下太平的盛景。胤禛立刻就领会了康熙的深意，当即请人仿绘康熙版《耕织图》。画面上，他和王妃成为耕夫和织妇，男人扶犁耕种，女人立在田间，悠然自得，讴歌康熙盛世。如此作为，处处表明与世无争。

仅仅这些还不够，他读书时，遇到钟爱的文字，就挑选出来，汇集成书，起名《悦心集》。其中，收录了著名书画家唐伯虎的《一世歌》：

人生七十古来少，前除幼年后除老；
中间光景不多时，又有炎霜与烦恼。
花前月下得高歌，急须满把金尊倒。
世人钱多赚不尽，朝里官多做不了。
官大钱多心转忧，落得自家头白早。
春夏秋冬捻指间，钟送黄昏鸡报晓。
请君细看眼前人，一年一度埋芳草；
草里高低多少坟，一年一半无人扫。

还收录诸如《布袋和尚呵呵笑》一类的解劝诗词，皆为嬉笑文章。这活脱脱就是个书袋先生模样。这样的皇子，远比三阿哥胤祉要洒脱得多。

诸多行为，胤禛将自己打扮成出世的隐者。也正是这样，让众皇子都对他掉以轻心。

胤禛采用的外松内紧的障眼法，确实起到了作用。

圆明园是康熙赐给胤禛的园林，康熙曾先后十一次光顾。康熙是乐见胤禛在园子里读书养心的，亲自题写“圆明”，让胤禛当作园子名。

康熙还赏赐给胤禛位于热河的狮子园，这份殊荣是别的皇子难以企及的。

胤禛的书法功底也很受康熙欣赏，康熙常让胤禛书写扇面赐给大臣。父子间对于书法的交流很频繁。康熙给胤禛书写的匾额“为善最乐”和对联“种德在宽仁，俾昌尔后；立身惟忠孝，永建乃家”，胤禛悬挂在雍亲王府书院正室太和斋；康熙给胤禛书写的“五福堂”匾额，胤禛悬挂于王府后室。

挥毫泼墨时，父子亲情真。倘若不是皇帝与皇子，这样的父子联袂研习学问的场景，实在温馨。也唯有沉浸于这样的氛围里，康熙才会暂时忘记储位虚悬、众子竞争的烦恼，以一位父亲的身份享受短暂的天伦之乐。

胤禛抓住了父亲的软肋，以“孝”经略储位，独辟蹊径，不走寻常路；以“闲人”身份和“真不争”姿态，赢得了老牌政治家康熙的青睐。

2

胤禛意识到，年老的父皇十分注重亲情，于是他在尽力做好孝顺儿子的同时，还努力为父亲营造天伦之乐的温情环境。

康熙六十一年（1722）春，康熙来到圆明园牡丹台赏花。看着父亲沉醉在花丛中，兴致盎然，胤禛趁机说：“皇阿玛，皇孙弘历已经不小了，天天嚷嚷着想见皇爷爷。”

康熙一听，连忙让胤禛召来弘历。

弘历生于康熙五十年（1711），此时已经十二岁，听说皇爷爷来了，一阵风似的跑过来。

康熙一见弘历，眉清目秀，问了几句话就喜爱得不得了。看着含饴弄孙的康熙如此神采奕奕，胤禛欣慰地暗暗欢喜。康熙一高兴，就将弘历带回宫中抚养，赐居畅春园澹宁堂。弘历就是后来的乾隆。他得康熙如此喜爱，所以坊间一度传说，正因为这个“好皇孙”受皇爷爷垂爱，其父胤禛才得以侥幸继承皇位，真真假假，无可考证。

这种因皇孙而器重皇子的例子最有代表性的是明成祖朱棣。据说朱棣一度想废掉太子朱高炽，后见朱高炽的儿子朱瞻基很优秀，考虑到明朝基业在朱高炽手里可能无起色，但料定在皇孙朱瞻基手里一定会大放异彩，最终还是把皇位传给了朱高炽。

康熙对弘历的喜爱程度，确实非同一般。见面不久后，康熙就让弘历随同他到热河，住在避暑山庄的万壑松风。康熙驾临狮子园，也是弘历随从伺候。爱屋及乌，康熙召见弘历生母钮祜禄氏，一见面更是连夸儿媳妇是有福之人。

此番祖孙温情的画面，在儿孙众多的帝王康熙的生活中并不多见，让对众皇子不满意的康熙尝到了极其罕见的炊烟人家浓郁的亲情味道，一时竟恍如无欲无求的山野农夫，心灵得到极大的宽慰。

这份难得的温馨，是胤禛用心促成的，康熙自然能感知到，也因此对胤禛肯用真情凝聚这种皇家情之外的“私情”甚为满意。

“闲人”胤禛善于打亲情牌，早有先例。

胤禩受到康熙谴责时，别人都不敢说话。胤禛曾单独上奏折为他求情说好话，这样的话胤禩当然会听到耳朵里。有一次胤禩病了，胤禛正侍从康熙在秋狝回京的路上，康熙询问胤禩的病派人看了没有，胤禛说没有，康熙说应该派人去看。数日后探视人说胤禩病情加重，胤禛错误地理解康熙的意思，就请示先回京探望。结果他走后，康熙怨他不顾扈驾，忙着去看胤禩，显然是包庇胤禩。

胤禛还充当八旗子弟的调解员，经常管一些与他不相干的闲事，显示其确实是“闲人”，因此赢得了许多人的好感。

晚年的康熙因病情缘故，就委派胤禛这个“闲人”，作为他的“替身”，去主持祭祀这件大事。

封建社会，始终信奉着“国之大事，在祀与戎”的信条，祭祀素来被国君看作是独享的权利，是与天神交流的荣耀。康熙肯把这种象征意味很浓的事情差遣胤禛去做，表明了一种态度：即便胤禛不被立为太子，至少是备用的、名次靠前的考察对象。

我们很难将胤禛的孝顺举动和隐忍地选择装扮闲人看作欺骗。他贵为皇子，具有竞争太子之位的资格，采取哪种手段谋取储君之位，应该是智慧与韬略的展现。

胤禛能够代替康熙祭祀，确实是一种荣耀。康熙此前曾放言：“自即位以来，凡大祀皆恭亲行礼。”他认为，只有自己亲自主持，才能显示对上天的诚意。冬至祭圜丘（天坛）、祈谷、常雩（祈雨）这三种大祀，康熙本是雷打不动地亲往，可也交给胤禛替他前往。

很多人都没有看透康熙的这层深意，以为康熙是真的病体难行。帝王心术，如夏日飘雪，神秘深邃、不可预测。

老皇帝难求圆满

1

康熙晚年，迷糊地将亲情和储君之位混为一谈，亲手造成众皇子兄弟阋于宫墙的混乱场面。

兄弟之间的龃龉和倾轧，皆出于对太子之位的贪恋，而太子之位长期悬而未决的诱惑，又是康熙一手制造的。

明明挂着一块肉，却要群狼盯着肉吃素，甚至不能流涎水——这种扭曲的考验本身就是错误的。

对食肉动物而言，吃肉是本能。对皇子来说，能够继承皇位是梦寐以求之事，谁产生想法都不为过。

康熙只顾埋怨皇子众多却挑选不出一个令他满意的人来，殊不知身为皇室成员的皇子们所处的生存环境，是全天下最“恶劣”的。皇室身份不允许他们将身体与死亡隔离开——生是皇家人，死是皇家鬼。这个身份让他们距离死亡更近。在外人看来，寝宫里楠木镶金银床的温软舒适散发出诱人馨香，令人垂涎。但身处其中的主人，却时刻为不能保证做一个完整的好梦而苦恼不已。

不参与竞争或许是一种谋求生存的退路，但并不能确保任何一个兄弟上台后，依然肯坚守当初的承诺。继位者很可能会出于安全考虑，将潜在的危险一并消除。

这场竞争中裹挟着的危险，康熙虽然年轻时早已熟知，可他荒谬地希望自己的众多儿子中会出一个“圣人”般的接班人来接替他，并厚待众兄弟。康熙没想过，他如此强势，活着时儿子们尚且互不服气，在他离世后，怎么可能忽然就会兄能说服弟，或者弟能博爱兄？

皇子们身为皇室成员，生存不是靠伟大的正义、高尚的道德，而是靠人性中的贪欲和未被文明压制的野蛮。这是一种生存的悲哀，也是最真实的现状，只有最后得胜者才能笑到最后。

康熙始终不定太子人选，是因为他心目中没有最合适的人选。他曾经对众阿哥说：“春至时和，百花尚铺，一段锦绣，好鸟且啭，无数佳音。何况为人在世，幸遇升平，安居乐业。自当立一番好言，行一番好事业，使无愧于今生。”

理想如此丰满，境况却如此不堪，康熙懊恼且无奈。

其实，康熙在现实与理想中纠结的因素，还源于满族人文化上的不自信。

满族入关建立清朝后，最大的忧患是担心民族被汉化，于是提出“国语骑射”的总策略，要求所有满人：必须讲满语，书写用满文；要对骑射娴熟；保持满族传统服饰，不追逐奇异的汉服；保持满族习俗；遵奉萨满教。

这就导致康熙选太子左右不定。既希望继任者能驾驭伟大的清帝国，手段凶悍；又盼着继位者能够怀柔天下，尤其是对待兄弟们，能够千容百忍，宽恕他们的所作所为。

他作为父亲，十分希冀这样的圆满结局。可他没有想过，自古皇室争斗，早已超越了血胤之亲的束缚。

康熙为此苦恼，阿哥们也苦恼，思想牵引着行动，碰撞到一起，父子不像父子，君臣不像君臣。

康熙不立太子，还在于，皇权是独一的、单数的、排他的。他坚决不允许在他之外另有一个“二号皇帝”出现，这才导致了原太子胤礽的反复立废，其实这是康熙内心挣扎的结果。

“天无二日，土无二王，家无二主，尊无二上”。皇权的自私性和唯一性，决定了康熙这个雄主难以从内心里承认：自己有生之年，说过的话，还可以由“太子”否定。即使这否定是对的也不行。因此，一旦当他预测或者怀疑胤礽有丝毫出轨行为，就坚决制止。

其实，即便不是胤礽，任何一个皇子为太子，康熙都会这么做。学习汉人立太子是标榜民主和睿智，而废黜太子又是他作为皇权现任拥有者所必须做出的反应。康熙陷入这种反复中，却不肯承认，这才导致大臣们左右为难，推举太子不对，不推举也不对；皇子们也左右为难，争夺不对，不争夺也不对。

不争夺，在康熙看来，远比争夺更严重，很可能是暗中勾结，悄悄行动。这是疑心病帝王最忌讳的事情，因此若有丝毫风吹草动，康熙就将皇子圈禁，以示皇权的不可撼动——这就是“王者气”。

在这种环境笼罩下，胤禛采取“真不争”，而且表现出的种种行为，确实好像不争，让康熙还算欣慰。

胤禛在这时逐渐养成的两面性，在他之后执政过程中也成为惯用手段。

这是他从太子之争中学到的最有效手段，也是从老皇帝康熙身上学到的帝王心术真谛。

王者驾驭人，所有手段都是次要的。身上散发的“王者气”摄人，才是王道。

拥有王者之气，所有的对错，都必须是对！

2

康熙对胤禛，满意之外，似乎还有些犹豫。

康熙觉得十四阿哥胤禵越来越像自己，而且，康熙还做了一件最叫人费思量的事情。

当西北边陲准噶尔部叛乱时，康熙感慨道：“若是朕少壮时，早已成功。”平定三藩和噶尔丹的伟大战绩，他确实有炫耀的资本。

边关告急，如此重要的立军功的机会，康熙当然要交给皇子去完成。康熙这一次选用了各方面都很像自己性格的胤禵，任命其为抚远大将军。把胤禵由贝勒升为郡王，却并非实封，也就是说没有赐予爵号。

康熙思虑不谓不远。毕竟，胤禵此时仅有三十一岁，且并无军功，直接升为郡王，本来已显溺爱，若是再引起别的皇子不服，又要徒生纠葛。可已经封为大将军王，若是没有郡王帽子，只怕将来在军中难以立足，只好采取了折中的方式。

这次西北之战，胤禵率军号称三十万，其实就十万多，康熙志在必得。因为，准噶尔掌控了西藏喇嘛教，这是远比战争更危险的。大漠南北和西北地区都信奉喇嘛教，清朝历来利用它作为统治、联络蒙古人的工具。一旦喇嘛教的教权被准噶尔夺去，后果不可想象。

胤禵确实具有军事指挥才能，也不负康熙重托，康熙五十九年（1720）八月，清除了准噶尔势力，安定了西藏。清军护送七世达赖到拉萨，举行了坐床仪式。

胤禵这次出征，意义相当于御驾亲征，康熙亲自为他举行出征仪式，如今又取得了大捷，恰好在太子之位摇摆不定的时刻，难免让朝臣和胤禩集团以为，胤禵就是那个最合适的人选。

胤禵自己也这样认为。

可他忘记了，大清朝是有规矩的。尽管这次出征，使用的是郡王名号，但并无实际爵号。康熙如果要实封，不会在胤禵打了胜仗之后还不封。可太子与胤禵实际的封号之间，还差着亲王、郡王两个级别。显然康熙并没有下决心将皇位传给他的意思。

这一点有据可考。在胤禵被封为大将军王后，康熙五十八年（1719）八月，胤禵女儿出嫁，封为“郡君”。清朝规定，多罗贝勒女封“郡君”，亲王女封“郡主”。可见，康熙是有意为之。

而且，胤禵于康熙六十年（1721）十月被召回京，再次返回西北军营后，直至康熙驾崩，都无任何谕旨召唤。如果康熙有意传位于他，是绝对不会这么做的。尽管后来胤禩集团极尽所能推翻胤禛继承皇位的合法性，但却不能拿出一点证据来证明康熙确有传位于胤禵的迹象。

对康熙来说，封胤禵为大将军王，是出于军事上的考虑，是从整个国家需要谋划的，当然也不排除是对胤禵的一次考试。

军事上，胤禵经受住了考验。而其他方面，多多少少，康熙还有顾虑。

例如，根据胤禵的亲信何图弟兄的随军见闻，说胤禵初到军营时确实是很注意名声的，后来就开门索贿，勒索、榨取文武官员钱财，他们还曾一次送给胤禩二十万两、胤禟六万两银子——这些传闻未必不会被康熙知道。

康熙犹犹豫豫，始终在宣示独裁者的优越。他将“太子”当成了附属品或者说是奖品。哪个儿子能最终夺取这场马拉松冠军的金牌呢？

这场马拉松，看似是康熙给众皇子设置的，其实他也深陷其中。对他这个一向要强的皇帝来说，犹如炼狱。第一次废胤礽时，康熙气出重病。此后，他虽运用手段，看似弹指间将这一问题解决，却导致二立胤礽、再度推翻，实际上比前一次要更失败。紧接着，他因病右手不能写字，心神恍惚，头昏，走路开始需要人搀扶，双腿肿胀，难以下地，等等。种种迹象表明，皇子们的储君之争，确确实实让这位叱咤一生的雄主伤透了心，因此他才会多次强调，将来所选之人，一定要孝顺。

孝顺与治国理政，不相干的两件事，却成为选拔新皇帝的组合指标。

眼见身体越来越差，年龄越来越大，康熙必须对这件事做出最后的抉择。

国家需要政治家

1

时间来到康熙六十一年十月二十一日，这天，康熙前往南苑打猎。此时，他已经虚岁六十九岁了。或许这并不算高寿的年龄，但对于忧心念国的劳累者来说，已经算是超龄服役了——在当时的医疗条件下。

这时的打猎，象征意义多于实际行动。

箭矢依然锐利，奈何强弓已是摆设。

他自知油尽灯枯，因此并不忌讳死亡，在遗言里说：三代之事，不可全信。自秦始皇以来一千九百六十余年，称帝有年号的二百一十一人中，我在位时间最长，已经很满足了。

半月后的十一月初七，康熙回到钟爱的畅春园，自知时日不多，想完成最后的仪式——告知上天！

第二天一早，他却起不来了。

本想最后与天帝说几句话，可谁知人算不如天算，康熙只好改变主意："偶冒风寒，本日即透汗。自初十至十五日静养斋戒，一应奏章，不必启奏。"可心里有事啊，祭祀的事情派谁去呢？

当然是派可靠的人！

初九，他命胤禛到南郊，代行冬至祭天大礼。这种庄严肃穆的祭天仪式，康熙认为已经能表明心迹，可惜无人能懂。或者说看懂的人就是不愿意承认。

从初十到十二，胤禛每天都担心父皇，派遣护卫、太监不间断到畅春园请安，每次得到的回复都是：“朕体稍愈。”

不只胤禛，其实所有在京的皇子们都处于极度的紧张中，时刻惦念着老皇帝的病情。

十三日，康熙病情忽然加重。傍晚时分，他紧急召见三阿哥胤祉、七阿哥胤祐、八阿哥胤禩、九阿哥胤禟、十阿哥胤䄉、十二阿哥胤裪、十三阿哥胤祥和原任理藩院尚书隆科多来到病榻前，并传在南郊祭祀的四阿哥胤禛回畅春园。

躺在床上的康熙下达了人生中最后一道谕旨：“皇四子人品贵重，深肖朕躬，必能克承大统，着继朕即皇帝位。”他终于卸下了在心中背负已久的包袱，自认为妥当地安排了接班人。

虽然此时病榻前的几个皇子闻听这个消息，各自震惊不已，但谁也不敢表现出半分的不满。不敢出声的原因，在于都心中有数，一辈子老谋深算的父亲，此刻一定在殿内外安排了无数刀斧手，专杀反叛者。

殿内惊天动地的消息令所有人鸦雀无声，殿外还跪着胤禄、胤礼等年幼的皇子。

大家都静静地等待着，等待新皇帝的到来。

胤禛匆匆赶来，康熙没有再亲口告诉他这个消息，反倒是向他说明这两天突然病情加重的原因。胤禛拉着父皇的手，跪在榻前泣不成声。

戌时（晚七时至晚九时），康熙终于安详地闭上了眼睛，离开了这个他恋恋不舍的帝国。

隆科多见胤禛只顾哀恸号哭，当即劝止，重复了康熙遗诏。胤祉带头，向新皇帝胤禛叩首，表示听从父亲遗诏，绝对臣服，劝胤禛节哀。

胤禛这时表现出一贯的果断，迅速下令，用銮舆运载康熙遗体回乾清宫；他在隆科多的保护下先期回到大内，准备迎接灵柩。

一场纷纷扰扰的储君之争终于一锤定音，胤禛开始实施他的政令。

第二日，他任命了胤禩、胤祥、马齐、隆科多为总理事务王大臣，又封胤禩和胤祥为亲王，召胤禵回京，关闭京城九门。

胤禛做事钢刀利水，他深知胤禩集团未必会俯首称臣，为防政变，关闭九门。同时为安抚胤禩，封他为亲王和总理王大臣，希望能够兄弟同心，重振朝纲。

多年准备，今日得偿所愿，胤禛开始有条不紊地布局朝政。

十九日，胤禛正式登上皇位，派遣官员祭告天坛、太庙、社稷坛。京城开禁，发布诏书，改年号为雍正，依照习惯，自明年开始实行。

紧接着，就是执行给康熙拟定谥号、庙号等烦琐而严格的程序。胤禛还专门刺破中指，用血圈住“圣祖”两个字作为康熙庙号，以示对先皇的轸念。

召回胤禵时，胤禛命川陕总督年羹尧接替他的职务。

胤禩集团虽然不服，但此时被圈禁在北京城内，动弹不得，他们只好寄希望于胤禵能早日回京，好共同合力，掀起波澜。

2

胤禛接替皇位，有惊无险，整个过程进行得极其顺利，让一向志在必得的胤禩集团坐卧不安。

很快，整个京城就传出了胤禛篡位的传闻。

最经典的说法是，康熙要传位于十四阿哥胤禵，是胤禛将“传位十四阿哥”篡改成了“传位于四阿哥”，理由很简单，胤禛将“十”加了笔画成“于”。

这种传闻能够迅速散播，主要还是因为康熙长期不立太子留下的后患，人们宁愿相信，皇位之争跌宕起伏，那样更具有传奇色彩，也更符合皇家争斗的规律。目前的稳妥传位版本，显得苍白而无趣。同情失败者，是人之常情。

关于胤禛将“十”修改成“于”的说法，根本是无稽之谈。胤禵等人说胤禛改的是满文，显然满文里的“十”和“于”并非汉字的写法。

还有一个可以驳斥传闻的理由。清代制度规定，书写皇子，不是“某子”，而是“皇某子”，如果说“皇位传皇十四子”，若是将“十”改为“于”，就成了“皇位传皇于四子”，显然不通。

近年来，另有学者提出，十四阿哥胤禵，原名“胤祯”，康熙的遗诏是“传位十四子胤祯”，雍亲王原来的名字不叫“胤禛”（叫什么也不知道），他把“胤祯”改为“胤禛”。这种说法，也立不住脚。康熙年间历次修订的《宗室玉牒》里，雍亲王均写为“胤禛”。[1]

哪种说法已经不重要，胤禩和胤禵要的效果就是：制造混乱。至于能不能趁机改换新的帝王，他们倒不在乎了。

胤禛能够迅速牢牢把握政权，得益于他极高的统御能力。

首先，他让年羹尧接替胤禵的职务，这就避免了胤禵率军叛乱的可能。当时远在西北的胤禵，并不了解皇宫内突然发生的传位实情，毫无带兵反叛的理由。如果他真的率军反叛，那就会成为大清国的乱臣贼子。

其次，胤禛命步军统领隆科多关闭九门，保证了京城的安全；隆科多此时率领的八旗部军五个营，约有两万名官兵，足以保证京城安全，而且，九门钥匙都在隆科多手中掌控。

胤禵等人输在过于聪明，自认为只要胤禵大将军王这杆大旗不倒，任何人都会忌惮，殊不知再大的将军王，也是皇帝封赏的。谁当皇帝，远比大将军王重要得多。

那么，康熙究竟为何要让胤禛接位呢？

3

康熙自有他的考虑。

自从第二次废太子后，康熙就不断给众臣和皇子施压，表明态度，任凭谁

1　冯尔康．清世宗本叫胤禛，并非盗名［J］．南开大学学报，1982（1）：71-77.

有千条计，立太子唯有他说了算。

以他个人好恶为标准，并无对错。这是专制制度下他独有的权利。

汉族长期延续的立嫡长子为太子的做法并非最科学的，却被认为是最正确的，是经过多次尝试后，避免皇权之争的一个“定论”。抛开这个定论的对错，一定程度上减少了觊觎皇位的竞争者的血腥争斗。

嫡长子只有一个，理论上减少了危险。

按照严格意义上的儒家理论，即使贵为天子，正妻也只有一个，即皇后，其余均为妾。唯皇后所生子为“嫡”——最正宗。其余妃嫔所生，皆为“庶”——低一等。正妻是树干，“妾”（妃嫔）是旁支。干有生“干”（嫡）的尊荣，旁支则全为枝条。又因长幼有序，长子自然是既嫡且长，尊贵到无以复加。

任何事情，传承久了，就会被认为有理。汉族人常以为，篡权者并非正宗得位，是不道德的。实际上，要看谁登基后施行的政策是利民的还是祸害百姓的，才更正确。

作为大清国的主政者，康熙要融入汉族，才能保证国家的长治久安，所以他才提前立太子并全力培养。可他的做法，却并非完全按照汉族的传统。汉族的太子，一般是不干预朝政的，保证了国家只有一个君主。康熙立太子后，自己多次远征，让太子监理朝政，这让太子产生了急于登基的心理基础。

毕竟，金口玉言的感觉实在太好了。

可康熙打仗归来，重新将权力从太子手中夺走，这等于夺去了太子发号施令的权力，他自然不爽。

不爽也毫无办法。康熙用强硬手段告诉他：我是你的父皇！有我在，你当不成皇帝！

太子集团内部好多官员，必须借助太子登基，才能有升迁机会，利益驱使他们撺掇太子——天下迟早是你的，让老皇帝提前退位，对你有利！

因此才会有太子等不及，康熙常生出“有子要弑父”的危机感，父子关系越闹越僵。

清军未入关时，王子预政是传统政策。这对建立和稳定满族政权的统治起到过积极作用。他们通过选拔最优秀的人才继承王位，保证了满族迅速崛起。这一点，康熙也是清楚的。

康熙既想选拔最优秀的皇子继承皇位，同时又想学习汉族文明，用“立太子”表明满汉是一家。

纠结心态下，让错误一再延续。

晚年时，康熙希望即位者必须首先要孝顺。这是在立太子事件中，众多皇子尔虞我诈、明争暗斗、杀气腾腾的环境下，不得已做出的选择。出于对国家有利等的综合考虑，康熙以国为重，选择了胤禛。

康熙反复比较后，得出结论——国家需要政治家，而非某一方面有特长的皇子。饱经历练的胤禛，在处理政务时的铁面无私、不徇私情、大局为重，都赢得了康熙的赞许。

胤禛在争夺皇位时的种种策略，无须称道亦无须贬斥，其中使用的“天下第一闲人”的障眼法，积极安排属下到各地任职等措施，是他作为合法继承人之一的权利，不必因此谴责他。

夺嫡之争造成的影响，也不会随着胤禛上台就立刻销声匿迹，这场政权地震带来的余震，一定会延续到他的王朝中。

一个崭新王朝开启，胤禛从此便成为雍正，大清走向了铁腕治国的强硬时代！

铁腕：法不阿贵，推行务实政务

敲响警钟，谁都别心存侥幸

1

胤禛践祚，改元雍正，大清国来到十字路口。

继续沿着父亲康熙的老路子走，显然不是雍正的作风。

康熙八岁登基，十四岁亲政，除鳌拜在十六岁，彻底平定三藩时二十八岁，收复台湾时也才三十岁，解决中俄争端时三十六岁，三次讨伐噶尔丹，最后将蒙古纳入版图时四十四岁。

成就如此辉煌，清国转入赞歌的盛世。康熙觉得天下太平，即以不生事为贵，他亲口说："兴一利，即生一弊。古人云多事不如少事，职此意也。"从此，康熙拉开了"治天下务以宽仁为尚"的帷幕。

皇帝一放开，官员们自然乐意。偏偏康熙转而身体衰弱，晚年受反复立太子之事煎熬，朝政的诸多弊端累积日久，国库亏空，官风不正。

官员们的"圈子"观念也越积越深，朋党严重。古时为官，寒门出贵子的例子少之又少，科举制度选拔人才看似公平，却是滋生腐败的源头。实际上是，高层官员牵着绳子一头，整条绳子串联起从中央到地方的无数官员。

上边绳子抖一抖，地方就要颤一颤。

高层官员以拥有众多追随者为资本，地方官员以傍上中央高层为荣耀。上下联动，互相保护，让政令只能扭曲地执行。

原因很简单，看似公平的科举制度实行多年，各级官员已经摸透了其中的奥秘和规律。摸透规律，就滋生了对付的手段。科举制度渐渐成为制造政治寡头的温床。

到清代，科举制度已经演变出一套严密的流程，官员的升迁也逐渐成了钱权交易。穷人要依靠科举来验证经史子集的熟练程度和修养，至少需要进行十多年炼狱般的学习。经济不充足、时间不允许的穷人很难走上这条路，因为忙于生计和家庭，已经让他们疲惫不堪。

说透了，能读得起书的群体，渐渐缩小到有钱有闲阶级。明摆着，考上小官吏的人是因为先积累了万贯家财，才有了资本参加科举考试。他们做了官以后，考官就成为名义上的恩师，是此后政治舞台上的领舞者。考官与考生结成师生关系，即意味着结成了同盟。考生要每年定期给恩师上供，恩师才会在该说话的时候替你开口。发现你的优秀之处，正好符合某个职位，升迁就成为定局。

这样一条“先有钱再读书”、参加科举考试、拜定恩师、送礼物、“恩师提拔你”的无形藤蔓伸向各地，结成了无数个纵横交错的庞大网络，也即“朋党”。

处于下层的官员要升迁，就不得不拼命敛财，孝敬高层。去哪里敛财？当然是搜刮百姓。

这张自上而下结成的网，牢不可破，连皇帝也没有办法一举扯断所有经纬，只能是发现一张，处理一张，而新的网还在不断编织。

腐败就是这样滋生的，永远斩不断。因为执行者也是某张网上的人。

康熙晚年因为讲究仁政，眼神不再犀利，刀剑也不再寒光闪闪。众官员享受并沉溺在这种富贵大棚下，不受政坛风吹雨淋，滋润地生活。

政坛无风无浪，又反过来验证大清国乃“真正”的康熙盛世。

康熙并非庸人，自然晓得这回事。可他不想大动干戈，也懒得让朝政刀光剑影，所以才选择雍正这个执行力强的皇子接替他，重振清国。

还有一项官场潜规则——火耗银，是官员敛财的重要手段之一。康熙也曾制裁过，结果官员各有说辞。因为心软又棘手，康熙遂睁一只眼闭一只眼。

火耗银，是银子熔铸过程中产生的损耗。清律规定，各行省转交至户部中央的税款，必须是五十两银圆一锭，而各地衙门从老百姓手中收集来的是散银，要符合国家规定，就必须镕铸成合乎规格的五十两元宝，才能上缴。

镕铸过程中，去掉杂质、高温消耗，自然会产生损失。官员为了足额缴纳中央，就必须增加“附加税”，方式就是由纳税人多交。

借公开增加的附加税之便，地方官便趁机多收，弥补官场走动、孝敬上级和自己的开支、储蓄。

百姓赋税增加，国家安全受到威胁。

可为何又难以整治呢？官员们的理由是：工资太少。

清承明制，官员的俸禄低微，一位知县的正常俸禄是每月不足四两银。可仅仅县官一天吃喝、喂马等开销就要五六钱，一个月俸禄仅能维持六七天开销。

此外，县官还要聘请幕僚、师爷、门房、仆役，这些人都要县官给他们发工资，确实是不符合常理。

入不敷出的清白账，县官们只能暗地里从火耗银上剥取。由于没有法律约束，导致各地火耗银附加税不断增加。

康熙朝后期，各省征收的火耗银占正税的比例不一，江苏一成；湖南最多到三成；陕西、山西在三四成；山东、河南最严重，甚至达到八成。

政府收取的火耗银，一般用于大小官员的职务消费、津贴的发放。有的官员看出其中的破绽，从中大捞好处，大肆敛财。火耗银既加重了百姓的负担，又滋生了官员的贪污腐败行为。[1]

1　［美］曾小萍．董建中，译：州县官的银两：18世纪中国的合理化财政改革［M］．北京：中国人民大学出版社，2005.

此外，国库空虚，康熙五十九年，户部库里只有八百万两白银。各省钱粮亏空严重。

绅宦等富人免役权、军饷亏空等积弊，难以革除，这个烂摊子，康熙都留给了雍正。

千般争取皇位，接手的却是这么个局面，雍正该如何做？

2

雍正元年（1723）正月初一，雍正连发十一道上谕，训谕各省文武官员。

这是新皇帝的政治宣言，告诉大家：天变了，所有人要改换思想。

对总督的上谕说，总督控制两省，文武大权在手，必定要使所有将吏和谐、军民团结，才算称职。有的人以迎合旨意为能，以沽名钓誉为贤，甚至私自行贿受贿，这些都要不得。我这个新皇帝即位，必定严格遵循法律，希望你们勤恳练兵，核实军饷，不务虚名。

给各省巡抚的训话里，则直接挑明了，各省亏空，朕已知晓，给你们时间，迅速补充库存，莫负皇恩。

让督学们保持廉洁自律，实行务实作风，表扬忠义，到乡野寻访隐者，选拔人才。

还对提督、总兵官、布政使、按察使、道员、副将、参将、知府都做了详细叮嘱。在给知县的训导中，雍正最后语重心长地说："钱粮火耗任意增加，民何以堪！嗣后断宜禁止。"

大清国所有官员这几天都紧张地猜测着，雍正要如何开始整顿吏治，看情况，这是要动真格了！但是，还有人在观望等待，希望这只是新皇帝上任后的雷声。

对于见惯太多场面的官员们来说，光打雷不下雨，是常态。

但如此大规模地连发十一道上谕，世所罕见，无疑是给全天下所有官员敲响了警钟。

雍正办公，在养心殿。

正月初二上午，他要求户部严查恩赏天下老人的银两，不许有丝毫克扣。州县如果有九十岁以上的老人，要常常去探望；若是鳏寡无子孙、未获赡养者，设法恤养。

忽然看到年羹尧的奏折，他仿佛有了想法。登基伊始，军事的稳定至关重要，当即命年羹尧来京城，叩谒康熙梓宫的同时商议地方情形。

雍正对待这个钟爱的属下，忍不住想和他说几句亲密话，顺手就将心里话写在奏折上：舅舅隆科多这个人，朕和你先前都不太了解他，真正是大错。这个人才是圣祖皇考的大忠臣啊，也是朕的功臣、国家良臣，真正是当代第一超群、出类拔萃的大臣啊！

他要把最近越来越亲密的隆科多介绍给年羹尧。雍正这时把年羹尧既当成臣下，又当作最可信赖的朋友。他没有说隆科多在皇位接替时出了大力，但他相信年羹尧能看懂。

终于当上皇帝，雍正急于召年羹尧来京，布置任务是真，想念也是真切。当上了皇帝，总要找几个真诚的朋友来发自内心地庆贺庆贺。

正月十四，雍正找来最信任的十三弟等人一起抡起新政改革的第一斧。

需要说明一下，雍正登基后，因避他的名讳"胤禛"里的"胤"字，康熙所有皇子同时将名字里的"胤"字改为"允"字。

怡亲王允祥、舅舅隆科多、大学士白潢、尚书朱轼同时来到养心殿，听雍正安排。

雍正首先告诉大家：要成立会考府，杜绝内外勾结、欺盗虚冒，对各省钱粮奏销积弊加以整顿。

奏销，是各州县每年将钱粮征收的实数报部奏闻，由户部注销欠缴的钱粮。

原有的奏销制度，存在漏洞。各级官员，为了保住饭碗，常常会送各部"部费"，说穿了就是为达目的而给部里官员送上的贿赂银。送了"部费"的，即使亏空几百万，也会给你注销所欠钱粮。

雍正说："大行皇帝也知道这种弊端，不过不欲深究，从宽处理。朕今不能如皇考宽容。"

这种决心一表，几位都表示：确实应该清理清理了。

雍正早年多次深入民间，深谙官场规则：制度再严密，不落实等于零。

他看一眼允祥，设身处地地挑明："尔若不能清查，朕必另遣大臣；若大臣再不能清查，朕必亲自查出。"

允祥知道雍正是怕他不敢得罪人，当即响当当地表态："请皇上放心，臣弟一定严查。"

雍正用手拍着桌子角，告诫面前几位股肱大臣，他决不姑息。新政开始，一定要从上到下、从内到外，彻底惩办贪官，清理亏空。

正月里，又逢新皇帝上任，大清官员们正该好好享受春节。而此刻，这场强力清除贪官的大运动，却让众官员慌如蚂蚁，没心过年，走东家串西家，商量着如何补上亏空。

一时间，京城的气氛变得紧张起来。

设立会考府，赃官人人过筛子

1

自在时光突然被打乱，让各部慌了手脚。

原来的制度是各部院动用钱粮，均为自行奏销。

会考府一设立，所有账目都要经过稽查核对，不再能送钱通融，也不再有部院官员敢接受贿赂。

很快，允祥查出户部亏空二百五十万两。雍正责令户部历任堂官、司官和部属吏员，不分职务高低、不分皇亲贵胄，各自领回自己的任务，先补上一百五十万两，剩下的一百万两由户部逐年弥补。

雍正说到做到的硬汉手腕，在他当雍亲王时，很多人早已知晓。

雍正的弟弟、十二阿哥履郡王允祹拖欠内务府亏空，眼见着规定的还款期限越来越近，迫于无奈，将家用器皿摆到大街上售卖。不论他是出于什么目的，哪怕这样做会给皇家抹黑，雍正也“出丑由你出，欠钱必须还”。

这下真的再无退路了，观望的官员们日夜借债，努力偿还往日欠下的亏空，捶胸顿足、唉声叹气的官员们后悔以前过得太自在，惹下如此麻烦。他们从心里恨当今皇上不讲情面，同时也惧怕雍正，这个皇帝可不是老皇帝康熙，惹火了他，是要掉脑袋的。

十阿哥敦郡王允䄉搜肠刮肚补上了数万金，却还是没能全部还上欠款，他想着拖一拖，最后被抄了家。

内务府官员李英贵，伙同张鼎鼐等人私自冒领正项钱粮一百余万两，朝廷将他抄家抵扣，绝不徇私。

法不阿贵，前所未闻，亏空的官员们人人感到后脖子钻进一股凉风。

忽然弥漫的这股清欠风，让众官员不堪重负。恼羞成怒之下，他们开始攻击允祥，说他“归于苛刻”，往日里那个重情义的十三阿哥现在官瘾十足，六亲不认。

雍正听闻后，主动澄清：谁也不要怨恨允祥，这是朕的主意，朕是为国着想。

京官日子难过，各地方官也开始了轰轰烈烈的人人过筛子的大清查运动。

主持正义的官员趁机火上浇油，盛京将军唐保德上奏折拿审贪官，雍正朱批：“这些年来，各级官员仰仗皇考仁慈，窃取国家钱粮，贪赃枉法，勒索百姓，已成常事，朕决意革此流弊。”

当年被革职查封家产的有湖广布政使张圣弼、湖南按察使张安世、广西按察使李继谟、江苏巡抚吴存礼、江苏布政使李世仁等。封疆大吏的纷纷落马，让百姓拍手称快。

即便是赋闲在家的曾任官员，也不放过。原山西巡抚苏克济，自康熙四十年（1701）任职，到六十年回家丁忧卸职，本以为相安无事，不料被潞州知府加璋揭发其曾勒索各州县官员四百五十万两。雍正下令没收家产、偿还亏空，并责令其家人偿还二十万两。这种资深官员的悲惨现场，让朝野看到了雍正清理积弊的决心。

为让赃官们补齐国库欠款，雍正还采取了衙门与原籍同时查抄的办法，让心存侥幸、准备以一人入狱换取全家富贵的“狡兔”失去了最后的窝点。

凡是赃官，一律罢官，不采用以前那种留任以弥补亏空的做法，不给他们留下再贪污的机会；对于有些将财产藏匿在亲戚家的官员，一并查抄；还不许后任官员为前任代偿亏空，杜绝地方官绅相互勾结或使用地方国库银两……一时，株连面迅速扩大，怨声渐起。

雍正，曾经的四阿哥、冷面亲王，用雷霆之势横扫官场，发动了大清国的一场地震。

曾经不可一世、坚不可摧的官员利益链条，在雍正即位后几个月内就被摧枯拉朽的阵势扯得四分五裂。

国库充盈了，可有些人却躲在角落里窃笑，终于等来良机。

2

雍正登基，允禩和允禟、允禵等人胸中窝着一股怒火。他们不愿意言败，经营多年夺嫡大计，最终却让雍正白捡了便宜。

一直苦于无法报复，此时终于等来转机。

“抄家皇帝雍正”的流言邪风，忽然在京城街巷刮起。被抄家的官员们怨声载道，各自诉苦。

赃官们自导自演苦情剧目，都说自己冤屈。

康熙朝晚期各省均有亏空的原因，主要有以下几条：

第一，康熙长期对贪官的纵容。康熙接手的清廷，朝局动荡，反清复明的势力依然潜藏，三藩作乱、蒙古挑衅等诸多因素困扰，天下未稳，康熙需要汉族精英支持他平定天下和应对满族贵族。从大局来看，吏治问题并非重中之重；他又自知官员收入低微，就选择对贪官睁一只眼闭一只眼。

第二，康熙所谓的“仁慈”。康熙四十一年，广西巡抚萧永藻弹劾原布政使教化新，说他在广西期间造成米谷亏空严重，要求由其进行补赔。康熙听后，坚决反对，说：“亏空了就拿钱赔，以今日官员的薪资水平那可太难了。而且，各个省的粮库如果都认真核实的话，所有官员恐怕都有问题。”在康熙眼里，反正财政有钱，让大学士们斟酌一下如何“另行规定”，帮助官员们渡过难关。他觉得大家都是因为公事出现亏空，不能让哪个私人掏腰包。天长日久，大家摸准了康熙的脾气，贪墨数目越来越大。反正不查，不贪白不贪。

第三，康熙的屡次巡游。康熙从十年（1701）起第一次离京东巡，到康熙六十年北巡塞外，共离京四十三次，其中就包括著名的六次南巡，每一次都要耗费大量国家资财。为了做好沿途接待，各地官员苦不堪言。有的官员就趁机敛财，增加各种摊派、附加税，借机中饱私囊。康熙对此也有察觉，曾说“朕南巡至浙江，见百姓生计大不如前”“地方官者诚心为民者甚寡，一切务虚名而无实效”。最后他觉得问题出在自己身上，不南巡他们何来的贪污？既然如此，为何不停止南巡？因为他不放心。生怕政权被颠覆的恐惧，让他对汉族精英放不下心，借巡视为名，查看天下动静。其心机和秦始皇多次巡视天下如出一辙。

第四，地方潜规则。为防止灾情后饥民流离失所，地方允许设立义仓。也就是平时除上缴国家的钱粮赋税外，一部分钱粮留存下来以防止意外。若有突发灾情，州县仓库的粮食可用于赈济灾民。这一惠民政策，却被官员们用歪了。因为这部分的钱粮账目在地方官手中，且每隔一段时间要用新米来替换仓库中的陈米，陈米的处置全在地方官，这就给了他们很好的操作空间，便于从中捞上一笔。

同时，官员交接时，当账目对不上，离任官员就拿义仓库存填补国库。层层累积，至康熙末期，已成大患。为什么接任官员不上报呢？制度规定，若官员在任期间出现严重亏空，先要革职，然后追赔。谁会自找麻烦，弄得丢官抄家？而且，你若揭发上任，上任还有上任，如此推诿扯皮，加上层层保护，恶疾难除。

虽然亏空各有原因，但很少有官员肯主动承认自己伸出的黑手。

允禩等人及时听取他们的苦衷，加以渲染，表示同情，意在让雍正刚刚执政，就名声扫地。

对成功者的嫉妒、掌权者的反感，任何时代都有。允禩等人充分利用并使这种情绪发酵。

不满言论肆意蔓延，雍正却不为所动，他专门说明：朕就是要治理这些贪官，不能任由其贪污国家资财，肥自家子孙。如果是这样，国法何在，人心还有什么敬畏！

施政受阻，并不能扭转改革方向。

雍正现在是帝王，如日在天，要斗便明斗，无须还像以往那样兄弟斗，此时天下只有君臣。

允禟首先受到斥责。

雍正说："外面捏造谣言者，乱发议论，说朕钟爱十六阿哥，令其承袭庄亲王王爵，承受其家产，你可听说了？"

允禟说："这是明摆着的，谁都知道。"

"那，发遣一人，便说朕报复旧怨。擢用一人，又说朕是施恩，是出于私情，你可知道？"

允禟是个直性子，赌气地说："这不是我说的。"

你难道还要亲自上街宣传？

雍正见他敢做不敢承认，还是要老一套阴谋，怒火难抑："叫你奉命往西宁，这难道就不是荣耀？可你却一拖再拖。朕处理了你两个作恶的，就说朕是凌逼兄弟，肆意散播，毫无忌讳，这不是胡说八道吗？朕即位以来，对诸兄弟和大臣等一切犯错既往不咎，给予宽宥，可你们知道感恩吗？"

允禟明白他说的是给允禩封亲王、封允禵之子弘春为贝子等事，扭着头只管嘀咕："这都是你做样子，谁稀罕你的赏赐。"

说起这次让允禟去西宁，看似是撤回允禵后，故意给他机会到军前立功，实则允禟有苦说不出：这明明就是将他扔到军前，让年羹尧监视。

雍正叨叨了这么多，斜觑允禟一眼，见他翻着白眼极不耐烦，顿时再也忍不住，叱詈道："百日之内，淆乱朕心者百端。伊等其谓朕宽仁，不嗜杀人，故任意侮慢乎？此启朕杀人之端也。"

在雍正看来，君臣名分已定，所有封赏及调遣，允禟等皆应感恩、识趣，认清形势。配合新政，是唯一出路。

"不要觉得我宽仁，逼我杀人"，是雍正给允禟释放的最具威胁的信号。

3

雍正首先树立典型，证明自己一心为国的成绩：加吏部尚书兼步军统领隆科多、保和殿大学士马齐、川陕总督年羹尧俱为太保，又赐匾额"藩式宗英"给怡亲王允祥、"世笃忠贞"给隆科多、"朝之隽老"给马齐。

树立榜样，标榜新政取得成功，抵制杂七杂八的流言。

舆论宣传果然起了作用。两广总督杨琳，原为十阿哥允䄉属下，此时开始向新皇帝示好，奏折里称：自康熙五十四年（1715）任广东巡抚以来，应酬不断，把所有收入用尽，也不能满足府内支出。除了每年任内收入，将京城里住房和资产变卖，依然负债。这时，他说出了最谄媚的一句话："自拨入正黄旗后，一家始有出路。"正黄旗是上三旗，属皇帝掌控。雍正看后，心中大悦，朱批："今日之皇帝乃当年之雍亲王也。大家今日只要共勉一个'真'字，一个'好'字，君臣之福不可量也。"

对投诚者的真诚鼓励，就是对敌对者最无情的打击。

十四阿哥允禵始终不肯承认雍正，被派往遵化守陵。雍正逮捕允禵家人雅图、护卫孙泰、苏伯、常明等人，传问雅图等：往日里允禵在军中，常常吃酒逞凶……希望你们揭发。雅图等人坚决维护旧主子，不肯认罪。雍正怒将几人送刑部永远戴枷锁，以示惩戒。

虽然当了皇帝，雍正还是不能容忍流言蜚语对自己的伤害。

雍正憋着一股劲儿：你们几个人结朋党反对我，我就要采取不同的方法，各个击破；一味施恩，并不起作用。

雍正就是要他们这些人承认：我们败了！新皇帝有理。

这种亲人间的较量，并非为皇家独有。普通百姓兄弟、姐妹间的较量，也是如此。邻居富贵，真诚给予祝福并示好，若是自己亲人超过自己，则往往容易比较，甚至出于嫉妒，不予理睬或者极度冷落，表示漠视。

这是基于“同一起跑线出发，却不能同时取得冠军”的心理落差结出的攀比恶果。

雍正和众兄弟间的较量，亦是如此。这是人性的较量，并非政治的博弈。

高薪养廉：堵住贪官的腐败之路

1

扭转朝政，除旧弊，布新风，雍正有些操之过急。

雍正强力反贪后，一度出现官员荒。无官可任，超过三年任职的不多。

是继续铁腕治国还是选择妥协，难题摆在雍正面前。

放松反腐，无疑会让允禩等人眉飞色舞。

康熙迁就官员，允许适当贪污，是觉得他们俸禄过低，无法正常生活。雍正要振兴，开始并未顾及这些。了解情况后，雍正就着手改革这一弊端，免得君臣异心。

湖广总督杨宗仁提出施行耗羡归公：地方上的公示开销，与其让官员们暗中勒派百姓，不如让州县官在原有耗羡银内节省出两成，交给布政司库房，专门用于公事开销，此外绝不允许再有派捐。

原先的耗羡本是地方官私自征用，杨宗仁提出的思路是：交给布政司统一管理，专作公事费用，谁需要拨给谁。

雍正见此建议，当即批准，并鼓励他好好施行。

这个建议实际上提出了“耗羡归公”，虽然还未明确提出损耗归公，但基本的功能已经具备。

山西巡抚诺岷因为该省火耗问题严重，要求将山西各州县全年所得的耗羡银，通通上缴布政司库房，一部分用作抵扣没有着落的往日亏空，一部分用作给官员提高俸禄，作养廉银。

“好啊！诺岷这个办法好！”雍正愉快地答应了诺岷的请示，批准在山西全面铺开。

雍正二年（1724）年初，河南巡抚石文焯上奏：各州县耗羡每两约一钱三分，全省共有耗羡银四十万两，给全省各官养廉银若干后，除去各项公费，还剩下十六万两，已经存入藩库，弥补亏空。因此，不建议再让百姓捐火耗银。

雍正原本不看好石文焯虚头巴脑，可见到这个奏折，竟兴奋地在奏折里大加赞赏：“此奏才见着实，非从前泛泛浮词可比。封疆大吏，原应如此通盘合算，如何抵项，如何补苴，若干作为养廉，若干作为公用，说得通，行得去，人心既服，事亦不误，朕自然批个‘是’字。”

石文焯平时很少得到表扬，见雍正如此夸奖自己，出于卖弄和巴结，又画蛇添足，提出：将节省的“规礼银”押送到西宁充作军饷。

这个马屁没有拍响，当即被雍正驳回：作军饷断然不可。这个宜留充本省公用，比如补充亏空，修理城垣、道路、桥梁、堤岸和兵马器械、犒赏等需要，以公充公，方为稳妥。

石文焯所说“规礼银”，说白了就是各级督抚、藩臬、道员、知府，各产盐区和各关监督的官员，通过非正常渠道所得的收入——一句话，就是迎来送往的献银。

他本想替雍正解军饷难题，不料雍正却让他“管好自己的事”，军饷自有国家支付。雍正的意思：各自管好各自的事，就是忠臣，就是能臣，不能乱开口子。

提建议，除非正好符合上级的意图，比如诺岷、杨宗仁。乱提建议，往往不会被采纳，皇帝不会被你牵着鼻子走，石文焯就犯了这样的错。

在雍正的支持下，耗羡归公、养廉银试点改革先行在山西、河南实行。

眼看要破解这困扰大清国多年的腐败难题，没想到这场改革却遭到大多数官员的反对。

一场“公说公有理，婆说婆有理”的大辩论开始了。

2

雍正是支持推广诺岷的办法的。可他也怕一时冲动，做下糊涂事，于是命九卿召开会议讨论。

内阁讨论后拿出意见：反对。

理由有三条：

第一，火耗银本是州县应得的利益，上司不该提走。

第二，难以安定民心。如果制定火耗制度，上级提走，并且规定火耗标准，这等于公开化在赋税银之外增加税务，反而让百姓感觉赋税加重。

第三，公开征收，等于鼓励贪污。如果督抚公开允许州县官征收火耗银，使原本隐私的行为公开，这不是鼓励州县犯罪吗？

内阁多为康熙朝老臣，且思维依旧停留在康熙朝惯用的频道，这让雍正很不爽。但既然是让大家议论，皇帝又不能擅权独断——在朝政本就已有杂音的情况下，更为不利。

这时，五十七岁的山西布政使高成龄正受雍正青睐，且看到了山西推行火耗归公的好处，对这些议论一一驳斥。

高成龄是康熙三十五年举人，后在家乡开馆授课，维持生计。先后任云南永平县县令、江西赣州府同知。在江西任职五年间，以明断服人，处理积压疑难案件多起，深得民心。后升任瑞州知府，对当地人彪悍民风和恶习加以劝诫改正，受百姓爱戴。人们在官府衙门竖起大旗，上书“三邑福星”“万家生佛”。

如此作为，被瑞州籍、两浙巡抚朱轼听闻，于是朱轼便向急需提拔能臣的雍正推荐，雍正将高成龄越级提拔为山西按察使。由于政绩突出，雍正三次召见了他，后经诺岷等人推荐，再次被提拔为山西布政使。

高成龄不但思路清晰，而且非常务实，这一点深受同样务实的雍正赞许。

高成龄敢说敢干，不惧内阁位高权重，坚持说出自己的意见。

他说：“州县官员如果私自征收耗羡，补充官俸不足，而上司却没有火耗银，就肯定会接受下属的送礼。送礼者以礼媚上，就会有恃无恐，反而挟制上司；上司贪墨了下级贿赂，即便有所闻也会碍于情面，隐而不言。这就导致名义上不贪污而实际上助长贪污。可如果上级不收下级奉送的节日礼物，心里又嫉妒下级比自己收入肥美，自然不利于官场和谐。”

怎么办?

高成龄提议，把火耗银定为正税的十分之一，既不大数量额外增加百姓负担，又能公开透明解决火耗银问题。剩余的一部分充公，一部分用于官员养廉。这样一来，上级因为有养廉银，不必收下级贿赂，且又光明正大，还能保住官声，不至于受下级挟制，所有吃用皆为皇上恩赐，十分有利国家。

雍正非常高兴，极有耐心地朱批，让内阁九卿等人“平心静气，秉公执正”开会再讨论。

这一次，雍正是真正的导演。

他心中清楚，九卿所言，是从他们的利益出发。因为火耗归公这件事，与他们有关。若是强力推行耗羡归公，州县不给督抚送礼，督抚也自然就会减少给京官送礼，这是不利于他们的。但这些官场老油子就不说自己的私心，偏偏提出：原有的制度，既不增加百姓赋税，又让州县官员满意——其实是冠冕堂皇，希望维持原有的制度不变。

尽管雍正已经暗示了态度和倾向，但这些老臣中的大多数还是不同意。

雍正要求他们平心静气讨论，他也保持着平心静气，但态度是明确的："若有怀挟私意以及任性尚气，淆乱是非者，则于此一事，必有一二获罪之人也。"

反对者也是一副为国着想的样子。吏部右侍郎沈近思说："耗羡归公，与往日一个效果；今天以正项赋税之外增加正项，改日也会在耗羡之外再增加耗羡。"他的意思很明确：暗箱操作挡不住！

这种"私征有理、归公无理"的谬论，让雍正差点发火。

看着眼前白光净面的京官沈近思，雍正意味深长地反问："你做过县官，是否也收过火耗？"

沈近思如实回答："是的，那是为了养活妻儿。"

雍正饶有兴趣地指出："你还是为了一己之私，拿不到台面上。"

沈近思答："如果妻儿都不能养活，那就绝了人伦。"

雍正不急不躁地说："好，你这也算一种说法。谁还有不同意见，都说说。"

同在吏部任职的尚书朱轼也表示："耗羡银归公，不利于民。"理由也和沈近思差不多。

讨论数日，不见结果，雍正锲而不舍。

这时，恰好太原知府金铁来京觐见，雍正遂征询他的意见，不想他也不同意上司诺岷和高成龄的意见。

雍正问他是不是也出于私心。

金铁很接地气地回答："臣非为地方官游说也，从来财在上不如财在下，州县为亲民之官，宁使留其有余。"

雍正有一丝不解："那如何杜绝他们贪污？"

"皇上叫他们知道廉耻才好！"

雍正见众多官员均是站在自己立场上分析，难以有定论，知道再议论多久也难有结果。通过近一个月反复听取各方面意见，他心中已有结论。

3

讨论一个多月的耗羡归公和养廉银制度，终于在雍正二年七月初六有了结果。

雍正给了肯定的回答：全国推广山西、河南的做法。

而且，他指出了大家的短视行为：

> 高成龄提解火耗一事，前朕曾降谕旨。令尔等平心静气，秉公会议。今观尔等所议，见识浅小，与朕意未合。州县火耗，原非应有之项。因通省公费及各官养廉，有不得不取给于此者，然非可以公言也。朕非不愿天下州县丝毫不取于民，而其势有所不能，且历来火耗皆州县经收。而加派横征，侵蚀国帑，亏空之数不下数百余万。原其所由，州县征收火耗，分送上司，各上司日用之资皆取给于州县，以致耗羡之外，种种馈送名色繁多，故州县有所借口而肆其贪婪，上司有所瞻徇而曲为容隐。此从来之积弊，所当剔除者也。与其州县存火耗以养上司，何如上司拨火耗以养州县乎！

几句训话说得透彻，官员们只看到了州县，而朕看到的是整个天下！一下将所有暗藏私意的官员剥了个精光，天下是朕的天下，朕要的是天下太平，而非以维持“官员满意”为准则！

“与其州县存火耗以养上司，何如上司拨火耗以养州县乎！”雍正掐住了改革的七寸，让贪欲之蛇俯首帖耳。

雍正看到了问题的症结：州县用火耗养上司，上司就会包庇，这样的话，吏治就会不清。吏治不清，政令就会不通，百姓就会遭殃，国家就会受损。

官僚们有的是办法，硬对抗不行就软抵抗。

这时，有些自作聪明的官员开始施行“缓兵之计”，提出，既然山西已经在实行，就让他们实行几年，看看效果再推向全国。

反对改革的人从来就是这样，不能阻止，那就拖延。

雍正给予明确答复：

> 此言甚非。天下事，惟有可行与不可行两端耳，如以为可行，则可通之于天下，如以为不可行，则亦不当试之于山西。

这种驳斥，再一次表明了改革的决心，让所有人不必心存幻想。

面对无形的对手，雍正冷冷笑道：天下是百姓的天下、朕的天下，不是你们官员的天下，谁想要滑头，门儿都没有。

明明山西已经初见成效，你们非要推翻，不就是因为触动你们的利益了吗？

当然，雍正亦非一言堂。他要总理王大臣、九卿等详细议定州县应酬的数字，反复强调州县应得之项扣存不妥。

他的分析可谓透彻：如果允许州县扣存应得的费用，他们就会额外增加，私收巧夺，最后还是坑害百姓，改革等于没改。相反，如果所有剩余都要上缴上司，则他们多收也丝毫不能入自己腰包，肯定就不会滥征了。

“当然，朕亦不能保证这制度将来无任何弊端。”雍正好整以暇地对大臣们说，“推行当中，各省能行者听其举行，不行者亦不必勉强。”话虽然这样说，皇帝要全国推行，哪个省敢不执行？至于将来出现问题，雍正相信，到时候自然有解决的办法。

雍正即位就推行的吏治改革，从清算亏空始，到耗羡归公、施行养廉银，逐渐堵住了原有的贪污腐败源头，很快就取得明显效果。

日本学者佐伯富认为：耗羡归公，使地方经济经费明确化、预算化，对地方行政的实施是一大进步。

但国家所有政令的执行，又离不开各级官员。耗羡归公堵住了州县官的额外经济来源，上级官员因为缺少了州县官员的奉送，日常迎来送往都受到限制——如果任由这种“至清则不如不做官”风气蔓延，官员们将不再愿意做官。

于是雍正就在各省提解的耗羡银中，拨出一部分，高薪养廉，给予各级官员补贴。各级官员养廉银的数量，从数百两到三万两不等。如一品文武官员，原有俸银为一百八十两，直隶养廉银增加到一万五千两，富裕的两江总督达到三万两；七品县令年俸银原为四十五两，养廉银各省补贴均在六百两到一千二百两之间，江西、浙江最高达到一千九百两。

雍正的本意，推行改革，是为了国家富强，堵住贪腐漏洞，并非要出官员的丑，让他们因为缺钱而寸步难行。他专门做出指示：州县等官员，考虑到他们俸银少，无法保持廉洁，容易勒索百姓，可以在耗羡银中确定一定的数字，专门用于日常开销。

对于各省的封疆大吏，雍正也充分考虑他们的境况：取用了应该取的，不伤及廉政的，可以取；平时使用了必须用的，不算滥用的，可以用。不要故意装清廉、沽名钓誉，到最后勒索百姓。如果需要犒赏下级，弄得捉襟见肘，有失封疆大吏体面，这不是我改革的目的！

为减轻各级官员的负担，雍正多次强调：你们来京城时，不必进献礼物，且永远禁止。

雍正如此忙碌，誓要做振兴英主，改革吏治改出了兴趣，用他自己的话说："吏治乃一篇好文章也！"

经过改革，雍正朝国库迅速充盈。康熙去世时（1722）国库存银只有八百万两，雍正即位第一年就有了好转，增为一千二百万两，到雍正五年（1727），高达五千万两。

雍正要做的，是彻底扭转大清的颓靡之风，全方位振兴国家。

可是，有人却不希望在雍正的管理下国政兴盛，他们各处较劲，希望看雍正的笑话。

说一不二的雍正，会容下他们吗？

绝义：不肯做君臣，兄弟也别做了

遇强愈强，各个击破

1

雍正心里有一道伤痕，尽管用忙碌努力掩饰、回避，却始终避不开。

这就是允禩等人的存在。

在雍正看来，我已经够忙了，管理国家一摊子事，叫你们分担，你们却处处捣乱。你们这些人，不是图国家兴旺，只想着还像以前那样，让人看看谁更“能”！

“能”又怎么样？不是夺嫡时代了！

风转向了，该结束了！

雍正要允禩知道这一点，知道君臣名分，于是任命允禩为总理事务王大臣。

同时任命的还有允祥、隆科多、马齐。

可见雍正是想要重用允禩的。哪怕是一种收买，允禩也该有所表示。

雍正还特别交代：居丧期间，心绪不宁，如果臣下有事要奏，俱交给四大臣；凡有谕旨，必经由四大臣传出。

这是康熙去世后第二天就做出的决定。

这还不算，又封允禩、允祥为亲王，允礽的儿子弘皙为郡王。

这是多高的荣誉啊，将允禩抬到人臣之极，和允祥平起平坐！允祥可是雍正最亲密的兄弟。

即使这样，雍正还嫌力度不够，命允禩兼管理藩院和上驷院，雍正元年又兼管工部。理藩院主要管理蒙古各部、西藏、新疆等。尤其是蒙古各部，一直是朝廷密切关注的对象。

你再有情，我偏不屑。

允禩被封为亲王，被任命为总理大臣，让其追随者重燃希望，聚在其府邸弹冠相庆。谁料允禩的王妃乌雅氏对前来庆贺的说："有什么可喜的？不知道哪天掉脑袋呢！"语气冰冷，略带沮丧。

就连允禩也对朝中大臣说："皇上今日加恩，焉知未伏明日诛戮之意？"对政敌的戒备心有增无减，把所有的加恩都看作雍正的伎俩，兄弟间的矛盾有增无减。

雍正对允禩甚至带有巴结的意思，除了给允禩加官进爵，还做了一系列事情：

第一，允禩的舅舅噶达浑出身于辛者库，身份卑微，康熙并未将其抬籍。雍正为照顾允禩情绪，削去噶达浑贱籍，放为旗民并赏赐世袭佐领世职，擢升为内务府总管。

第二，与允禩关系密切的闲散宗室佛格，雍正元年被任命为刑部尚书。

第三，贝勒满都护，在总理事务处协同行走，当个助理。

第四，允禩管理内务府时的司管佟吉图，与允禩交情深厚，后退职闲居，自己说"藏器待时"，准备为允禩日后效力。雍正起用他为山东按察使，后又升为山东布政使。

如此厚待允禩及其集团成员，雍正是希望通过这些恩惠征服允禩，让他肯低头，承认皇位合理并真心诚意联手管理国家。

可在允禩看来，种种恩惠无异于施舍，他内心愈加憋屈，最终说出了"目下施恩，皆不可信”的心里话。

雍正听到这些阴阳怪气的话，很想冲冠一怒，可还是忍住了。毕竟，自己是皇帝，已经是胜利者，该有胜利者的姿态和气度。

允禩却不认为雍正是真心用自己，反而觉得雍正故意要两面派，当自己是砧板上的鱼，不断戏弄。

骄傲的允禩还沉浸在以往的荣耀光环下，自诩是“第一聪明皇子”，本该是众臣拥戴的王者，如今却在别人的指挥下无奈活着，若是“好好表现”，简直就是奴颜媚骨，丧失了康熙皇子尊贵的血统。

“宁可身骨苦，不叫面皮羞”。为了维持虚空的尊严，以及对成功者的嫉妒，允禩倔强地按照自己的节奏行事。

雍正偏偏硬要扭转允禩。

从允禩角度看，依旧是兄弟角力；雍正却看到，此时是君臣较量。

博弈日久，渐成水火。

2

雍正对待一母同胞的允禵，则完全是亲哥哥对待兄弟的另外手段。

康熙去世，雍正下令急召允禵回京参加丧事。命辅国公延信赶往甘州大营，接管大将军印，行文川陕总督年羹尧协理军务。

卸了职务的允禵是带着怒气回京的。

未到之前，允禵行文礼部，请示：是按照迎接大将军凯旋礼仪，还是先拜谒大行皇帝梓宫，又或者先庆贺新君登基，三选一。

明为请示，暗含讽刺——我遵守的是国家制度，并非请示你雍正！

雍正只能让允禵先去拜谒梓宫。允禵一脸得意，以为这是首场的胜利。而且，他还要继续坚持胜利，所仰仗的，人人皆知：皇父封我为大将军王，欲让我为君主的。

这种想当然刺激神经，也让他丝毫不顾新君主的颜面。

允禵在景山父亲的灵柩前哭泣时，雍正也在场。

只顾祭拜老皇帝，却不顾眼前的新君主，在场的蒙古侍卫拉锡为打破尴尬，走过去又拉又拽，甚至于强迫允禵给雍正磕头，以示诚服新皇帝。

允禵情绪激动地问："这是迎接凯旋将军的礼仪吗？"

雍正反问："这是谒见天子之礼吗？"

允禵怒气冲冲再次讨要说法："我本来恭敬行礼，拉锡将我拉拽。我是皇上亲弟，拉锡不过是掳获的贱奴，如果我有不是处，求皇上将我处分；如果我没有不是，求皇上将拉锡正法，以正国体。"

允禵这种"有理有据"的辩驳，让雍正感到了威胁。原想着允禵也像允禩那样阴阳怪气，不料他却处处要"讲理"。

雍正并非胆怯，而是觉得，现在你我已经不是兄弟，是君臣。无论之前你是康熙朝的大将军王还是受宠爱的皇子，哪个身份都不允许你现在理直气壮地质问皇上。这种当面顶撞简直就是逆臣行径。若树此先例，新君威信何在？

独裁是君主的特权。雍正毫不留情，宣布褫夺允禵爵位，降为贝子。

心高气傲者仰仗的资本无非是过去的荣誉。雍正将允禵的大将军王和王爵摘去，看你还凭什么骄傲！

雍正和允禵是亲兄弟，如果小儿子到母亲处告状，雍正无法面对母亲。因此，雍正不准允禵见生母。

最难受的还是两个人的生母——如今的皇太后。

眼看着大儿子训斥小儿子，容不下弟弟，可弟弟又倔强不肯妥协，母亲左右为难，连气带急，病入心肺。

安葬康熙灵柩时，雍正坐在遵化景陵享殿，传旨意有心借机数说允禵几句，可允禵依旧不服，不肯示弱。

这时允禩见势不妙，以保存实力为上策，劝说允禵跪拜雍正，允禵才勉强答应。

内心深处，雍正也和多数帝王一样，为了确保自己的强权地位不动摇，必须打击“威胁政权”的集团，拆散并瓦解他们。同时，最忌讳也最担心的就是军事政变。经过综合考虑，又见允禵桀骜不驯，索性将允禵留在距离京城遥远的景陵负责看守，同时谕令副将李如柏，如果允禵要去陵寝，除了大祀外，其他一概不准。

这实际上就是将允禵囚禁了。

雍正是“遇强愈强”的性格，而且有着顽强的毅力和斗争经验。允禵虽也是坚决不低头的烈性汉子，但其完全不顾自身处于劣势而使用一味对抗的方法，显然难敌雍正。

既然你不服，索性截断你一切退路。

雍正元年五月二十二日，雍正的生母“突生疾病”，想尽办法要在临终前见见小儿子允禵。

一想到太后干政，皇室内不免刀光剑影、天下纷争，满族能否安定控制大清等诸多问题，雍正当即回绝母子相见，皇室不能讲亲情。

允禵自然是伤透了心。

雍正就是要用这种强权压制宣示“臣必须永远服从君”这个无情的现实。政权稳定对国家有利，对人民有利，对我有利！

可毕竟是骨肉相连，为告慰母亲在天之灵，雍正封允禵为郡王。

遭此连番压制，允禵恨透了雍正。

不久后，允禵福晋去世，雍正给她指定墓地，允禵以风水不好拒绝。在允祺劝说下，允禵才勉强同意。允禵在奏折里称：“我今已到尽头之处，一身是病，在世不久。”口头上虽然依旧不服输，但已经“言及生死”，可知心生倦意，看破了皇家亲情淡薄的残酷现实。

继位之初最大的军事威胁终于解除，雍正露出了久违的笑容。

互相拧着干

1

允禩等人确实并不死心，试图以最巧妙的办法给雍正制造麻烦。

雍正时刻留心，虽然并没有敌人将刀直接架在自己脖子上，但还是有两次险情。一次是出宫祭祀时，隆科多接到密报，称现场有刺客图谋不轨，遂在祭案下搜查。雍正到东陵谒陵时，隆科多根据搜集的情报，提醒雍正要格外小心，“诸王变心，要防备”。这两件事究竟是隆科多为显忠心杜撰，还是确有险情，并无实据。可这两条却成为隆科多日后的罪状。雍正说他故弄玄虚、欺骗君王。

雍正想不通，大局已定，又肯给兄弟们王爵，又肯重用，何以非要夺帝位？

当危及自我的事件出现时，焦虑就会产生。对付焦虑最好的办法就是防御。防御最高明的手段就是通过否认和扭曲机制整治对手，以使他们同自我相协调。

雍正焦虑的是允禩对工作的阳奉阴违，有意作梗，甚至以各种方式故作姿态，凡事拧着干。

事件一：允禩为显示节俭，出行时故意减少队伍，甚至连前面引导的骑从都不用，这是过度贬损新朝，不按定制，巧取谦让之名，诳惑人心，心怀狡诈。

事件二：康熙梓宫运往山陵时，按照老规矩是用徭夫两万多人，允禩却密奏要减去一半，这是暗中诋毁先祖们浪费。

事件三：允禩负责管理上驷院的马匹，奏称畜马太多，应该裁减。这是挑明了说康熙靡费。还心怀叵测，意图使将来有突发事件时缺少马匹可用。

事件四：允禩故意用破纸写奏章，祭祀时专门用破损的桌、案，衣服、帷帐，脏而充满油烟气……

雍正一桩桩一件件都记在心里，说允禩：“你不是聪明才智不够、思虑不周的人，这是存心如此行事，真不知道你存的什么用心。”责备的话虽然不太直接，质问也略显含糊，其实要传达的信号已很明确——你这是有意恶心朕！

还有更过分的事情，让雍正不得不做出了防御性的攻击。

事件五：允禩负责营造先帝山陵的工程监督，按照先例，红土需要从北京运来，他就提出，脚价太高，希望以当地红土代替。

一向提倡节俭的雍正反驳道：“怠慢先帝的山陵工程，偷工减料，你是想让朕蒙受不孝的恶名吗？”

另外一件事情，让雍正对允禩彻底失望。

事件六：允禩负责内务府期间，商讨每年开销时，内务府佐领披甲捧出往年账本，所需钱粮达七十余万两。允禩看到数字惊人，就直接对雍正说：“内务府开销甚大，请裁减披甲人数。”

该不该减，雍正不表态，让庄亲王允禄和内务府总管常明、来保三个人配合允禩拿出最终意见。

这一次议论的结果，出人意料，竟然是要求增加九十五名。

虽然与上次的提议背道而驰，雍正却仍然同意，每个佐领留披甲五十名，裁减其余，等到有实缺后补充。

这边刚刚商量妥当，常明就将此消息泄露。

内务府的人，负责皇族繁杂事务，素来以保卫皇族为任，且被认为是皇族最亲密的人，骄傲无比。当听说要改革部门时，这些人坐不住了，立刻有组织有预谋地蜂拥到允禩府邸吵嚷，甚至开始抢夺东西。第二天又移师到内务府大臣李延禧家闹腾，哄抢东西。

发生在京城内的哗变，震惊了雍正，雍正当即下令严查。

雍正敏锐地认定，这一定是允禩蓄意挑起的暴乱。他让允禩明确指出骚乱中最先拥入府邸的五个人，允禩根据厨师的供词指出了五个人，雍正立刻下令将这五人处斩，其余被捕的四十余人绞监候。

平息这场军士哗变后，雍正经过调查，发现这五个人竟然都与骚乱无关。

一时间，雍正再也无法抑制怒火，好像眼睁睁地看着允禩坐在对面冷笑着反问："怎么样？你这个皇帝无能吧，就这点智商？随便就滥杀无辜。"

允禩本不是肯轻易服输的性格，如今却对雍正给予的冤屈闭口不言，全力承担下罪责，这让雍正更为窝火——你这个阴险的人，故意让我出丑！

怒火难消，雍正严厉斥责允禩："你当面说要裁减人，议论后却又要增加人。这样出尔反尔，居心叵测，还有比这更严重的事情吗？"

允禩依旧不争不辩，任由雍正处置。

雍正极其厌恶允禩这种两面派作风，不再掩饰对他的鄙夷，果断革去其王爵。同时，罚庄亲王允禄俸禄三年，革去常明、来保内务府总管职务。

允禩被革去王爵后，表现得并不在意，反而衬托出他昔日"说不定哪天就会被诛杀"的预言是准确的。他的拗劲儿上来了，就是死我也不乐意承认你这个皇帝。

他越是表现得镇定，越是让雍正感到不寒而栗，认清了他的丑恶嘴脸："廉亲王之意，不过欲触朕之怒，必至杀人；杀戮显著，则众心离失，伊便可以希图侥幸成事。"

雍正自认为识破了允禩的奸计，爱较真的脾气也上来了：你想让朕杀你，朕偏偏不上当！

对于九阿哥允禟，雍正洞晓他是允禩的臂膀，必须坚定地铲除，就以允禵从前线回来、军中需要增加人为名，派他前往西北军中。允禟知道这是场面话，但又无法反驳，只好推说等过了父皇百日祭再动身。后又拖延说，等梓宫启程再走。雍正看出他的本意，不准他在京城逗留，允禟只好前往西北军中。

过惯了锦衣玉食生活的允禟，如何能承受得了西北的苦寒，来到西大通（今青海省大通县东南）就奏请回京。雍正在奏折上冷冷地批复三个字"知道了"，不作表态。

受尽屈辱的允禟无计可施，只好原地待命，心里恨雍正冷酷无情，同时又不得不接受年羹尧的监视。为彻底打压允禟的嚣张气焰，以绝后患，没过多久，宗人府参奏他“私自派人到河州买草，踏看牧地，违抗军法，肆行边地”，议将他贝勒爵位革去。雍正就顺水推舟，同意宗人府的奏请。

十阿哥允䄉也是允禩集团成员，因为奉命送泽卜尊丹巴胡土克图的灵龛到蒙古，走到张家口，赖着再也不肯往关外走，最后被雍正革去王爵，永远拘禁。

为了政权稳定，雍正对昔日的允禩集团成员，逐个击破，基本保证了皇室内部不存在危及政权的势力，去掉了一块心病。

但对于允禩和允禟，雍正总觉得胸中还有一口恶气没有出透。

2

和康熙爱大搞仪式截然相反，雍正二年的春节，依旧显得很平常。

上一个春节，由于康熙刚刚去世，不能庆祝。按说这一年的春节皇家活动正该搞得规模大一点，可雍正似乎对这些面子工程毫不在意。

初一一大早，雍正先是去堂子行礼——这是满人奉行萨满教的祭祀社稷仪式，而后他又回宫拜神。

做完这些，他来到太和殿，接见王公大臣、皇室贵胄、外藩王爷及邻国使臣。

忙碌完这些，一向简朴的雍正便解散了朝会，他没有赐宴。

改革正在全面铺展，雍正在大年初一也要上班。他的勤政，被清史大家孟森高度赞扬：“自古勤政之君，未有及世宗（雍正庙号）者。”

务实的雍正强力推行的反贪，初见成效，但他始终感觉到有一股力量，正在暗中集聚，时刻盼着他的新政出现漏洞。

内心里，雍正恨不得立刻挥舞权力大棒，将这些阻力一扫而光，哪怕是杀戮。

但他不敢。

这时，他刚刚登基，就将原有的百官权力链条完全拆散，很多人因为填补亏空经济上捉襟见肘，心里都窝着一团火。若是这个时候轻易开了杀戒，就等于给众人一个口实，若是他们聚拢到允禩麾下，岂不正中允禩下怀？

雍正不给他们这样的机会。

他在努力保持克制，尽量不给政敌创造这样的机会。

翰林院检讨孙嘉淦不失时机地上疏，劝说皇帝要“亲骨肉”，不可冷落众兄弟。

雍正看到奏折，知道孙嘉淦的良苦用心，提拔他为国子监司业，但却不肯轻易对允禩集团宽容，反而希望他们放弃幻想。

这是一场长跑，拼的是耐力和意志。

虽然雍正有着绝对的优势，既是长跑参与者，又兼任裁判，可他就是要用足够的耐心，来教育、说服对手，让他们认清主办方是谁。

一点一点消耗对手的实力，才是目前最正确的选择。对允禩，雍正还是采取打两巴掌揉一揉的策略，坚持“打”和“拉”融合的套路。

正月初三，股肱之臣年羹尧传来喜讯，西北用兵，叛臣罗卜藏丹津部下十万余人投降，主动请罪。

对罗卜藏丹津这个敌人，雍正显示出果断而决绝的态度，吩咐年羹尧：“罗卜藏丹津从此又要花言巧语，迟滞我国用兵，这可能是他的心思。他是辜负国恩的叛徒，和我国兵戎相见，国法断不能宽宥。不要因为他曾经被封王爵，有一丝顾虑。即使投降了，该治罪就治罪。”

制服军事叛乱者，才能保障封建王朝的稳定，这一点雍正比谁都清楚。对敌人的仁慈就是姑息养奸。

要在权力旋涡中取胜，最好的办法就是自己布局，掌控局面。在这个春节，他已经下定了决心，允禩等人终究是不会俯首帖耳称臣的，等局势略有好转，必须不露痕迹地铲除他们。

现在顾不上理会他们，是因为雍正心里装着更大的理想——澄清吏治，振官场之颓风，让朝政走上全新的轨道。

在他擘画的蓝图里，这几个方面是要不惜一切代价做到的：

第一，清扫科举陋规。他想要洗濯唐宋元明积染的各种科举陋规，让天下士子公平上升。他不怕麻烦，坚决要做“多一事比少一事强”的硬派君主。

第二，铲除朋党。雍正深谙朋党之祸。他一路从与朋党大军的斗争中走来，十分清楚它对国家政局的危害有多大。官员一旦结成利益集团，就会丧失原则，用错误的方式误导君主，以保证自己集团的利益不受损害。铲除朋党，势在必行。

第三，推行务实，反对虚名。他要求大臣们一改过去沽名钓誉的旧习，各方面推行务实的作风。要“筹国是，济苍生”，心中有民。学校教育，更要注重实践和理论相结合的方针。君臣同心，做好的事情，自然就会实至名归，迎来良好的官声。

第四，戒宽仁，弘严猛。他冷静地指出，人心涣散已久，百弊丛生，如果此时不下猛药，将来社会将乱得无法治理。即使讲究宽严相济，也要分清形势。因为宽仁的政策，说起来好听，容易得到官民拥护；而讲严猛，容易受到舆论的攻击。但不能因为这样就不敢严猛，要懂得“政宽则民慢，慢则纠之以猛”才是宽严相济的良策。

第五，主张人治。再好的法律，都需要人来实施。法治的作用取决于从政者的态度。同样的法律，若是好人执行就能取得好的效果；若是遇到坏人来执行，反倒成为他利用的工具。法律不完善不要紧，可以慢慢补充、调整，使之成为善法，重要的是执行者要有一颗端正的心。“有治人即有治法”，是雍正奉行的信条。这和荀子提出的“有乱君，无乱国；有治人，无治法”高度一致。雍正同意荀子的说法：有造成国家混乱的君主，没有必定混乱的国家；有使国家安定的人，没有使国家永远安定的法制……

雍正关心的事情如此之多，允禩等人的捣乱行为，在他看来，反倒渺如烟尘！

雍正激情如火，允禩等人冰冷似水。势不两立的处理结果，让雍正落下了“凌逼弟辈”的骂名。

愿意当猪狗，就让你当

1

明明晓得雍正并非软弱之辈，允禩却还是以猫逼老虎的方式，试探着雍正的底线。

第一，宗人府事件。在处理政事时，本应该交给宗人府处置的十多个人，允禩有意颠倒是非，要为他们撑腰。考虑到这是允禩处理的，雍正有意宽恕，只是将这十多人交给宗人府议处。就这样还不行，很多大臣为允禩叫屈。

雍正犀利的眼神扫过朝堂，不加隐讳地说："朕看你们的眼神就知道了，有些大臣，系允禩过去所属。诸臣到现在还不醒悟，积习难改，你们还有底线吗？"

第二，将大臣气哭。允禩在理藩院任职，对来京的科尔沁台吉（"台吉"是历史上对蒙古贵族的尊称）不发盘缠，全部逐出，一帮台吉最后竟哭泣而回。

雍正识破允禩伎俩："你做出这样的事情，不就是为了让朕落下骂名吗?！"

第三，私自宽恕贪官。允禩在处理亏空的贪官时，大讲"仁慈"，不但不追究，还自行宽恕他们，对他们的苦楚表示理解。

雍正一步步识破允禩的险恶用心："凡是小事，故作宽容，却不顾情理、是非。倒是一有大事，即便错了，你也全力承担。我算看透你了，你这明摆着是要违抗朕的旨意。"

第四，拒不上缴康熙的诏书。因为雍正要对先帝康熙的事迹进行总结，需要很多材料，雍正命允禩上缴康熙年间赐给他的诏书和宸翰（帝王的墨迹），可允禩坚决不上交。

雍正越是硬要，允禩越是坚决抵抗。逼急了，允禩干脆声称他的家人将先帝宸翰和其他文件一同焚毁了。

允禩不肯上交，有意对抗是一方面，另一方面，很多宸翰里，有与皇太子问题相关的、康熙以严厉口气训诫允禩的语句。允禩深怕雍正找到这些证据，再不怀好意地写进朝廷编纂的历史，那自己可就遗臭万年了。因此他咬紧牙关，宁愿承担损毁先帝宸翰的重罪，也不给雍正丝毫机会。他还当着雍正的面赌咒发誓：

天地明察，我绝无虚言。我若虚言，一家俱死。

这句话彻底激怒了雍正，看来允禩是要让整个爱新觉罗家族因他的谎言而集体死亡：“一家？说得好！清朝从天子到皇族不是一家吗？可见你是向天祈祷灭亡我大清！宗姓之内岂能容得此人！”

仇恨拉得如此满，雍正忍无可忍，无须再忍，下令将允禩削去宗籍，贬为平民。同日引用康熙原话“朕与允禩，父子之恩绝矣”发出谕旨，昭告天下。

被贬为平民后，雍正命大臣审问，允禩反而口衔小刀，指天起誓：“若有假话，一家不获善终。”

这种所有人都能戳穿的谎言，被允禩表演得淋漓尽致，像真的一样，而且诅咒依旧恶毒。雍正杀心已起，但他还是忍住了，为了国家安定，也为了和允禩赌气——你越想让我杀了你，让天下人说我残暴，我越不杀你！

雍正令大臣们合议，如何处置。诸大臣合词参奏：将允禩圈禁在宗人府的单间里。

亲兄弟间一旦互相仇恨，往往导致“你死了我都不掉一滴泪”的扭曲后果。

雍正以为，允禩受此打击，以他以往的圆滑性格，会有所收敛并假装服输、认罪，不料允禩这次一改往日作风，反而火上浇油地放出话来：“自己本来一直食欲不振，也好，从现在开始能吃多少就吃多少。日日保重身体，能活着的时候便好好活着。只要不杀我，无论多么艰难，我也要咬牙活下去给你们看！”

这种宁死不屈的强硬态度，明摆着是要和雍正继续叫板——要么你落骂名，杀了我，要么我熬死你！

这时候，街头忽然传出谣言：“十月作乱，八佛被囚……雍正是加害者，八阿哥是被害者。军民怨新主……军民齐崛起！”

找死！

雍正一拍皇案，要动鬼头刀——忽然又觉得不寒而栗：允禩势力如此死而不僵，务必谨慎！不可激发兵变、民变！

四十九岁的雍正狠狠地咬着牙，骂道：“这家伙已非皇族，乃一介平民。他还叫允禩，这个容易让人误认为皇族的名字，会给其他兄弟们添麻烦。给他起一个什么名字好呢？去问问他吧。”

旨意传到囚禁室，允禩冷冷一笑，回答了三个字：“阿其那。”

雍正听到回话，悠悠地说：“先帝在世已经料定，‘朕恐日后必有形同狗彘之阿哥’，果然不假。”于是，雍正就遂了允禩的心愿，自即日起允禩改名“阿其那”。

允禩用“阿其那”恶心自己也恶心雍正，暗示他与“狗”为兄弟。雍正不怕惹来争议，索性就将计就计，以示彻底决裂。

既然再无丝毫顾虑，雍正要除恶务尽，于是下令朝臣为阿其那定罪。这是一种必需的仪式，同时警告其同党休要心存侥幸。朝臣议出阿其那四十条罪状，雍正下达了最终裁决：阿其那犯下的所有罪行皆为激怒朕。朕若加刑于他，那些不分黑白的人必定会将恶名加在朕头上，如此正中阿其那下怀。朕才不上这个当！

罪行宣判后，阿其那一直顽强地活着，住在囚禁的单间，孤独而凄凉，无人说话直至终死。

2

擒贼先擒王的道理，雍正是万分清楚的。

拿下了允禩后，对待允禟，可就没有这么多耐心了。

允禟是个直性子，也是允禩的得力干将。雍正对他的恨，始于其母亲。

康熙灵堂刚设立，允禟的生母宜妃不顾病体，坐着软榻就急急忙忙赶来，竟然先于雍正的母亲德妃。后宫是非常讲究先后顺序的，宜妃仗着康熙生前的宠爱，打破了这种秩序。看似两个女人的较量，慢慢上升为其儿子们地位的对抗。

雍正见宜妃如此强势，脸色自然难看。他这时还不能以新皇帝的身份对面前的母妃耍性子，只好忍着。即使这样，宜妃依然表示出不满。

允禟被雍正以“军中缺人”为由派遣到西北，这种直接的行为等于告诉全天下：允禵很重要，允禟次之。明明是惩罚，却让允禟有苦难言。

允禟到西北军中后，受到年羹尧的严密监视。即使如此，雍正还是派了钦差宗楚来视察。允禟表现得很温顺，目的是以“服从”换取自由，好早日回京：“我如今在世间毫无希望和野心，正准备了却烦恼，出家修行。不知能否多给我一些自由？”

一改往日性格的服软，却被雍正看作是两面派作风，抓住他的话柄诘问：“若是出家，我们就做不成兄弟，舍弃世事又做不成君臣。你是想和我既不是兄弟又不是君臣吧？”

允禟听闻，心知老四是决计不会放过自己的，就偷偷给在北京的十阿哥允䄉送信——为防泄密，言语含糊地写道：“事机已失，追悔无及。”

信件当然被截获。

表面上看，这句话完全可以解读为真心悔改。

可雍正了解允禟的秉性，记得当时胤礽被废圈禁时，曾表明绝无杀父之心，胤禔不肯上奏，胤禟就将消息透露给胤禛。那时胤禛就记住了。

这封信的内容，雍正看出玄机，另有解读：“事机”是什么事机？可见怀疑不虚——他们早有预谋；“追悔”是悔恨下手迟了，没有杀掉朕！

字面意思看起来是臣服，要与新皇帝做君臣，其实是允禟计谋难以得逞后内心的沮丧、懊悔。

见不能传递一丝消息，允禟便另辟蹊径。他去西北时，葡萄牙传教士穆敬远一同随行。允禟就学习罗马字母当作密码，用来和北京联系。

这样的信件被缝在骡夫的衣服和袜子夹层里，但还是未逃过城门守军的火眼金睛。

本来，派你去西北就是怕你和同党互相串联，既然不思悔改，雍正便下令宗人府，剥夺允禟的皇族身份。沦为平民的允禟听说八阿哥成了“阿其那”，索性也将自己的名字改成“塞思黑”（满语：猪）。

很快，塞思黑也接受了审判，罪状共二十八条，移居京城囚禁。

雍正四年（1726）八月末，允禟患痢疾而亡。秋风吹起落叶，打扫的仆人一下一下扫光……

九月初，允禩病死。

在遵化守皇陵的允禵却十分长寿，一直活到了乾隆二十年（1755）六月，比他八哥、九哥多活了差不多三十年，比雍正多活了十年，终年六十八岁。但他也并非笑到最后的人。即使允禵在乾隆年间获得自由，也早已是垂垂老者，毫无争斗之心了。

兄弟间不可调和的争斗，并未拦住前行的历史快车，顶多是车轮下碾轧过的几块石头，当时“咯噔咯噔”颠簸了几下……

3

雍正和兄弟们的较量，以他的完胜落下帷幕。如果仅仅把这当成迫害，单方面指责雍正，显然是不公正的。

允禩和允禟、允䄉，包括允禵，目光时刻没有脱离“康熙朝太子”这个位置。即使雍正继位后，他们依然沉溺于往日的恩仇里，这是迷恋权力的私欲在作祟。受这种“不胜利决不罢休”思想支配，他们已经将自己集团的人设定为“必然”的胜利者，这显然是一厢情愿。

康熙在世时，他们中的人没有取得太子之位。他们并不罢休，反复纠缠在这件事上，心灵不得解脱，已经丧失了理智。

他们变得只能赢，输不起。

这是小我的格局，是私人情绪的发泄，并没有从国家层面考虑。

按照他们的设计，唯有允禩或者允禵继位，才是名正言顺的。其他人的接任，统统名不正言不顺。

可他们又拿不出任何证据来推翻康熙让雍正接任这一事实。

所有的一切，都是靠猜想或者捕风捉影，不断想验证雍正靠狡诈、靠欺骗赢得了康熙的授权。

斗争总是这样，优势方一旦败北，就会不断散布舆论，试图巩固或者恢复以往的优势，求取心灵上的安慰，这是人之常情。允禵的近臣蔡怀玺书信帖上，就明确写有“二七变为主，贵人守宗山”和“以九王之母为太后”等数语。“二七”自然就是指十四阿哥，九王当然是允禟。设计自诩很圆满——允禵当皇帝，尊允禟母为太后！

如果雍正退让一步，恢复满洲时代共同管理朝政的家族制度，或许他们就能欣然接受。

满族未入关时，朝政确实是皇族共同管理的，他们并没有嫡长子继承皇位的传统。

雍正要掐灭“已然落败”的允禩集团最后一点火苗，这是他们绝对不能接受的。

雍正的底线是：你们听话！

允禩等人的底线是：雍正退位或者承认篡位不轨。

他们的底线突破了雍正的底线。

既然不能一同管理朝政，所谓的“君臣”就是给雍正打工——这让允禩等人越来越抵触：雍正指东，我们偏朝西。以此维持残存的一点骄傲感，仿佛亮起皇族的肱二头肌，以示士可杀不可辱。

偏偏遇上“坚刚不可夺志”的雍正，他也是绝不退步的，矛盾升级为你死我活。

对民众来说，他们并不关心皇帝的王位继承是否“合规”，只要登基后施行的政策于国有利、于民有利，即为明君。

政治的内核并非科学，从来就是染血的历史。看似“嫡长子”继位的合理规则，只是封建王朝变更过程中形成的无奈选择。

始于商朝的流行套路是“兄终弟及”。按照“兄终弟及”的原则，“兄君王”死后会将王位传给“弟君王”，弟君王轮流坐庄结束，再把王位传给第一个兄长的子嗣。

渐渐地，君王们发现一个规律，虽然每个兄弟都能当上君王，但王位却像“父死子继”制一样，最后还是在嫡长子这一支中传续。

总有贪心的君王想将位子传给自己的儿子。

混乱一段时间后，为了避免无序竞争和保持国家安定，几经演变，最后固定了游戏规则，干脆隔过兄弟，直奔目的——这才产生了“立嫡长子为太子”的制度。

雍正知晓夺嫡之争的危害，登基的第一年就制定了清朝的独特传位规则。他将心目中合适的继位者名字写在纸上，藏于匣中，把这个小匣子高悬于乾清宫“正大光明”匾额之后——这样就避免了老皇帝去世后，众皇子因“无遗诏”而引起的纠纷、争斗。

对于继位者，是要经过考核的。如果被暗中指定为太子后，其人却不思进取，心生怠惰，流于奢侈，陷于邪道，在位的皇帝有权更换人选。如此一来，所有的皇子在不知情时，就会谨言慎行，注重修身，修德养贤，朝着明君的目标努力。

雍正的办法，让企图争斗的皇子失去了互相伤害的必要。一旦有不轨，老皇帝随时可以将其除名。

制人，雍正确实有一套。“正大光明”背后所藏，是皇帝好恶的晴雨表。

律己：刚毅的执政者

全年无休的劳模皇帝

1

在雍正办公的养心殿西暖阁，挂着一个牌匾，上书“为君难”三字，两侧的柱子上书写着对联：“愿以一人治天下，不以天下奉一人。”

这是雍正的座右铭。

心声的抒发，道出了一心要振兴国家的雄心。即使再难，也不愿意为了他一个人的安逸而让天下人辛劳，他愿一力承担天下大治或大乱的所有责任！

他不做嘻嘻哈哈的好人皇帝。凭王者霸气治国，最易出成绩，也最易引来非议。

根据《雍正朝起居注》等史料，我们大概可以了解雍正一天的作息时间：

凌晨四时至七时：起床、梳洗、请安、早读。

七时至上午九时：早膳，主要为粥、点心等。

上午九时至中午十一时：上朝理政，处理公务。

中午十一时至下午二时三十分：午休、晚膳。

下午二时三十分至五时：继续办公，接见大臣，适当娱乐。

下午五时至晚八时：晚点或酒膳，祭拜神灵。

晚八时至晚九时：若翻牌子，则嫔妃侍寝。

晚八时至晚十一时：若不翻牌子，就批阅密折。

雍正住在养心殿。母亲在世时，他每日清晨必定准时去请安，这时要穿戴整齐，率领后妃同往，表示对长者的孝道和尊崇。

请安完毕，就开始早读。内容是前朝历代皇帝的《圣训》和《实录》。《圣训》是前朝皇帝告诫臣下的诏令、言辞语录。《实录》是历代皇帝统治时期治国的编年大事记。通过阅读这些先朝第一手“实战”资料，从语言和方略上有所领悟，给自己以提醒。雍正曾专门整理康熙的《庭训格言》，刊印出版。

占用“一日之计在于晨”的黄金时间，心灵从早晨就受到洗礼，确保一天的理政不至于偏颇。

每日如此，汲取营养，滋润中渐渐形成独具个人风格的统治策略。

尽管汉族早已施行三餐制，可清朝皇帝们依旧保留传统，每日正餐两次。午后用餐即为晚餐。吃饭的地点多数就在寝宫和办公场所。雍正用餐极为简单，早餐常是粥和几块点心。他不遵守皇帝用餐必需的正规仪式。

如果没有旨意，任何人不得和皇帝一起用膳。

匆匆吃完，雍正就开始思虑当天的朝政内容。

每天亲御听政是必不可少的。这个优点传承自父皇康熙。雍正目睹了康熙勤政的辛劳，深情地赞颂父亲：“自古以来的帝王，还没有见过像我圣祖皇帝这样的勤政者。”康熙每天亲政，很多大臣都受不了，请求隔日上朝。对此，康熙严厉拒绝，亲口说：“每日听政，绝对不能停止。”

雍正传承了这种传统，认为这是于国于民最有益的做法。他比父亲更勤奋，每天办公，自晨至暮，从不间断。

上午办公期间，在御殿听政，听大小官员奏报。理政则是披览奏章，详细询问事情来龙去脉，责成有关官员及时处理，追查前几天政务处理情况等。

雍正批阅奏折也全部亲力亲为，生怕漏掉重要内容，被太监、大臣等糊弄、哄骗。在位十三年，保守估算，雍正至少批示过奏折两万两千多条，字数达到千万。这样的劳心费神，耗费了他极大的精气神。

忙活完这些，短暂午休后，开始用晚膳。这是能量补给的重要节点。传膳时，御膳房太监负责把三张膳桌拼到一起，铺上桌布，手捧红色漆器盒的太监们排队进来，将饭菜迅速摆妥。一般晚膳为主菜八品、小菜四品，再加火锅、粥、汤等。

雍正不肯给自己留一点私人时间。虽然清初已有引见制度，但像雍正一样做到极致的极少。大小官员赴任前，他要亲自接见，通过观察其神态、语言，判断其才能。每每面试过的官员递上奏折时，他就能想起其人其言，再通过奏折的文字叙述，验证自己的判断，雍正十分严格地执行这一程序。在雍正二年到三年（1725）间，若干总督、提督、总兵官都受到谕旨：令副将以下、游击（相当于今军队的营长）以上的官员轮流来京觐见，雍正亲自检阅武将的相貌并核验其骑马、射箭的武功。这套面试体系，让他对现任官员有了第一印象，不至被封疆大吏的假奏报愚弄。

2

雍正面试官员，颇费心思，极具人治特色，是封建社会中国官场较为流行的套路之一。

所有入仕人员，皇帝对他的第一印象极为重要。第一印象包含谈吐、面貌、施政理想等。

雍正很重视这项工作，常常亲自担当主考官。

见湖南邵阳县知县李湘，雍正左看右看——见其满脸褶子，皮肤松弛，颇为疑惑："你好像不是五十三，像六十开外的人。究竟多大年龄？"

李湘如实回答："不敢欺瞒陛下，臣就是五十三岁。"

雍正还是不信，又反复盘问属相、同乡等信息，以期互证，君臣十分尴尬。

雍正在潜邸时，长期在民间处理各种复杂政务，最了解官员们弄虚作假的手段，尤其对于虚报年龄，十分了解："朕览文武官员的履历，登记的年龄很多都不实。这种陋习汉人最甚，近来汉军亦渐有之，这真是特别可笑而没有任何好处。"

雍正是皇帝，说话不留一点情面。他对衢州知府说："恐德胜才，着实教导去。"见广东候补道后得出结论："可能会走因循柔善一路，好好教导，看你能不能领会。"而一见江西漕标盐城营游击陈应标，就当面指出："一看你就是吃酒人。以后少饮酒，别耽误事。"

对大量官员的考察，雍正感觉到的不是累，而是一种"掌控感"。他十分喜欢这种感觉。

他自恃深通佛学，习惯从人的相貌上看出其内心世界。看人遵循两个原则：察相貌、讲眼缘。

主要依据第一印象。很多人也因此或未上任即遭贬损，有些人则提前登上了升迁的第一级台阶。

看巡捕守备王勋："小白胖子，睁眉吐露眼的，平常人。"

看汾州知府："两眼狼顾，贼眼，亦甚庸愚，未知有何好处。"这是因观相貌导致的印象不佳，给出定语："料其心术必不端正。"

对于缺少眼缘的，就说："柳进忠来京陛见，朕观其一无足取，乃小聪明，识见卑鄙，材质甚属平常之人。"又说："钱塘知县，勤慎小心，似可造就。"

对于相貌端正、长相突出的，格外喜欢，有赞曰："相貌有福泽，方面，胖大身材。"抑或："黑赤红脸，胖子，相貌好。"或者："气度相貌甚好，似有福人，长胡子，将来不论什么皆去得，可成大气。"得了他这样的评价，将来自然就会得到偏爱。

雍正也不掩饰对臣下的看法："朕将王嵩调到，看伊竟是一不堪弃物，满面鄙俗之气。"有的甚至说："相貌卑寒些。""小头小脸儿的相貌。"

得了这类评语的官员，除非做出特别的成绩，改变皇上的看法，否则常常一上奏折就是挨批评。

雍正喜欢高大魁梧、有气势的男子，见了如此官员，就高兴地说“人去得，汉子，好倭粗身子”“魁梧可升用”等。对于瘦弱官员则显得颇为踌躇：“外像瘦弱，人似可用，气局少卑寒些。”有的还得出“人着实去得，但身材相貌卑陋”的印象，带着几分遗憾。

自诩洞察人情世故的雍正，还特别反感太机灵者。有些官员得到的评语就是“太聪明”，显然不受青睐。可对于过于老实的人，又说“老实人，相貌卑小，像老婆子”，或“老成，有婆心”，显然也不中意这种缺少开拓精神的官员。

频繁地引见官员，虽然很辛苦，但在雍正看来，这样亲自面试过，就对清国的大小官员了如指掌，心中有数了。

如果仅仅是这样，雍正就显得太狭隘了，他也清楚，这样凭相貌选人或者靠自己眼缘选人，总是有失公允的。

为此，他曾说：“即如月选各官，引见时朕观其人虽似不及，但岂得以语言、相貌一见而定其优劣，遂将无过之人，即行斥革。”

这就表明了他的态度：我虽然看不惯你，但不影响我任用你。

制度的约束应该体现公平，领导的好恶确实可以决定仕途升迁的难易。

这说明他还是尊重选拔人才的制度，而不仅仅靠一己之好恶裁决。

贵为皇帝的雍正尚且如此“聪明中夹杂糊涂”，下级官员们选拔人才，自然也难免陷入此中。官场上，通常的规律是，上级提拔人，印象比成绩更重要。印象好的人，会做人，得分高。会做事的人反而因为“能做成事”而往往不屑于人情世故——这类人，非要做出特殊贡献，才能获得别人轻而易举就得到的升迁名额。

“路曼曼其修远兮”，说的是部分人。对有些机巧的人，路并不曼曼，反而常近便。这是升官的技巧，也是为人之道。做事与做人，要合二为一，才能仕途顺利。

其实，雍正虽然看人会给出印象分，但他最务实。只要做出成绩，他都不惜破格提拔。像李卫、田文镜，就属于这类人。

这正是皇权迷人而不可捉摸的魅力。难怪很多人不惜生死相争，要夺取皇权。

引见官员，对雍正来说是一项繁重的体力和心神的双重消耗活动，他对每一件考试履历条陈都亲自批阅。

经统计，清代履历档五万四千多件中，仅雍正引见的中下级官员，就涉及近三千件文献。

雍正引见官员，行动迅速，从不拖拉，随到随见。雍正元年九月二十八日王大臣会同吏部选拔四川、山西、云南道府州县官，三十日至乾清门上考试履历折子，十月初二即被雍正引见，从考试到引见，仅隔一天，越过了烦琐的吏部写推荐履历、宫中审核批准等诸多环节。

这真是个干事皇帝！

3

为求国家振兴，“工作狂”雍正挪用了自己大部分的私人时间，就拿翻牌子来说。

说到翻牌子，不得不先说一说这种制度。

皇帝和妃子就寝，并不像影视剧里那般随意。出于安全考虑，皇帝不在黑夜随意走动。

帝妃亲热，绕不过一个机构——敬事房。敬事房专管房事，帝妃每行房一次，敬事房太监都要详细记录年、月、日、时，以备日后怀孕时核对、验证子嗣是否血统正宗。

这套程序严格而琐碎。每日晚餐（午后）毕，太监会端上一个大银盘，里面摆放几十块绿牌子，每块牌子上写一个妃子的姓名。若遇皇帝今日无兴致，摆摆手或道一声“去”，太监便稳稳撤离；皇帝若有兴致，则会挑到合适的牌子，背面朝上放入盘子。递牌太监出殿将牌子交给另外一个专门负责背妃子进寝宫的太监。

时辰到了，太监见皇帝睡意蒙眬，先伺候皇帝上床，被子盖到踝关节，脚露在外面。这时，早已等候的“运妃太监”先在妃子房中将她脱个精光，裹上一条大披风，背到龙床前，扯去披风。

妃子早已熟悉这套流程，温顺地从暴露在外的“龙爪”这头，钻进大被，然后，“与帝交焉”。

所有人退出殿外，敬候事毕。帝妃就在这种半监视状态下开始繁衍或愉悦大戏。约莫着差不多了，敬事房总管就在外高唱“是时候了”！遇到皇帝兴致高，拖延时间，则再喊一次。如是者三，皇帝就不能继续装聋作哑，要“止乎礼”，命太监进房。

这种流程规范的性生活并不会影响皇帝和嫔妃的情绪，他们已经忽略了“门外有人”这个细节，将本该隐秘的私生活套路化，只因为这是“天大的事”——天子的大事！绝不能随心所欲。

皇帝对这流程还不能生气，应该看作是特殊的荣耀。封建王朝好多这样的扭曲制度，最后竟然被冠以美德之名。譬如房事时间，就打着“保护皇帝身子”的理由，更约束于儒家“止乎礼”的紧箍咒。

太监进房后，妃子必须面对皇帝，倒着爬出被子。君臣朝堂相见，臣子退下，是不能转背而行、拿脊梁骨对着皇帝的，得面朝皇帝，往后挪步——这叫“却行”。“臣妾”更不能拿光脊梁对着皇帝，因此只能这样“却爬”下床。太监再次用披风裹着她，背到门外。

总管紧接着进屋征求意见：“留不留？”——可悲的妃嫔用身体换来的却是皇帝的随机。说白了，陪帝欢愉是你的本分，是否受孕是皇帝的权力。

皇帝若要留，敬事房总管就拿出小本，记下日子和妃名；若说不留，总管就出来，找准妃子腰股之间某处穴位，微微揉之，“则龙精尽流出矣”，实施人工避孕。避孕倘不成功，还要做人流。

这种制度并非清朝原创，是继承明朝陋习。高明的说法是控制皇帝淫欲过度。其实狡猾的皇帝总有办法翻越这道藩篱。

雍正在这方面似乎“时间不够”。原因有二：其一是他当皇帝时，已经四十五岁，早已过了精力旺盛、缱绻缠绵的年轻冲动期，不再过度钟情男女之事；其二是他要振兴国家，总觉得时间紧迫，每日晚间还要做非常重要的一件事——批阅密折！

这一点，有间接证据：雍正在位十三年间，仅诞育两名皇子：福沛（夭折）、皇六子弘瞻。

关于设立密折制度，后面的章节里我们要专门细说。这里我们只需了解批阅密折时的辛苦程度和雍正的心态。

雍正晚上批阅的密折，是各大官员递上的秘密奏折。所以他要亲自批阅，给出回复。

这个时段，是留给雍正与诸臣的私语空间。他安静地看着官员们的秘密情报，一一给予点评，做出合理解释，给出裁决意见，循循善诱地劝导，鼓励或训斥某人的做法、想法，让大臣心中有数。此时的皇帝最务实，眼睛里容不得一粒沙子。

密折里，如有互相制约的内容，绝不放过。譬如有两广总督的折子，某件事如果说得含含糊糊，雍正就会从广东巡抚等人的密折里验证总督所言，或者直接指示巡抚暗中调查总督所言。通过这样环环相扣的梳理，达到皇帝远在京城却有如“万只眼”窥视天下的效果，使众臣不敢欺瞒、谎报。

要辨别清楚密折内容的真假，需要仔细甄别。一旦被某大臣暗藏的言语哄骗过一次，这对自尊心极强的雍正来说，无异于奇耻大辱。自登基后即推行的改革政策，力度前所未有，其一心要扭转颓局的雄心极为迫切，就特别注重是否存在各种干扰——而密折，就是大臣的悄悄话，最能反映真实情况。公开的奏折里，有些事是不能说透的。

越认真越耗费精神。遇到密折多或重大事情需要反复斟酌时，雍正批阅完，揉着红肿的眼睛，已经过了子时（晚十一时至凌晨一时）。这种拼命工作的劳模皇帝，在历史上很少见。他最后也吃了太不爱惜身体的亏，仅在位十三年便去世了。

节俭之风刮起来

1

奢侈是皇帝的标配，这大约是对帝王的普遍认知。而雍正却节俭得有些另类。

汉臣张廷玉是康熙时的老臣，雍正也引为亲信。张廷玉在他的著作《澄怀园语》中曾记录：每天在内廷值班时，雍正进膳，总会让他陪着一同进食。他曾看见雍正进食，饭粒和饼屑掉在桌子上，总会捡起来吃掉，一点也不肯浪费。

雍正在《朱批谕旨》中，也多次劝诫臣工，要各样节省："可惜了这么多绫子，以后上奏折时，除了封面用外，一般的用黄色纸即可；请安用的折子，用绫绢弄个封面，表达你们尊重的意思即可。至于奏事的折子，数量庞大，现在朝廷物力维艰，以后用素纸即可。还有，弄那么多封套干什么，不必一个折子一个封套，折子如果很薄，三四封一个封套又何妨……"

对于臣子们进献的各种珍品，也一再交代不必华丽精巧。雍正说："我最不喜欢华丽奢侈的东西。朕这是撙节爱惜之心，本出自然，并非勉强做样子。"他从年轻时就接触社会，了解地方官员的做派。如果为了讨皇帝喜欢，挑选宝器，督抚们因为经费有限，必定会向属员索贿——这样的话，等于无形中开了下属逢迎上级的口子，渐而成为习气，既加重官员压力，又污染了仕途，弊多于利。故从自己做起，杜绝此类歪风。

种种倡导，皆是因为新皇帝上台要让大家心中有数：“治天下之道，最重要的就是推崇风俗。而厚风俗之道，必当是崇尚节俭而舍弃奢侈。如果诸臣以奢侈为风尚，怎么还有脸训导民众简朴？”

封疆大吏们已经习惯将本地珍宝献给皇帝，一来向主子示好邀功，二来又可借机盘剥、克扣。雍正真打实干，实际上就堵住了他们的财路。雍正心里也明白水至清则无鱼的道理，可忍不住还是要劝说：“你们实心为国，为民办一件实事，胜过给朕献稀世珍宝。如果能够举荐一个人才，胜过进献一座城池。”

国为重，民为重，雍正深谙理政之本。整个天下都是自己的，何必贪恋这些小玩物。

为将行动落到实处，他带头拒绝大兴土木之风；为避免人力物力的浪费，雍正从未踏足过承德避暑山庄，也没有巡视过江南，就连去祭拜祖陵都不同意途中安放过多的临时设施。地方官员稍有花销，就会被雍正训斥。雍正朝扬起一股节俭清风。雍正五年，户部库存银有五千五百多万两。

刹住“上行下效”歪风是需要极大的克制力的，这是雍正早年练就的隐忍功夫的延续，也真实验证了雍正“愿以一人治天下，不以天下奉一人”的心声。

皇帝如此节俭，可怕臣下糊弄，他曾在给大臣的一封书信中半是炫耀半是提醒地说：“朕在藩邸阅历世情四十五年，备尝世间辛苦才成为天子的四阿哥。朕并非生长深宫之主，若怀轻朕之心，恐将来噬脐莫及。”

这种于无形中道出的心里话，当然是要给臣下提出警告。但也不失为君王的肺腑之言，让“读者”清楚，君王并非昏庸好欺骗的，心怀敬畏才是为臣之正道。

为提倡节约，他两下谕旨，这在皇帝里是个特例。

雍正二年六月十二日，雍正下诏给御膳房：

凡粥饭及肴馔等类，食毕有余者，切不可抛弃沟渠。或与服役下人食之，人不可食者则哺猫犬，再不可用则晒干以饲禽鸟，断不可委弃。

他不仅仅是做做样子、说说而已，对于落实情况，曾“派人稽查，如仍不悛改，必治以罪”。

雍正五年，他再次下旨，强调：“上天降生五谷，养育众生，人生赖以活命，就是一粒亦不可轻弃……煮饭时，将米少下，宁使少有不足，切不可多煮。”

同样，生怕大家不执行，他又语重心长地劝导：“你们这些总管，要严传各处首领、太监，见到有米粟饭粒，即当捡起。如此，不但能体会到朕的惜福之意，即使是你们，也免了暴殄天物。要不定时稽查，如有轻易丢弃米谷者，无论首领、太监，重责四十大板。如果你们仍旧像从前一样纵容他们，经朕查出，将你总管也一体重责。”

龙袍，作为皇帝专享的服饰，向来不计成本，尤其是讲究做工、材料的蝉衫麟带。雍正五年织造衙门送上的贡品绣绒黄龙袍九件，雍正看后连声叹息：“这是开了风俗奢侈的头，是朕深恶痛绝的。”端阳节前，各地进献的香囊、宫扇中，有装饰华丽、雕刻精工者，雍正更是极为讨厌，他告诉大臣，农业是根本，工匠和商业都不能太提倡。为了将服饰、玩物弄得花哨，肯定会多用工匠，生意场上多一人，田地里就会少一个耕种的人。

“朕深揆人情物理的源头，奢侈或节俭是关系民生风俗的大事，要想中外臣民黜奢轻商，专心务农为本，需要人人推崇这样的行为，自修其德，天下才能共享太平之乐。朕自身体力行，为天下先。”

雍正说到做到，执行方面“我为先”，从饮食做起，每日只食用简单的豆腐、白菜等汤饭，清心寡欲，坚守着底线。

2

民以食为天，社稷之固，农业为本。

偏偏有人心里不装着民生大事，触了霉头。雍正五年闰三月，看到湖南巡抚布兰泰递上来的几个奏折，不是要钱就是诉苦，雍正怒气滔滔，提笔朱批“志量卑鄙”“非封疆才”，一气呵成；嘴里念出来：“此时正是青黄不接之际，朕待你报湖南雨水情形，既专门使人送来奏折，为何雨水、粮价竟无一语？你作为地方大员，还有比这更大的事情吗？”

训臣如教子，雍正铁面无情，对不能领会自己深意的大臣用词苛刻，直戳人心，毫不顾及当事人的心理承受能力。焦躁、急迫的心情，尽在红与黑的文字里吐露无遗。红彤彤的朱砂，相信布兰泰看到时，有血的味道。

君临天下的气势，让寓意吉祥、尊贵、辟邪多种加持的朱砂，改变了启用时的属性，带着皇权霸道的凉气。

朱批虽冷酷，却折射出雍正悯农的心境。

奈何总有不尽如人意的地方。米价不断上涨，原因是户口不断增加。虽然很多地方连年丰收，所产粮食却还是供不应求。认真分析情况后，雍正对粮食生产的各种情况都做了指示：

第一，各省土地，不适合种植五谷的，不妨种植其他作物；适合种植五谷的土地，要视若珍宝，千万不可将丰腴之地种植经济林，这是舍本求末。

第二，种植烟草对民生毫无裨益，可种植烟草的土地却往往是肥沃的良田，这是妨碍粮食增产的重要因素，当禁止。各衙门要谆谆劝导，让小民都能理解这道理。

第三，有些地方担心米谷太多了导致谷贱伤农，不必过度担心，朕会多发官价购买，稳定市场，让种植粮食的小民都能获利、有盈余。

第四，听说江西、广西有将米、谷喂猪的，你们要好好反思，肉和粮食孰轻孰重，孰缓孰急？

雍正总结说：“一定要让天下人专务本业，杜绝浮躁和奢靡；爱惜物力，以图久远，共同体谅朕勤恤民隐的本意。”

从国策布局到生活琐事，雍正一一布置，深恐国家出现长期的粮荒。

武器和农具，是百姓的“左右手”。不拿此，即拿彼。

雍正能领悟到这一点，是他超过深宫里长大的帝王的优势之处，这得益于他早年被父皇委派处理民间政务积累的经验，而不单单是从奏折上，通过文字管理国家。

百姓有粮，才会听话；百姓安稳了，国家机器才能顺利运转。对普通百姓而言，任何高调的褒奖都抵不过填饱肚子重要。

这也是雍正始终提倡节俭的根本。

他知道，仅靠皇帝一人，不全国推广也是无用。好的政策还要靠广大官吏执行，因此就不断敲打、震慑。

雍正五年，他五十寿辰，一帮会试的举人希望举行个活动求得皇帝的欢心，于是他们悄悄商量要在京城的寺庙里设立经坛颂祝。同时也有督抚提出进献财物。官员和文人们这种虚幻和娴熟的歌功颂德套路，却被雍正识破，他当即严饬：“举人是读书明事理的人，怎么也做出这种世俗荒诞的举动？督抚进献玩物尤为不可。你们要清楚，朕唯一期望的就是物阜民安，举荐贤能为贵！”

拍马屁的举人和官员极为扫兴，可还是有胆大的督抚巴结皇帝之心不死，想趁机改善与皇帝的关系，再次打着“庆贺皇帝五十大寿”的幌子，希望进京祝寿。

对封疆大吏来说，进京祝寿，若能得皇帝亲自接见，又逢喜事，自然会受到表扬，这已经是最低要求，想着雍正总可以宽容接受。

却不料一心只求务实的雍正十分不给面子，下谕旨说：“各省如果有借万寿之名，设立经坛，或者聚集梨园，喧哗靡费者，就都是生事不安分的人，诱惑糊涂人做傻事，希图财利，必须严格禁止。如果有司（官吏）不行禁止，经朕查访得知，定照欺君罔上之罪处理。”

以往惯例，皇帝大寿，是各督抚的敛财良机。打着光明正大的幌子，趁机截留珍宝或财物、盘剥下属，又因进献贡品给皇帝赢得赞美，真正是“三方共赢”。这下可好，龌龊心思被雍正一眼看透，浑身有如被剥个精光，弄得个个傻傻癔症，可又发作不得，暗地里恼恨雍正无情，偏又不敢有丝毫怨言出口——这种憋屈和惊恐掺和，最终演变为“伴君如伴虎”的战战兢兢，懊恼叹息着失去了一次“三方共赢”的良机。

他们没有想通透，在他们看来的“三方共赢”，唯有皇帝是输家——赢得礼物和歌功颂德，却会失去民心。

变了！天真的变了！

幸运躲过雍正初年大力查处亏欠国库反贪风暴的督抚们，这时集体醒悟：本朝，要小聪明，不好使了！

当官是个技术活儿，要不断学习、适应、改变，才能保仕途通畅。

3

雍正毕竟是旗人，所仰仗的也是旗人。可雍正发现，这些昔日骁勇善战的关外铁骑，进入关内后，骨头已经软了，变成了“花钱将军”和“酒肉兵勇”。他痛心疾首，便下谕给管理旗务的诸王和满洲文武大臣，训斥得他们面红耳赤：我们的旗人，虽屡经训谕，却仍旧不改靡费的恶习。你们看看现在的旗人，还有一点先前驰骋疆场的样子吗？有因为贪图口腹之欢变卖房产者，有每月俸银买几次肉就全部告罄者，有将每季米粮贱卖到市场沽酒购肉者……这些人最后的结果，阖家匮乏，饥寒交迫，活成了鬼！皇家对旗人不薄。圣祖时，曾专门从国库发帑金五百四十一万五千余两，每家获赏金数百两，可一二年间就荡然无存。之后，又发帑金六百五十五万四千余两赏赐兵丁人等，亦如从前，很快耗尽。朕即位以来，赏赐兵丁一月钱粮数次，每次需银三十五六万两，不及十日，悉数化为乌有。痛心不？库帑是国家正项，百姓的脂膏，这里面饱含着多少家庭的贡献啊！岂可就这样无故滥行赏赉，动不动就以百万之数，徒然供这些人每日口腹之费？你们要深刻体会朕的深意，回去后对各自所属官兵和闲散人等，剖析情理，严加训诫。

尽管倡导“满汉皆为朕的子民”，实际上，清廷对本族（满人）提供的特殊待遇，包括尊严、福利、人权等诸多方面，一直是超越汉人的。这也成为满人不断沉沦、堕落的温床，渐渐丧失了战斗力和民族魂，成为口头上的高贵人，锦绣皮囊包裹着的败絮。

雍正哀其不幸，怒其不争，动真格要将节俭制度深入推进。

对旗人开刀，让满朝大臣和众多旗人惊恐无比——这个皇帝，还是不是满人的皇帝？

陆陆续续，各种不利于雍正的流言开始在全国各地散播。有人拿雍正私生活的某些方面，来大肆鼓吹他的奢侈，意图证明其提倡节俭是假惺惺的两面派行为。

雍正提出节俭，最主要的考虑，是出于他现在的身份——皇帝。

君倡节俭，则全国节俭。这是一笔很划得来的账。如果非要吹毛求疵地扯上雍正的私生活，来辩驳他“并不节俭”，是不理性也是不全面的。

毕竟，作为封建王朝的一国之君，其独裁统治者的身份使然，有些行为是要代表国家形象的。在不以民主制度为前提的考量中，没有绝对的节俭。

没有证据证明，雍正朝所有官员是中国历代最节俭的。广大官员始终遵循着沿袭已久的潜规则，皇上要看“节俭”，我们就表演给你看。于是奏折或者互相吹捧的奏折上，雍正看到了“节俭”的官员。这虽然违背他的本意，但官员们不傻，只有这样做，才能在官场站住脚。

雍正絮絮叨叨提倡节俭，舆论上是做到了，实质上并不能如他所愿。他后来发现了这种官员与官员的利益关联，即“朋党”，就很生气，全力打击，冀图开创一个前所未有的清明官场。

在雍正看来，提倡一种好风气和刹住一股坏风气同样重要，只需狠下心来即可，无须过多解释。

他在努力修缮大清国这座建筑，不做雕梁画栋的装饰，却要替换下那些虫蛀过的柱子，可又不能拆除整座建筑，于是就用肩膀扛起大梁和辉煌的金色屋顶，让大清这座大厦能够既不倒塌又替换下腐朽的支撑柱，因此才会时时感觉“为君难”。

干事的人口头上说不在意别人的评价，那是因为他只有一张口，难以也懒得去堵悠悠众口。

雍正的拳头很大，攥着整个天下；雍正的手很小，不足以捂住整个天下。

听之任之不是他的脾气。

很快，他与数百万人展开了一场诛心大辩论。

《大义觉迷录》——皇帝和农民联手组成宣讲团

1

年羹尧之后，任川陕总督并负责西部边疆军事的是岳钟琪。

这里要交代一下，为了集中展现雍正驭臣的手段，我们会在后面单独的章节介绍年羹尧等人的升迁和败落，这里不做赘述。

岳钟琪手握如此重权，却是个汉人，这对于统治者是满人的清朝来说，是很危险的。

满人掌权、建立清朝，一直以来被反清复明人士认为来路不正。看到岳钟琪手握兵权，觉得是个大好良机。

雍正六年（1728）九月二十六日，上午十一时左右，西安城还残留着一丝燥热，岳钟琪拜客回到总督府，刚要喝口茶歇一歇，守门的戈什哈（满语：侍卫）进来禀报，从南方远道而来一个叫张倬的年轻人，声称有要事必须当面呈报岳军门。

岳钟琪本不想见，又觉得事出蹊跷，怕是同僚有重要事通信，就命人带张倬到签押房见面。

张倬来了，并未多言语，递上一封信。

两人身份悬殊，岳钟琪也不虚让张倬吃茶，就只管撕开信——抬头第一行，就让他心惊肉跳：

南海无主游民夏靓顿首拜上宋鹏举鄂王岳元帅武穆少保之后天吏元帅东美将军麾下。

岳飞，字鹏举，谥号武穆，是南宋有名的抗金将领。岳钟琪，字东美。

岳钟琪虽不知这封信整体内容，但提到他是“岳飞后裔”——还未读后面的文字，已经让他隐隐感觉到这封信的重量。

这封信很长，大概分三部分。首先赞美岳飞抗金的英雄事迹；其次历数满人入关后的种种暴行，称为“夷狄”“禽兽”，同时称述了当今皇帝雍正的十大罪状；最后说岳钟琪既为忠臣岳飞之后代，就应替先祖报不共戴天之仇，率兵推翻清朝。

岳钟琪匆匆读完信件，浑身战栗。本来他以汉人身份手握重兵就遭到不少清朝大员的嫉妒，因此时时谨小慎微。不知这夏靓为何人，派遣张倬来此策反是何用意?

无论如何，不能让自己无缘无故丢了脑袋，岳钟琪当即将张倬逮捕入狱。

第二天就邀请陕西巡抚西琳、按察使硕色同审张倬。

西琳因在校场练兵，所以没来。硕色与岳钟琪一同审问张倬。动用各种大刑，张倬始终紧咬牙关，昏死几次，均未能撬开他的口。

岳钟琪惊恐、焦虑中，顾不得审问张倬，立刻给雍正写了一份详细的奏折，说明情况，极力表明忠贞不贰之心，并恳请将张倬押送京城审问，派驿站快马急送紫禁城。

雍正异乎寻常地给出平静的指示，要岳钟琪不得动用大刑，要想尽一切办法让张倬开口。

雍正几乎是兴奋地看到：张倬只是台前的一条小鱼，背后一定有大鳄。

岳钟琪苦无办法，就在同僚中遍寻高人。咸宁县县丞李元素来狡黠，他诱骗张倬，称岳钟琪愿意造反，只是不熟悉情况，不敢轻易信任，岳钟琪又赌咒发誓，与张倬设坛结为异姓兄弟，张倬才道出实情。

张倬真名张熙，指使他前来策反岳钟琪的，是他的老师曾静，化名夏靓。

武装暴动始终是封建王朝最忌讳也最恐惧的行为，这种明目张胆的策反大案，惊动了紫禁城，雍正下令严查。

朝廷迅速派出精干队伍，将罪魁祸首曾静缉捕归案。

审讯并不费事，曾静对这件事供认不讳，并坚定地认为，他的所作所为，代表着天下革命志士的心声。

雍正倒吸了一口凉气，他没有想到：满族从1644年入山海关起，到现在已经过去八十五年了，竟然还有很大一部分百姓的反清思想如此根深蒂固、冥顽不化。这种突如其来的、猛烈的打击深入骨子里，打击了雍正的骄傲。

杀曾静易，杀天下人难！这成为摆在雍正龙案前的一道棘手难题。

就在所有人都以为曾静罪大恶极，应该立斩不赦时，雍正却亮出了最柔软的对策——劝导并征服曾静。

他的自信又回来了！

杀掉曾静容易，可一旦丢掉了自信，就显得这个皇帝太窝囊了。

为什么雍正肯花大力气、浪费很多时间试图让曾静心服口服？主要是双方地位悬殊。杀死一个曾静，对雍正来说，如捏死一只蚂蚁。可这又能怎样呢？反清的种子并未从民间挖尽，终究还会发芽的。

老虎肯残忍地咬死牛、马、羊，却从不会去对付麻雀、鸽子和老鼠。这就是雍正和曾静的对比。

要治病，先要了解病因。

曾静，时年五十岁，湖南永兴县秀才，屡试不中，只好回乡当塾师。他从未出过远门，只到过县城和郴州，最远就是到过一次长沙。平生最佩服的人就是吕留良，并私自奉吕留良为宗师。因平日里听了一些传闻，便认定雍正是个十恶不赦的皇帝。为提高理论水平，专门派弟子张熙到浙江石门拜访吕家后人，访求吕留良书籍遗作。

吕留良，号晚村，浙江崇德人，思想家。明亡后，散家财结交宾朋，意图反清复明，备尝艰辛。事败后，居家授徒。顺治十年（1653）应试中秀才，康熙六年（1667）应举落第，从此退出士林。他悔恨猎取功名，坚决不再入仕侍奉清朝。康熙十八年（1679）被推荐应博学宏词科，不就。康熙二十年（1681）地方再次举荐为山林隐逸高人，拒不接受。甚至，为了表示坚定的反清决心，削发为僧，法号耐可。其核心思想是“华夷之分大于君臣之伦”。

吕留良这个著名的理学大师的思想，深深影响了郁闷不第的曾静，使他导演了一出张熙劝说岳钟琪的闹剧。

雍正以为，曾静一个山村农民，不可能有这么大的能量，指示众臣花费很长时间，希望挖出曾静背后的巨大黑幕，不料却大失所望。

但在这场闹剧中，雍正也感到了改造民众思想的重要性。于是，他亲自坐镇，布设了一个前所未有的奇局。

2

促使雍正布设奇局，还有一个原因。在调查曾静案的过程中，竟然有了新的重大收获，阿其那、塞思黑竟然也卷入其中。

雍正上台后，由于连续施行了反贪、官吏火耗银改革等措施，又处理了阿其那、塞思黑等人，民间开始流传雍正篡位、凶残对待兄弟、屠杀大臣等各种流言，对他名声极为不利。

曾静在湖南老家被抓时，雍正就下令给审问的大臣，对曾静不得使用大刑，并且在押解到京的途中，好酒好菜招待，同时安排曾静参观沿途百姓生活和官府治理之道。

这种处置方式，引起满朝大臣的不解。就连雍正的亲信大臣鄂尔泰和田文镜也十分狐疑。对此，雍正颇为自信地在他们两人的奏折上批复：“遇此种怪物，不得不有一番出奇料理，倾耳以听可也。”

究竟雍正会如何出奇料理，整个清廷的大臣都在拭目以待。

雍正改造曾静的手段，展现出一流的政治家水平。

第一招：恩威并施，留其性命。曾静被抓时，身上穿的衣服上，有“蒲潭先生卒于此”七个字，“蒲潭先生”是曾静自称。衣服上留这七个字，说明他对死亡早有准备。可偏偏雍正的指示是，不要让他死，审问时既要体现皇家权威，又要不断开导，使其悔悟，去其迷惑。

第二招：押送至京途中参观、感受。曾静逆书里称，中原大地，夷狄乘虚而入，民不聊生，百姓生活在水深火热之中。雍正就指示办案的杭奕禄、海兰两位钦差亲自押解曾静，从湖南到湖北，过河南经直隶，一路到北京，慢慢走，不要慌，让曾静沿途好好参观大清治下的富庶景象。

第三招：优厚招待，促其反省。曾静到京城后，并未被押送到监狱里，而是给他安排了一个舒适幽静的官舍，敕令刑部好衣好饭伺候。曾静中暑，还专门安排医生为他调理，及时治疗。曾静一个落魄书生、赤贫农民，哪曾受过如此优待，内心里感恩戴德。雍正还下令，释放曾静的老母亲和幼子，动员家属做工作。

第四招：自我检讨，重读逆书。曾静曾编写《知新录》，雍正让他在舒适的环境中，好好读一读自己写的书，结合策反信中的内容，不断反思。还将没收的吕留良等人的著作，一并发给曾静，让他深刻检讨，做出正确判断。

第五招：绝密奏折，赐其阅读。雍正特赐曾静阅读督抚奏折、朱批谕旨等机密文件，让他从中看出皇帝处理政务的艰辛和大臣们忠于朝廷的信仰。此时虽然雍正并未与曾静面对面，可曾静内心里已经掀起惊涛骇浪，再也不是山野里那个孤陋寡闻的村夫见识了。这些机密文件包括：

第一，雍正朱批岳钟琪奏折和谕旨十件，其中自然是君臣知心、上下和谐的内容。让曾静看懂，不是你一个小小百姓就能挑拨君臣关系的。

第二，山西总督奏报山西百姓踊跃奉公、捐献军需物资的折子。命曾静对照山西、湖南百姓的不同表现，写出体会。

第三，云贵总督、山东总督所奏各地出现祥瑞等事实折子。让曾静反思，为何别省都风调雨顺，独湖南连年受灾。

第四，皇上朱批，发往各省督抚的奏折、谕旨一百多件，一件一件念给曾静听，让他感悟、体会皇帝如何励精图治、宵衣旰食为民操劳，写出读后感。

第五，将《大礼记注》宣读给曾静听，让他知道皇上如何操办康熙葬礼、尽心孝道的事实，着曾静写出体会。

第六，把吕留良案件的卷宗、处理结果等告知曾静，让他反思吕留良的思想是否正确，写出批判口供。

最让雍正难以置信的是，曾静在写给岳钟琪的书信中，指出了雍正的十大罪状，分别为：谋害父皇、逼死母亲、杀害兄长、灭弟、贪财、好杀、酗酒、淫色、诛杀忠臣、任佞。

看到这样的十大罪状，依照雍正的暴躁脾气，本该怒而杀之，不料他却专门交代岳钟琪："逆书所言不必隐讳，等把事情弄明白了，朕另有指示处置。"

雍正超强的自信和过人的隐忍，让曾静听闻后，目瞪口呆。他从来没有想到过，如今的皇上竟然是千古少有的明君，而且是度量极大的育人先生。

万般悔恨，化作心服口服，曾静的所有反思汇集成册，名为《归仁说》。

一个地地道道的反叛分子，竟然成为心悦诚服的铁杆粉丝，雍正终于露出欣慰的笑容——这一仗，已经取得胜利！

不！决不能就此罢休，雍正还有更大的想法。

3

经过九卿大臣的议处，曾静所犯罪行，按律当作如下处置：

第一，将曾静凌迟处死。

第二，曾静之祖父、父、子、孙、兄弟及伯叔父、兄弟之子，男十六岁以上，依律斩立决。

第三，男十五岁以下，及母、女、妻、妾、姊、妹、子之妻妾，解送刑部，发配功臣之家为奴。

第四，抄没曾静所有家产，上交国库。

但谁也没有料到，一向以冷酷著称的雍正，这次却做出一百八十度的大转弯，用政治家的超人气度，连下数道谕旨，赦免、宽宥曾静等人，还做出承诺：以后朕的子孙也不得因为他诋毁朕而追究、诛戮其人及后人。

结果是，雍正一去世，继位的乾隆就处置了曾静。老子的承诺，在儿子这里等同废话。

在雍正看来，不杀曾静是有理由的。

第一，曾静是神明驱使来帮助清朝的。自古以来，对付反叛者最好的办法就是引蛇出洞。可现在不用引蛇，他自己就鬼使神差地投奔岳钟琪，这是不幸中的大幸。

第二，要将曾静、张熙免罪释放，将他们的逆书和前后审问的细节，包括口供，公布天下，让天下人都知道。这样百姓就能明白君主爱民的心。

对于曾静信奉的吕留良“华夷之分大于君臣之伦”，雍正本想委派一位笔墨优秀的大臣来逐一辩驳，可最后遍观满朝，竟无一人完全符合，雍正便以一名饱学之士的超强自信，将自己六岁起学到的理论发挥得淋漓尽致。

雍正说：“皇天无亲，惟德是辅。”这不是他自己发明的，是《书经》上的理论。清朝统治下，开创了大一统的太平盛世，顺天理民，这是有恩于天下，怎么是有负汉人?

清朝兴起于东北，和大明朝是邻邦。明朝灭亡，是流寇李自成推翻的。清朝灭掉李自成替明朝报了仇，反清复明的人应该感激清朝才对。

舜为东夷之人，文王是西夷之人，这是孟子讲的。满洲人比他们还强，是在中国有籍贯的。满人有德，可同舜、文王一样为天下君，华夷之分没有道理。

中土人中有禽兽，夷狄族中也有禽兽之人，人与禽兽最大的区别就在于有无仁和义。这些都是孟子说的。

雍正将这套理论，以及逐条驳斥曾静所述自己的十条罪状制成长文特谕，又将曾静的《归仁说》和卷宗、口供等结集成册，书名叫《大义觉迷录》，大量印刷，发放给天下士子，让他们学习。

感觉一切都准备就绪了，雍正做出了对这桩案件的最后指示：

为了让张熙吐露实情，岳钟琪将军一片忠心，不惜受辱与张熙结成兄弟，如果处置了张熙、曾静，将置岳将军于何地？曾静一个乡野村夫，竟然要起兵造反，他搜罗了许多谣言，可见全国说坏话的人还有很多，众口铄金，这是非常严重的问题，不能掉以轻心。现在查清了，很多谣言，其实就是阿其那、塞思黑等人的太监在流放过程中散布的。如果没有曾静，还引不出这些顽凶；如果曾静不去策反岳钟琪将军，朕还不知道吕留良的大恶。曾静、张熙并非主犯，顶多是吕留良的从犯，为何不能宽恕呢？

洋洋洒洒说了一上午，雍正最后宣布："朝廷派出两路钦差，一队沿着去江苏的官道出发，一队沿着去西安的官道出发，分别带上曾静和张熙，他们两个的身份是观风整俗使成员，任务是巡回演讲。"

曾静和张熙做梦也没有想到，捅了塌天的马蜂窝，最后不但没有被追究罪责，还威风凛凛地成了观风整俗使成员，当然就使出浑身解数，拿着印刷版的《大义觉迷录》，成为宣讲团最有说服力的解说员。

这是一道诡异的风景：东路上，沿着江苏、浙江、江西、湖南，由曾静负责现身宣讲；西路上，张熙在陕西等地宣讲。而共同的声音只有一个——雍正是个好皇帝！

4

雍正别出心裁地处理曾静一案，很多思维都超出了常人。

本该判处死刑的重犯曾静，摇身一变，成为雍正的代言人，不但不必连坐、杀头，反而成为光鲜的观风整俗使成员，成为体制内官员。

这种雇佣关系，完全是雍正出于当时政事而形成的，并非出于仁义。

可对于曾静所崇拜的宗师吕留良，雍正却做出了最严厉的处罚：吕留良被开棺戮尸、枭首示众，其子吕毅中被问斩，一家被流放到新疆为奴。

理由给得有些滑稽：吕留良是父皇康熙统治时期的罪人，其反对的是先帝，这是不可饶恕的——雍正以此表示“孝顺”是永远存在的。

不知是要在这件事上故意推陈出新，还是为了显示帝王的大度，雍正对吕留良的书籍，却表现出极大的宽容。

曾静并没有见过吕留良，他受到的反清思想，本来就来自吕留良的书，照这个道理来说，吕留良本人似乎还没有其著作罪过大。

可雍正却说：“烧尽吕留良的书，是不是就能把此事办得彻底？即使能烧光，后世难免说闲话——说不定吕留良的书真的很好呢。就算不好，为什么烧掉？这些闲话传起来，那时要批判，也没了靶子。我圣朝丰功伟绩，如日中天，万古不朽，岂是吕留良就能否定的？所以朕决定把吕留良的东西发到全国，鼓励士子们各抒己见，不要打击。”

遵照雍正的谕旨，大学士朱轼等揣摩圣意，很快就编写出驳斥吕留良的讲义、语录等书。

雍正以这种独特的治水之策“疏而不堵”来处理此案，反而让汉人学子们失去了攻击的靶子，招架时显得力不从心。全国大讨论进行了一年多，打嘴仗的辩论汇集起来，各省奏报，一致要求按大逆律处决吕留良。

这样的方式，最后的赢家一定是雍正。高明之处在于，如果焚烧吕留良的著作，很多士子就有了话说，可以说雍正是“焚书坑儒”的秦始皇，也因见不到吕留良的著作而遗憾或者更为推崇他。彻底的公开讨论，舞台是官家布置的，士子们的讨论只是其中一部分，所谓的各省汇集的民声，自然要符合官家的腔调和意愿。还有一点很重要，既然允许你们讨论，说明皇帝是开诚布公的，士子们长时间陷入“靠辩论取胜”的打嘴仗中，自然就无时间去策反他人。要不然，就显得汉人说理说不过，不是以理服人，道义上先输了。

雍正的本意是处理曾静案件，但出奇的处理方式，却意外地促进了民族团结，使得大多数人开始认同满人的统治：皇帝不以“满人”身份欺负汉人；汉人自然也要讲风度，以君臣之礼服从国家管理。

更为出奇的是，雍正还特别恩准曾静、张熙告假1年，暂时停止宣传，让他们回老家“归置田产”，假满回到巡抚衙门，听从观风整俗使调用。

也不是没有一点风波。雍正八年（1730）八月，曾静回到湖南，当地人听说后，一夜之间，全城贴满了传单，声称八月十九日要把曾静、张熙从官府中抢出来，沉到深潭里淹死。此前，雍正在特谕中明确指示：任何臣民，特别是湖南士民，不得擅自处死曾静。

全城散布的传单，吓坏了巡抚赵弘恩，他连夜找来布政使杨永斌、按察使张灿、湖南观风整俗使李徽召开紧急会议，将严峻形势抄成奏章上奏雍正皇帝，打算把曾静、张熙送回京城。雍正却很淡定，朱批三个字：“知道了！”再无下音。

所幸，由于官府严密控制，此事仅仅一场虚惊。

雍正以绝对的王者气度，冷静地把控着整个局面，让曾静谋反这个“天赐良机”不断因为他的操持改变走向，不但澄清了嗣位之争的传言，甚至赢得了“开明帝王”的赞誉。

把敌人抛到社会上，展开全国公开大辩论，处处显示出雍正足够驾驭这场政治运动的能力。其气魄和手段，使帝王之术闪现出迷幻般的光芒。他的亲信之臣鄂尔泰为这场运动画上了圆满的句号：“捧读上谕，坦然恻然，自问自谦，不为一曾静，而为千百亿万人，遍示臣民，布告中外，自非大光明、大智慧，无我无人，惟中惟正，固未有能几此者。”一下将雍正抬到为了亿万臣民考虑的高度，堪为千古一帝。这样轻柔地拍马屁让雍正大为满意，说到了心坎上——以曾静来昭示雍正光明正大，取得完胜。

雍正唯一没想到的是，他引以为傲的、堪称自白书的《大义觉迷录》，在乾隆上台后被立刻焚毁。

有个性的父亲遇到了有个性的儿子。父亲的神来之笔，被儿子看作奇耻大辱。同样一件事，看问题的角度一变，性质截然相反。

爱民：富国就是攒家底

一视同仁的国策：穷富一体当差

1

雍正二年三月，黄河开始苏醒，水量大增。

位于黄河北岸的河南封丘县，历来是汛期的防范重地。按照以往惯例，防汛重于一切，县令唐绥祖开始抽调人丁，加固黄河北岸大堤。

时间渐渐朝夏季走，形势也越来越严峻：即使县里的衙役全部赶往大堤工地，依然不能解决人手严重不足的难题。一旦发生溃堤，全县都将面临被淹的危险。看着奔腾的黄河水，唐绥祖眉头紧皱。

之前修筑大堤，从三月份起到十月份结束，每年用的民夫人数多达上万人，少也在七八千名。平常都是按照地亩摊派的，可由于地亩统计混乱，或者互相包庇，反而是土地少的贫民们出工最多，每月的摊派银子竟然达到三四两才能雇佣到一个民夫。又因为管理河工的压榨，民夫逃走又要重新雇佣，最终导致百姓每月出银竟到了六七两。

为尽快完成河堤工程，排除险情，完成任务，唐绥祖不得不做出决定：“增加人丁，势在必行。按田地数量来出人丁，每一百亩田出一个人丁。凡是有田的必须出人丁，士绅也不能例外。”

最后一句话，激怒了士绅们。

他们是拥有土地最多的阶层，按照规定，必须自己上工地或者雇佣人顶替。倒是那些穷苦人家，因为土地少，几家、几十家还凑不够百亩，反而成了受益者。

地亩摊派人丁，还好托关系作假。可士绅也要当差，简直是有辱斯文，破坏祖制。

士绅不当差、不纳粮，这是古来有之的规矩；唐知县如此行事，士绅们认为昏聩至极。

士绅阶层迅速做出回应，坚决反对士绅一体当差和按田出丁。他们甚至拦截官轿，要求唐绥祖免征儒户、宦户，维护他们的既有特权。

他们的理由很充分，这是维持祖制。

唐绥祖才不管他们怎么闹。完不成防汛任务，他轻则罢官，重则掉脑袋，所以对他们的呼声充耳不闻。

士绅不缺钱，也有知识，当然知道如何闹能起到作用，于是就团结起来，跑到河南巡抚衙门前聚集大闹。河南巡抚石文焯也对他们爱搭不理。众多士绅一方面抵制，另一方面通过各种渠道申冤。

这件事最终还是引起雍正的重视。他通过秘密渠道了解到的情况是：河南河工用料及夫役累及百姓。这就是读书人的狡猾之处，摸准了皇帝的脉！

对于一向考虑百姓生计的雍正来说，官府派差增加百姓负担，就是乱作为。于是，他在五月初二专门训导河南巡抚石文焯、河南布政使田文镜等人：“朕如此推心置腹任用你们，经常说，如果有增加百姓负担的行为，一律如实上报，可你们却置若罔闻！政令竟然如此混乱，叫朕说你们什么好？”

雍正本以为这只是一场百姓的喧哗，不想士绅们见中央不予理睬，就导演了一出惊悚大案。

士绅们多是读书人，或者是家有读书之人，于是就将矛头瞄准了科举考试。

雍正二年五月，河南举行三年一度的科举乡试，由河南学政张廷璐（张廷玉之弟）负责监考。

考官早早就坐在考场等候考生。考试时间临近，参加考试的人却寥寥无几。

封丘县这次本该有一百三十多名考生参加，到最后竟然只有二十三名学子应考。

考官不知详情，正在疑惑，忽然有十多个人怒气冲冲地跑进来，武生范瑚将防卫的兵勇推倒，几步窜到考生面前，将他们的试卷抢去并当众撕毁。

此时，听得考场外还有人在高声吵嚷着，拦住学子，呼吁全省学员罢考。

如此状况，考试只得停止。

科举考试，历来被认为是效忠朝廷、皇帝选拔人才的重头戏，河南竟然闹得砸锅。

这是滔天大事，河南巡抚石文焯、布政使田文镜一面将带头闹事的封丘考生王逊、范瑚等共十余人逮捕，一面火速上报雍正。

雍正听闻后，无比震惊。为迅速控制局面，委派吏部侍郎沈近思、刑部侍郎阿尔松阿前往河南审查此案，史称“河南封丘罢考案”。

布政使田文镜、刑部侍郎阿尔松阿认为：这是暴动，无论身份如何，必须严惩不贷，以正视听；要以暴制暴，以儆效尤。

进士出身的吏部侍郎沈近思、河南学政张廷璐以及道台陈时夏三人，却觉得：毕竟是读书人，要保持体面，不能寒了天下读书人的心。这些读书人是被人利用了，其目的并不是要反对科考制度。尤其是陈时夏，审问时不坐堂，和学生们座谈，称呼他们为“年兄”，央求他们赴考。

联合办案的临时法庭一时无法做出裁决，只好将皮球踢回给雍正。

罢考等于扇了大清一记响亮的耳光，更是对新政权的挑衅。不严惩不足以刹其威风，雍正做出终审判决：

河南学政张廷璐包庇罪犯，革去职务；

开归道[1]道台陈时夏，革职留任；

考生王逊、范瑚，带头闹事，暴力罢考，扰乱科举，判斩立决；

考生王前等十余名从犯，判绞刑。

由士绅挑拨而起的罢考风波，就此画上句号。

案件虽然做出裁决，可由此引发的士绅一体当差运动，却才刚刚开始。

这是一场由雍正亲自担纲导演的大剧，岂能轻易杀青！

2

士绅一体纳粮当差，是对旧制度的挑战。

雍正对战的是整个国家的士绅集团，较量有表面的，也有隐形的。

表面上的对抗比较好对付，毕竟谁也不敢公开挑战铁血性格的雍正。而隐藏在暗处的对抗力量，却是最棘手的。

只要雍正认定的事，决不妥协。

士绅中，情况各有不同，组合起来叫绅衿。有官职而退居在乡者，称绅士；衿则指青衿——生员的服装，代表生员。

雍正要求绅衿与平民一体当差纳粮，是为了安抚负担越来越沉重的平民。这是他作为皇帝所必须考虑的事情。

通过剥夺绅衿集团的非法特权、平均赋税的办法，让官府、平民、绅衿三者之间的矛盾修复到平衡状态，才会减少社会的危险因子。

绅衿集团为保护自己的特权，并没考虑到他们损害的是官府的利益——这当然是雍正不能容忍的。

这种对抗是复杂而且多方面的，不仅表现在抗拒纳粮、当差上。雍正需要打击的，是整个绅衿集团的各种特权，摧毁他们的意志，打击他们的骄傲，最终重建一种三方均可接受的新秩序。

---

1 全称是“开归陈许郑道”，掌管粮运课税之事。

绅衿阶层向来有勾结官府、包揽词讼的恶习。雍正二年二月，山东巡抚陈世倌在奏折上看到雍正的朱批："凡地方上顽劣绅衿贡监之流，宜严加约束，毋邀虚誉而事姑息，以滋长刁风。"

虽已得到皇帝警示，陈世倌还是出事了。

陈世倌有个兄弟叫陈世侃，一天，陈世侃的家人在原籍浙江海宁县赊欠肉铺的银两，商人不允，发生争斗，双方互殴。这本来不是什么大事，但因为是陈世侃的家人，事情就变得复杂起来。

浙江巡抚黄叔琳审问双方时，竟然让陈世侃坐在后堂观看。堂上，施刑杖毙肉铺商人。

此事迅速扩大化，引起商人集体罢市。

雍正不能容忍，当即将黄叔琳免职，派杭州将军安泰和布政使佟吉图审理。二人声称，打死人是实，罢市是假。雍正意识到，这还是官官相护，他们想庇护的不是陈世侃，而是陈世倌。于是命他们再深入调查。

皇上心如明镜。看到瞒不下去了，陈世倌自己跳出来，上奏折称"精神恍惚"，而且其八十岁老母也是寝食难安，风烛不保，企图以苦情牌打动皇帝，免于追究。

雍正对已经制定的策略，是绝对不会妥协的。

雍正训诫陈世倌："因私而废公，器量何其褊小。"雍正心里，国是国，家是家，官绅勾结和官官相护一律靠边站，谁也不能阻挡国家改革的步伐。

拖欠粮赋，更是不能容忍。雍正五年，甘肃阶州绅衿抗粮不交。临时代理巡抚钟保，不但不追究绅衿，反而借机参奏署知州陈舜裔催粮太急，激犯士民，提出将陈舜裔革职。这点小心思瞒不过雍正，他当即予以驳斥，称陈舜裔催办国课，并非私派苦累民间，如果因此将他革职，以后实心办事的人就会退缩不前，反而叫无赖生事的人从此有了要挟长官的计谋。

雍正指示，将抗粮不交的绅衿严加审讯，并斥责钟保沽名钓誉，不为百姓办实事，让他不再办理此事。

钟保拿了绅衿不少好处，才千方百计替他们说话，不想却因此得罪了皇帝，这是一笔划不来的账。

绅衿们的办法可谓多种多样。有的地方，绅衿为了讨好百姓，故意包揽不属于他们的粮赋，以此赢得好名声——实际上，这些包揽的人，之后将会通过各种渠道少交或者不交，欺瞒政府。雍正对这种耍小聪明者也给予打击。

贡生张鹏生主动答应替百姓郑廷桂等缴纳钱粮，却拖欠不缴。刑部遵照律法，议处将张鹏生枷号三个月。雍正却拿他当典型，加重处罚的同时，发配黑龙江，还借此让大臣重议包揽钱粮的治罪法。次年，朝臣建议：凡贡监生员包揽钱粮而有拖欠的，不论多少，一律革去功名；包揽拖欠至八十两的，以贪赃枉法论处，除了足额上缴外，追罚一半入国库。

对于应缴的人员，也要造册核查，严加管理。绅衿钱粮，在税收印簿和串票内注明姓名，按期催缴；缴纳了钱粮的，要逐户清查，另行造册；如果州县有隐瞒不报的，按照庇护罪处罚。同时，将这些有功名的绅衿人员应纳的钱粮造册送学官钤印颁发；完成任务的，每季度核查一次。为防止互相包庇，年底时五人互相联保——如果你这一组五个人有未上缴钱粮的，就不能应试。这样就促使绅衿不得不足额按时缴纳，否则已经到手的功名随时都有被取缔的危险。

3

雍正评价这些绅衿时说他们是“荡检逾闲不顾名节”的士人，“或出入官署，包揽词讼；或武断乡曲，欺压平民；或抗违钱粮，藐视国法……种种卑污下贱之事，难以悉数”。

种种行为，其实是侵用了政府的司法权，稀释了官府的权力，致使平民惧怕他们有时比官吏还厉害。

所以，雍正要强力推行绅衿一体当差纳粮。

但是，雍正并不是要抛弃这个集团。

绅衿一体当差纳粮，本质上是为了达到平衡，若是就此将绅衿阶层压制到社会底层，反而失去了改革的意义。

因此，推行改革措施的同时，雍正也同时注重保护他们的利益。毕竟，这些人作为国家的储备人才，是大有用处的，不可一味压制。

雍正五年，田文镜上奏折称，将凌虐佃户的乡绅按照违制例议处，衿监革去职衔。田文镜是雍正宠臣，一向说话很有分量。可这次雍正没有批准，反而让田文镜要看到事情的两面性。雍正教导他说，不能只看到绅衿欺负佃户，也要看到佃户拖欠田租和怠慢田主的问题。

这种辩证地对待绅衿一体当差纳粮，让一直抗拒的绅衿们感到了皇帝的一丝温暖。为此，雍正还专门制定了律法，公开颁布，泼灭了绅衿的怒火，也制止了准备抗拒交租的佃户。

在雍正眼里，富人不可为富不仁，穷人不可恶意撒泼。他管理国家，始终建立在一种理想的状态下，管理臣工如此，教导百姓亦是如此。

他修改的律文规定："凡地方乡绅，私置板棍，擅责佃户者，照违制律议处，衿监革去衣顶杖八十……如将佃户妇女奸占为婢妾者，绞监候……至有奸顽佃户，拖欠租课，欺慢田主者，杖八十，所欠之租，照数追给田主。"

他以为，有了这样的律法约束，绅衿将和谐对待佃户，佃户也不再拖欠田租。这个出发点绝对是好的。这种将主佃关系以法律的形式申明权利与义务，禁止地主非法虐待农民，对绅衿集团特权有所抑制，较前确是一大进步。

雍正自小饱读诗书，对历来农民起义有了解。若是让百姓没有饭吃，他们就会造反。而逼迫绅衿割一点肉，他们却不会铤而走险。人一旦躺过幸福的温床，是绝对不肯轻易放弃的。

皇帝推行改革，是为了政权的稳固，绝不会刻意将某个阶层推到对立面。

经过几年强力推行，消除了不少绅衿集团的顽症，绅衿的种种特权得到遏制。

以往，绅衿们仗着自己有功名在身，常把亲戚、宗族的田产挂在自己名下，不但自己可以免交钱粮，还让亲属和友朋得到实惠。现在，功名成为政府与绅衿集团签订的协议，如有违反，功名就成了违约惩罚的“资金”，使得特权集团有所忌惮。政府既增加了收入，又可以依律随时念紧箍咒。对于各级地方官员来说，等于无形中地位提高了，绅衿集团巴结或者作弊的成本增加，愈加敬重官员。

既然当官越来越香，狡猾的绅衿就瞄准另一条捷径——捐纳。

捐纳，说白了就是买卖官职。它与科举、荫袭、保举同为清朝选拔官吏的重要途径。

尽管政府为了防止捐钱买官的人无真才实学，或者当官后肆意敛财，制定了各种严格的管理办法，将这些人与科举选拔的人才区别对待，但最终这种制度还是为人所诟病。

捐官的底线是：吏部官不可以捐。吏部是管干部、管官员的，不能捐官；礼部的官不能捐，礼部是管教育、管科举考试的，不能捐官；尚书、侍郎、总督、巡抚、布政使这些官职也不能捐。

这种制度有如饮鸩止渴，虽然可以缓解一时的财政不足，但后患无穷。还有，鼓励买官，让主流士大夫斯文扫地，历来为人不齿。捐官的在吏治上也最容易发生贪污腐败。

雍正终究是封建王朝的君主，推行绅衿一体当差纳粮却不禁止捐纳，让脑洞大开的士绅巧妙地打了回旋球，成为躲过改革的隐形获利者。

总体来说，士绅一体纳粮当差制度，让百姓心里一暖，“不患贫而患不均”的理念入脑入心，让大家感受到了雍正温情的一面。对此，雍正自豪地说：“我比起父皇来，事事不如。可我唯有洞悉民情方面还可以。”

明明是夸自己，偏偏要带上父亲，以示谦逊。这是骄傲的雍正复杂的心理安慰惯用术。当然，没人敢反驳他，因为，他是至高无上的皇帝！

损富益穷利国：丁随地转

1

雍正自践祚以来，大刀阔斧地做了很多实事，但他总觉得前方有更重要的事在等着，日日时时都感觉到“为君难”。

既要操心国政，又要调理臣工，两手不得闲。

夜已深了，雍正放下手中的毛笔，看着眼前一摞刚刚朱批的密折，站起身来活动活动胳膊，来回走了几步。

“皇上，您要什么吗？”一直陪在身边的总管太监关切地问。

“要什么？”雍正不知不觉念叨着，走出殿口，望着天空中的繁星，再次喃喃着，“是啊，朕要的是什么？”

总管太监不知所以然地接口道：“要不，就来一碗银耳莲子羹，再配点点心。”

“哈哈。朕要的是……”雍正忽然笑出了声，微微点着头说，“天下太平！”他倒背着双手，沿着台阶走到院子里，再次扭一扭身体，欣慰地伸出双手感受着令人舒爽的凉风。

“天下非一人之天下，天下之天下也。阴阳之和，不长一类；甘露时雨，不私一物；万民之主，不阿一人。”自小就熟读坟典的雍正，沉浸在思考中。

新政不断推行，贵为天子的他，当然要考虑天下公正。“帝德乾坤大，皇恩雨露深”。天下百姓，哪个不希望得到皇家雨露滋润，可真正能让百姓感受到公平，何其难啊！不公仿佛危险的火药桶，随时都可能被点燃。想到这里，他猛然站住，急促地往殿内走，说：“叫张廷玉来。”

总管太监极快地答一声，一转眼就没影了。

雍正要商量的事情是关系天下百姓生计的大事——徭役。

徭役对老百姓影响重大，也是国家的命脉。

前面已经解决了纳粮，到了解决差役问题的时候了。

差役和田赋历来是国家的主要收入项，也体现了臣民对君主的义务，取消徭役是不可能的。可现在的形势是，绅衿规避差役，导致差役不均，劳动者承受不了过重的负担，就会规避差役——如此一来，政府的徭役就得不到保障。

若能处理好这件事，则可惠及百姓，利于国家。

这种看似公平的制度，由于施行时间长，早已漏洞百出，让很多人找到空子可钻。

清初，田赋和丁役是分开征收的。丁役，时称“丁徭”，凡男子“年六十以上开除，十六岁以上添注，丁增而赋随之。有市民、乡民、富民、佃民、客民之分”，均称“民丁”。“民丁”之外，尚有“军丁、屯丁、匠丁、灶丁、站丁、工土丁、渔户、寄庄丁、寄粮丁”等多种名称。看起来分得很细，可实际操作中早已同“民丁”混合无异。但既然有各种区别，就为逃避服丁役或者官员受贿提供了借口。

据《康熙大清会典》载，缴纳方法五花八门：有人分三六九等、随田派丁、丁从丁随，即使是一个县内，也是多种征收方法。比如直隶，就有按牛、驴数量征收，有按村庄定额征收，也有按牌甲户口征收……征收标准杂乱无章。唯有一点相同，即都征收银两，然后由政府用银子雇佣力役，总称为“丁役银”或“徭里银”，简称“丁银”。

如此大事，康熙自然不会置之不理。其实，前朝也进行过改革。

康熙于五十一年曾下谕：“天下太平日久，户口日益增多，田地却没有增多，应以现在丁册上的人数为固定数目，自此以后所出生的人丁，不征收钱粮。统计清查时，只将人口的实际数目查明，造册上报。”朝廷议论决定：“五十年以后，称为盛世滋生人丁，永不加赋。仍然五年统计一次人口。”户部议论决定：“因人员去世造成的人丁缺额，以本户新增添的人丁补足；不能补足的，以人丁多繁荣亲戚补足；仍然不能补足的，以同甲内缴纳钱粮多的人丁补足。”

滋生人丁，永不加赋，使得丁银数额稳定下来，相对减轻了贫民负担，短时间减少了交不起人头税的贫民逃亡，保证了国家的税收，赋税发展跨出了不大不小的一步。

2

康熙采用的办法，虽一时奏效，长期来看，并未除根，有些掩耳盗铃。人口的死亡和新生不可能均衡，和平时期，新生的数量总是超过死亡人口，这就需要重新统计户口。可全国统计户口，实在麻烦。即使这一次花费大力气统计清楚了，很快人口又会变化，不断变化就要不断计算。对于增加了人口的家庭，如果按照原先确定的人数不变缴银，是有利的。这种情况下，重新统计人数，反而得不到民众的拥护。

康熙的政策，实际上，穷人满意——添了人也不用多缴丁银；富人满意——本身绅衿就不用纳粮，丁银享受和穷人一样的标准；唯独国家吃亏。

有远见的大臣提出，丁银随地亩征收，征粮的同时加派丁银。有地的足额缴纳，无地的粮赋、丁银减免。归善知县邱家穗提出两个反对的理由：一是这样会导致没有田地的人游手好闲，无所羁绊；二是穷人、富人应该同等对待，都应该为国家做贡献，如果推行丁随田地征收，贫穷者倒是轻松了，富人反而成了替他们缴税的冤大头，这不公平也不合理。况且，这种方法也不切合实际。福州人李光坡分析得很有道理：若是按照亩数交纳，各地田地的亩有大有小，各省做不到平均；若是按照纳粮计算，同样会出现各省轻重不一。都是国家臣民，分配不均，自然推行不下去。

几经讨论，反复权衡，没有定论。年轻时盛于武功的康熙到了晚年，极力强调仁政，导致下不了狠心，最终让这件事拖之又拖，难题就留给了雍正。

雍正的性格是，凡事不做就不做，做就做出个样子。在讨论这个棘手的问题时，大臣们依旧像往常一样，各说各有理。反对者提出：绅衿一体当差、纳粮，已经剥夺了富人的特权，若是再强行推广丁银随田地的政策，会引起他们的反抗。

这个建议引起雍正重视，也因此主张慎重行事，反复调查，根据实际情况再商量、再讨论。

这时候，直隶巡抚李维钧站了出来，旗帜鲜明地提出，人口增加，无地贫民为逃丁役而逃亡的人数不断增加，推行丁随地转，有能力交纳的人家自然不会同意，户部也肯定会按照陈规办事，“你是皇帝，应该乾纲独断，推行富国之策”。

雍正喜欢这样的奏事风格，渐渐下定了决心。但他也晓得事关大局，非反复商议不可，于是命户部再议。户部看懂了皇帝的决心，表示同意。

雍正命李维钧详细制订完善的计划，一定要做到对国课无损、对黎民有益，让人挑不出毛病来。

说到这个李维钧，人品极差。他为了升迁，不惜使用最龌龊的手段。为了在朝中寻找足够稳固的靠山，他巴结上了年羹尧。他只是个贡生，并非科甲正途。在前途黯淡时，他让自己的小妾拜年羹尧的管家魏之耀为义父，然后将这个小妾扶为继室，主持家政——就这样，堂堂的直隶巡抚竟成了魏之耀的女婿。这一丑行被好事的秀才们编成段子、打油诗，题于保定城内的酒肆茶楼，一时间沸沸扬扬、尽人皆知。

可就是这么一个人，却是个能吏。

接到雍正的“定制规则”任务后，李维钧将收集到的意见做了调整，制订出妥当的处理方案。

不同意的人提出的意见主要有三种：一是亩有大小，按亩分摊，并不平均。这种说法是有道理的。清代的土地亩数制度，基本沿用明代。《明史·食货志》载：“凡田以近郭为上地，迤远为中地、下地。五尺为步，步二百四十为亩，亩百为顷。”清顺治十二年（1655），户部铸弓颁行天下，“凡丈地，五尺为弓，二百四十弓为亩”。这里的“弓”和明代的“步”同一含义，故统称为“步弓”。

当时清代的实情是，北方的通用亩，面积一般比官制亩大。而南方各省因为种植水稻，土地效益大，亩产量高，统治者为了榨取更多的赋税，对亩的计算是很苛刻的。例如："吴中六尺为一步"，朝廷规制是"五尺为一步"——表面看，江南地区的亩制大于官亩，对百姓有利。其实不然，江南地区的"尺"是苏尺，一尺只有户部尺的八寸。这样一算，六尺仅有标准的四尺八寸。

这就是为什么有人提出：亩数有大小之分。

二是一旦推行丁随地转，有人卖田，必定会先卖良田，剩下次田，再缴纳丁银就有困难。

三是有人卖了田，数字还在他名下，就会导致已经没有了田，却还要替买主代缴丁银。

李维钧好不容易得到个皇帝赏识的机会，哪肯轻易错过，便提出：将土地分为上、中、下三等，丁银按地亩等级摊派，这样虽不能彻底解决所有问题，但至少解决了大部分难题。雍正听后，称赞他"筹度极当"，批准他于雍正二年开始在直隶推行。

3

任何一项革新，最大的考验其实是领导者的气魄和胆量。作为重权在握的皇帝，雍正要做的就是下决心，其余实际操作，自有众多封疆大吏去执行。

最开始提出"丁随地转"概念的，是山东巡抚黄炳，他于雍正元年六月奏请此议。这时新皇帝雍正面临着允禩等从中作梗、处理亏空导致百官怨恨和如何处理西北罗卜藏丹津战争逼近的多重压力，一堆事挤在一块儿，雍正看到奏章，脑子里首先冒出的是"摊丁之议，关系甚重"的念头，实际暴露出的是内心里隐隐的不安。

雍正并不是没有这胆量，但一登台就在全国多处下狠手，并不利于朝政稳定。可倔强的雍正又不能让任何人看到他的一丝胆怯，于是就找理由说："作为封疆大吏，应该把精力放在一省的刑名钱谷上，办好这些事是正事，此时谈改革是事外越例搜求。”臣下兴致勃勃，皇帝冷言冷语。这让各省大员再一次感叹新皇帝心机之深，委实难以捉摸。

封建王朝的官员很执拗，颇有点革命者心态。越是皇帝反对的主张，越有人挑战。这样的官员大概出于两种心态：一是出于责任感，认为此事重大，做臣子的不能熟视无睹，要敢于说真话，不惧皇帝权威，为民请愿；二是奉行剑走偏锋的为官之道，他们认为，在他人被否定的前提下，自己如能说服皇帝，可以一下成为全国焦点，树立盛名。

黄炳提出建议，被皇帝认为是没事找事、“狗拿耗子”一样不务正业。而一个月后，直隶巡抚李维钧就再次提出丁随地转的建议。这一次，他将了皇帝一军——你作为皇帝，必须乾纲独断！

这等于给雍正出了个难题：如果你退缩，就是承认无能力把控现在朝政复杂的局面；如果你敢于挑战，说明你是能力超强的千古帝王，有“泰山崩于前而我自岿然不动”的摄人胆略。

雍正被击中软肋。好名声、要面子的雍正岂肯放过解决“父亲都没有厘清的大事”这样绝好的机会。这时，性格里遇强愈强的因子开始发酵，主观上已经接受了这一挑战。尤其是李维钧说的“皇帝要乾纲独断”，最符合他的心思。他就是要在困难重重的状况下，做些惊天动地的事情，让允禩等盼着他出丑的人看看，新皇帝的能力有多强。

尤其是，目前朝野传闻雍正登基有瑕疵，舆论并不利于他，更需要做点大事镇住台面。

但雍正并不莽撞。他让户部慎重处理，筹谋善策。

雍正决心做事，不会优柔寡断。只要决定了的事情，第一重要的就是执行。当户部回复“可行”后，他立刻做出决定，在直隶试行。

从黄炳六月提出，到十一月雍正决心下定，仅仅半年时间，康熙朝争论多年、悬而未决的“政策肿瘤”就被一刀切除，不能不说，雍正的魄力是超凡的。

铁面皇帝的性格坚硬如铁，一点不虚。

很快，各地开始推行这一既能让新皇帝满意又能利国的新政。

云南巡抚杨名时奏报辖区“子孙丁”问题严重：有的人家早已房倒屋塌、人丁稀少，可户口簿上还有多人的丁役，累代延续，孤贫之丁活不下去。杨名时要求学习直隶做法，雍正当即批复同意。

浙江官员在原先部分试点摊丁入粮的基础上，准备全省推行，遭到富人强烈反对。富人们聚集到衙门，喊叫反对。巡抚法海惊惧，屈服了，选择暂缓执行——而这再次引发无田穷人的愤慨，聚众到抚院请愿。这些都不能动摇雍正的决心，他很快调整了执行不力的法海。为争取利益，斗争从来不会间断。浙江的这场穷人与富人之间的激烈斗争，看似是双方争夺利益，其实是在向国家叫板。后任巡抚李卫采取强硬手段，制服了闹事者，使争执不休的摊丁入粮制度再无争议地在全省推行。

河南巡抚田文镜随之加入，推行这一制度，将没有土地的少壮农民的应纳丁银，转向地多粮多的人户征收。

此后两年内，福建、陕西、甘肃、江西、湖北、江苏、安徽等省，陆续施行丁随地转的政策。唯一例外的是，山西直到雍正九年（1731）才慢腾腾地执行。雍正对此也没有责怪，他要的是根据实际情况推行政策，执行方面则采取“好政策不怕你心不动”的冷眼旁观态度，反而不急不躁，静观其变。

雍正性格里的这种双重性十分明显，有时候急躁如火，有时候又极具耐心，在一件事上韬光养晦，静静地等着你在舞台上将戏演足，他在最后主持谢幕。

丁随地转制度的确定，是中国赋税制度史上的一次重大改革。这一制度，取消征税的财产、人口双重标准，让赋税负担更趋合理，同时保证了税收来源的稳定，是损害富人、有益穷人、利于国家的行为。

这一制度的实施，让封建社会流行千年的丁役制不再因个人的存在而必要缴纳“人头税”，人头不再是丁役牵连下的僵化“器官”。

推行丁随地转，是雍正本着为政务实的精神，听取臣僚的正确建议，做出的果断裁决。作为决策人物，雍正有胆有识，刚毅果断。

贱民脱籍

1

雍正不希望大臣跟他要心思，希望每个臣工都能以诚侍君。可他又偏偏极爱揣摩大臣心理，坐在紫禁城内，遥控各地官员。

他反对官员结党，却希望自己最青睐的官员能够彼此亲睦。他自作主张地将年羹尧的儿子年熙过继给隆科多，赐名“得住”。理由是：年熙体弱多病，而隆科多正好命里还少一子，看似两全其美——两个股肱大臣亲上加亲，都应该感激皇帝的撮合。雍正此举并非鲁莽或幻想，用意是让亲信大臣亲上加亲，当然也昭示帝王权力的无限。

雍正元年三月，监察御史年熙上书，请求除去山西、陕西“乐户”的贱籍。

年熙的奏陈，显然是年羹尧的意图，雍正心知肚明。

批准此奏，有什么好处？雍正迅速权衡此事。

如果推行贱民脱籍，年羹尧自然满意。此时西北正在用兵，他是主帅，至关重要。但我是皇帝，总不能为取悦年羹尧就听之任之。于是开始掂量，思考过后，反而想到此事的三大妙处：

第一，树立仁君形象，扫除政务障碍。总有人说我得位有瑕疵，此时又正面临财政亏空、允禩等人搅局、民间流言不利的恶劣舆情，推行得民心的仁政，既可扭转舆论方向，又可减少不稳定因素，同时堵住阻挠者口实，一举多得。新君宽容仁爱，可扫清推广其他政务的障碍。

第二，缓解满汉敌对矛盾，争取底层汉民支持。大清入主中原，满汉民族矛盾一直存在。祖、父两朝虽采取了不少政策调整，使满汉民族关系有所改善，可主要是以吸收与拉拢汉族上层为主，对底层汉民重视不够。若我此时让贱民脱籍，正好添补这个空白，使满人与汉人的关系更加缓和，营造满汉一家亲的和谐氛围。

第三，释放新君锐意进取、积极改革前朝政治积弊的信号。移风易俗事虽不大，却是舆论风向标。社会风气的改观，有利于伦理秩序的维护与巩固。

如此有益无害的事情，当然要做。

年熙分析详情：“这些‘乐户’多是忠义之士的后代，沉沦至此，永远不得脱身，想改过自新都没有机会。”

虽知他是传话筒，但还是要鼓励的，雍正赞许地夸道：“此提议甚好，当交礼部议行。”

礼部高官不仅极懂圣意，也理解年熙的特殊身份，默契地给出意见：“压良为贱，前朝弊政。我国家化民成俗，以礼义廉耻为先，似此有伤风化之事，亟宜革除。”雍正明知这事并不妨碍国家大体，极容易获得赞美，就干脆乐得做个好皇帝，索性就下令各省若有类似的贱民，一律准许除贱为良。

说起“乐户”，一部分是从事音乐、舞蹈的人士，一部分则是官妓。李斗的《扬州画舫录》就有界定：“国初官妓，谓之‘乐户’。”山西“乐户”由来已久，甚至可上溯到明朝初年时。明成祖朱棣夺位，盛怒之下将一些抵抗官员的家属打入“乐户”，押到山西。如名将铁铉因顽强抵抗朱棣，被俘后又誓死不屈，朱棣大恼，杀死铁铉之后，将其两个女儿贬为官妓。

这些“乐户”，因身陷乐籍，地位低下，很想脱离贱籍。而地方政府的官僚们需要这些贱民服务其娱乐活动，绅衿恶霸也以蹂躏“乐户”为乐趣。对长期习惯于欺压并要弄他人，又自诩“高贵”的人士而言，尽管皇帝并非降低他们的地位，可允许贱民从良，等于践踏了他们的高贵。

来看看“乐户”低贱到什么程度。普通的民间“乐户”，主要为婚丧嫁娶、生日庆典、老人祝寿等活动提供服务。作为贱民，“乐户”不能与良民通婚，只能在其内部选择配偶，结成所谓“行亲”，也即贱贱结合，是必须之选。子女一出生，便是“贱二代”，要带着标签过一生。作为贱民，更没有接受教育的权利，出仕更是妄想。这些人的衣食住行，受到严格的限制：他们必须头裹绿巾、身着绿衣；吹打在前，吃饭在后；修房不准起门楼，屋顶不准安兽头；行路须在道路两侧，不能居中。

你想想，一向如此卑躬屈膝的人，一下让他们脱离贱籍，哪有那么容易？来自各方的阻力肯定不小。

首先，官绅皆不乐意。以前你对我低眉垂眼，如今却一下地位相等，这怎么可以？

雍正宣布贱民除籍，从中央到地方的官员都无法反驳，却在无形中制造隐形的墙壁——脱籍不代表实际意义上的彻底解脱。

官绅集团接受贱民脱籍的底线是：贱民可以从良，但不许参加科举考试。

当然，这是潜规则，没有明确的告谕。

这种软对抗的策略，取得了效果，也深受各界拥护。官员们当然不愿意仕途团体里忽然混进一个曾经的贱民——他们把这视为对他们的侮辱。

对刚刚从良的贱民来说，也不敢奢望刚脱籍就读书为官。

任何事物，一旦长期形成一种社会习惯，突然的打破带来的裂痕，总是需要时间来修补的。这一潜规则，直至乾隆三十六年（1771）才由陕西学政刘增上奏朝廷，公开摆到桌面上："乐户"必须在报官改业四代起，本族亲友皆清白自守，方准报捐应试。

这个规定，极其严格。"乐户"在其直系四代之内，即使本人已不习贱业，但只要其"亲伯叔姑尚习猥业者"就无权报捐应试。另外，如果"乐户"在削去贱籍后，却对官府隐瞒不报，即使已经无人从事该业，其四代以内的子孙也不能应试。

虽然雍正对"乐户"大开仁慈之门，有些"乐户"却最终"并不领情"，脱籍后依旧从事这一行业。这是因为，虽然明朝开始，少数"乐户"也曾拥有土地，毕竟是少之又少。对大多数"乐户"而言，音乐、歌舞是他们赖以谋生的手段。尽管身份低贱，可他们却早已习惯了此业，反而厌恶农业劳动。而且，当地民间有丧葬或者喜事了，也需要这些"乐户"来营造气氛——这种市场需求，促使很多"乐户"又重操旧业。

雍正坐在紫禁城内，为实施贱民脱籍而无比欣慰，民间的贱民却并未真正意义上抛弃旧业。

不可否认的是，雍正的出发点是好的。他希望子民人人平等，和睦共处。

2

一旦看到政策有效果，雍正就会将其发扬光大。

雍正索性推而广之，将宫中的“乐户”也予以裁革，让其从良，另外采取聘任制，挑选精通音乐的良人到教坊司做乐工。

看到雍正允许“乐户”脱籍，别的官员也想模仿，做点政绩。

雍正元年七月，两浙巡盐御史噶尔泰上奏折，请求除豁浙江绍兴府“惰民”丐籍。这些“惰民”，原为宋朝罪俘遗胤，多年来受尽屈辱，男子只能从事捕蛙、卖饼等小买卖，或者充当吹鼓手，演戏、抬轿等。女子则多为媒婆，或者为出嫁新人梳理头发、穿珠花、当伴娘，或者做收生婆，甚至沦为隐形妓女。这些丐户，不得列于士、农、工、商四民之流，也不得参加科举考试。

雍正听着，“惰民”与山西“乐户”类似，有心直接颁旨，考虑到这是公开形式的上奏，应该走走过场，公事公办，就命礼部议奏。

这一次，礼部却有不同看法：“惰民”捕蛙、卖饼、穿珠、做媒，都是贫民糊口的手段，若是将他们除籍，就是不准许再做这些事了，反倒让他们无法为生，不同意削籍。

这是山西“乐户”除籍后，地方官员反馈给礼部的信息引发的上层高官连锁反应。礼部为保护官绅利益，才做出这样的答复。

礼部官员弃民情而“官绅相护”的狡猾小心思，瞒不过雍正，他说：“此亦系好事，部议不需要发表不合的意见，将原本发回，再议后具奏。”这种强硬态度，明确告诉礼部官员，必须议论出个“同意”的结果来，否则我不满意。

礼部再议，虽然并不情愿，也只能顺从皇帝的意图，同意“惰民”削去丐籍。

雍正就是这脾气，只要他认定的事情，臣下无须犟嘴。否则他会不厌其烦地给你上课，直到说服你为止。

之后，雍正又批准广东沿江沿海地区的“疍民”（采集珍珠的渔民）上岸居住，给予其土地，编列入户，不得借端欺凌驱逐。

雍正五年，雍正亲自提出安徽宁国府“世仆”、徽州府“伴当”的问题，命令安徽巡抚魏廷珍核实情况并给出处理意见。

雍正掌握的情况是：“伴当”“世仆”也是贱民，几乎同“乐户”“惰民”境况一样。

甚至让他感到震惊的是，有些相邻的村庄，两个姓氏不同，这个姓竟然是另一姓的“伴当”“世仆”。低等级的姓氏遇到另一姓婚丧之事，必须全部去从事服务，活像奴隶。可问起来究竟是哪年哪月成为“世仆”的，谁也说不清楚。

雍正讨厌这种陋习延续在当朝，这是耻辱的，也是不公平的。他就是要激励这些低贱的人，通过获得新生，奋发向上，感恩天朝。

魏廷珍接到雍正的旨意后，领悟此事干系重大，反复衡量，最后拿出了区别对待、逐步实施的办法：绅衿之家典买奴仆，有文契可考的，未经赎身者，本身及其子孙还应该听从原主人的使役；即便已经赎身，赎身者本人和在主家所生子孙，还应该保留原有的主仆名分；奴仆在赎身后所生的子孙，与原主没有任何关系，也不应该再有主仆名分，应该准许豁免为良；至于年代久远，没有文契，也不受主家养育的，一律不得以“伴当”“世仆”对待。

魏廷珍的办法，有理有据，得到雍正赞赏，批准照此执行。

《红楼梦》里也有个宁国府，和雍正此时改革的宁国府并非一处。安徽宣州的宁国府，在南宋时叫“宁国军”。“军”算是半军事化管理的地方。南宋孝宗皇帝登基以后，把宁国军升格为宁国府了。因为宋孝宗赵昚在进皇宫之前，曾住在宁国军辖区内。依宋朝惯例，凡是皇帝登位前居住之地（时谓潜邸）或出生地，皆升格为“府”一级地方政府。元代，元世祖忽必烈又改为“宁国路”。之后，明朝朱元璋再改为“宁国府”，至清一直沿用此名。

《红楼梦》的作者曹雪芹借用的“宁国府”虽然并非此处，但书中描述的官绅集团生活场景却是一样的。尤其是曹氏大家族中，确实有“世仆”“伴当”等存在。我们在欣赏曹雪芹卓越的文学才华的同时，对书中那些地位低贱的仆役、家奴命运给予同情时，更应该追本溯源，感谢雍正做出改革，让“世仆”“伴当”等群体脱离贱籍，从法律地位上，给予他们人身自由。

3

法国思想家伏尔泰在其著作《路易十四时代》中写道：“新帝雍正爱法律、重公益，超过父王。帝王之中无人比他更不遗余力地鼓励农事……雍正降旨，帝国各地处理重罪案件，未呈皇上本人亲览，不得对人犯处以极刑。颁布这一敕令理由有二，两者均与敕令同样可敬。其一为，不得视人命如草芥；其二为，君王须爱民如子。”

雍正让贱民脱籍，目的是要移风易俗，鼓励耕种，重视农业，同时减少贱民作乱。这一仁政，实施之初，也确实收到了一定的效果。

“乐户”除籍，“令下之日，人皆流涕”。

噶尔泰请求削除“惰民”丐籍，说此举“使尧天舜日之中，无一物不被其泽，岂独浙省‘惰民’生者结环，死者衔草，即千万世之后，共戴皇恩于无既矣”。雍正释放贱民的仁政，确实也迅速提高了他的威望。

但改革固定形成的旧习俗，并非一朝一夕的事情，别说官员和绅衿们难以一下割除心里的芥蒂，即便是改革的发布者——雍正，其实内心里也很难绝对公平地对待这些贱民。

我们举个例子。

宫廷里“乐户”从良后，教坊司重新选拔人员充当乐工。按说这些人是良民，身份应该高于原贱民“乐户”。

某一日，雍正突发兴致，在日理万机之中要拨冗观看一出戏。教坊司当即安排，戏曲演的是常州刺史郑儋打子。

戏剧表演得很精彩，雍正也很满意，称赞演员曲艺俱佳，还赏赐了食物。

受了褒奖的女主角吃着御赐之食，深感皇帝如此平易近人，就忘了分寸。她随口问同伴："现任常州令是谁？"

这句话本是无心之问，不料由于声音较大，被一旁的雍正听到了，当即勃然大怒，骂道："你一个优伶贱辈，怎能擅自询问官守的名讳？"

冒犯龙颜圣威的女主角和戏班子成员顿时感觉问题的严重性，慌忙集体跪下，请罪求饶。

但这丝毫不能动摇雍正的教育、惩戒之心，他冷冷地说："此风实不可长！"于是，强悍的侍卫们赶来，将可怜的女演员当场残忍地杖杀了！

此事发生在哪一年，已无法考证，但应不假。因为这事是被生于乾隆后期的第八代礼亲王昭梿当作"世宗万机之暇，罕御声色"的经典案例宣扬的，是要表明雍正忙于工作，很少看戏，却在不经意中表现出雍正作为封建皇帝翻脸比翻书还快的残忍一面。

任何一项改革都是这样，雷霆暴风过后，是潜移默化的改变，直至被广大民众和执行者所接受，才算成功。像伤口自愈过程，瘀血慢慢被吸收才不会留下疤痕。改革，从来就不是一蹴而就的。

整体来看，贱民除籍，对缓解社会矛盾、消除暴力反抗、适度控制地方乡绅势力扩张、适应统治者加强中央集权的需求、推动社会生产发展，起到了积极作用。

雍正除豁虽有一定的局限性，却不能低估这一改革措施的意义。他能下决心扫除有一千余年历史的贱民制度，没有踏石留痕的作风是不可能落到实处的，这一举动在中国历史上具有划时代的意义。

康熙始终没有下决心做成的事情，雍正做到了。这种铁腕理政的气魄，愈加验证，作为康熙的继任者，雍正是合格而优秀的。

臂膀：人才使用不设框框

雍正之外的“雍正”：允祥

1

历史上，好多反对者说雍正刻薄寡恩、杀兄屠弟，但他和十三弟允祥却是一脉同气、休戚与共，兄有情，弟有义。

胤禛登基，为避皇帝名讳，康熙所有皇子皆改名字里的“胤”字为“允”。允祥享受的最高荣誉，就是可以用“胤祥”二字。这是雍正在失去允祥后，以最独特的方式寄托哀思，暗喻十三弟可以和皇帝平起平坐。

允祥去世于雍正八年五月初四，正是夏日。一直忙于政务的雍正听说允祥病重，急匆匆冒着酷热亲自前往探视。来到允祥府中，还是迟了一步。对这位全心全意辅佐他的臣弟，雍正怀着深深的内疚感。他悲恸万分，做出决定，辍朝三日。这对于惜时如金的雍正来说，是破例中的破例。

初五，雍正再次来到允祥府中祭奠。面对着英年早逝、仅仅四十四岁的弟弟的灵柩，雍正无法抑制悲恸，发出深切的感怀：“怡亲王薨逝，心中悲恸，饮食无味，寝卧不安。王事朕八年如一日，自古无此公忠体国之贤王。朕待王亦宜在常例之外。今朕素服一月，诸臣常服，宴会俱不必行。”

皇帝为臣弟穿丧服一个月，这也只有雍正这样重感情的帝王能够做出来。为了允祥，取消全国所有宴会，众大臣皆穿日常衣服，规格之高，愈加衬托出雍正心中的悲哀。

雍正觉得允祥是“显名厚德为宇宙之全人”。雍正总结他的功绩，说：“辅政之初，阿其那包藏祸心，扰乱国是。隆科多作威作福，揽势招权。实赖王一人挺然独立于其中，镇静刚方之气，俾奸宄不得肆其志。”

“俾奸宄不得肆其志”——让一切内外坏人不能任意胡为！这句话说得何其豪迈！我们能想象出，雍正即位之初，允禩集团扰乱，隆科多等人恃功自傲，反腐导致百官私怨不断，层层重压之下，允祥一人挺立，镇住了歪风邪气，要承担多大的精神压力啊！

尤其是，雍正是皇帝，可以随时发怒示威，允祥却不能和他一样。

允祥在众皇子争太子时被父皇圈禁数年，磨去了心性里的燥火。雍正即位时，允祥已经三十七岁，洞悉四哥面临的政治困局。分析形势后悟出心得，朝廷亟需他在皇帝与众臣之间充当润滑剂，于圆润通畅的政治气氛中解困纾难。

“奸宄”，明暗皆有。雍正防明处的“奸”，允祥治暗处的“宄”。“奸宄”即坏人，由内而起叫“奸”，由外而起叫“宄”。雍正眼里，允禩、允禟即为“奸”。允祥心知肚明，那些大大小小的官宦，正躲在暗处，以各种软抵抗方式或百般狡辩抵赖的行为，来抵制四哥推行的新政。

雍正在谅阴期间，任命允祥、马齐、允禩、隆科多四人为总理事务王大臣。允禩当时心情处在皇位被胤禛所夺、极不情愿的状态下，根本不感念雍正的笼络，做所有事均阳奉阴违。马齐此时已经七十岁，既是资深元老，又是允禩忠实拥趸，虽被雍正封为总理大臣，却办事装糊涂，遇事多搪塞。隆科多仗着在雍正继位时的“盖世功劳”，陶醉在雍正朝第一辅政大臣的角色里，为人又狡诈傲气，这时只顾着颐指气使，摆足威风，说硬话却不办实事。

唯有允祥一人，全心全意出力帮兄长。

雍正元年，设立会考府，命允祥主事。允祥同时奉命管理户部三库、户部事务。三库是银库、缎匹库、颜料库总称，库里装着整个朝廷用度。

允祥成了雍正朝的财神爷。对于一心要查出贪官、清补亏空的雍正来说，这个位置非允祥莫属，放权给谁他都怕钱袋子会出窟窿。

允祥是雍正在众皇子中唯一结成同盟的兄弟。

允祥生于康熙二十五年（1686）十月初一，他“生秉粹质，至性过人”。懂事后，“祗服慈训，先意承志，靡不周悉”，深得康熙宠爱。自康熙三十七年允祥十三岁起至康熙四十七年，每逢出巡，康熙必会带上钟爱的允祥。但因允礽第一次被废太子时，情况紧急，康熙担心允祥和允礽一党，事态不明时采取笨办法：将其圈禁。皇家父子相疑，儿子被当作囚犯，并不鲜见。

自此以后，忠直善良的允祥开始失宠，虽绝不参与太子争夺，却再也没有赢得父皇的信赖。这或许也与其生母不受康熙宠爱有关。但在雍正登基后，允祥生母最终被连续追授两级（家族脱离包衣籍，其本人升为皇贵妃）。并且，雍正再次格外施恩，开妃子从葬帝陵的先例，让她随康熙入葬景陵。这一切，都是为了给足她儿子允祥面子。

“治大国若烹小鲜”。雍正给你恩宠，开小灶时就用最好的菜肴。宠臣得势时可以独享皇帝亲手秘制的“私厨佳肴”，一时飞入云霄；但失势后又一时跌入谷底，尝尽冰火两重天的煎熬。所幸，允祥不忘初心，始终拎得清何时该是君臣，何时该是兄弟，界限分明，从不越矩。

允祥小雍正八岁，两人关系最亲。雍正还是允祥的数学老师。每逢塞外扈从，兄弟俩形影相依。众兄弟集会赋诗，允祥常拿着自己的诗请四哥把关。允祥因太子事牵连失宠，康熙出巡不再带允祥。胤禛单独扈从时，允祥就赠诗表达兄弟情，多达三十二首。雍正将这些诗长期珍藏。

雍正在出版自己的诗集时，把这三十二首诗收在诗集后部，以传永久。允祥去世三周年忌日，雍正亲制祭文，回忆起以前兄弟情深，感慨万分地说：“贤弟保持良好的恭敬兄长之道，我也特别怀念深厚的朋友加兄弟情谊。”一句话道出，两人为兄弟真挚情深，做君臣联手政务和谐默契。

皇帝是天下最难交的朋友，允祥准确把控感情、拿捏尺度，做到了人臣的极致。

2

允祥主管钱粮奏销的会考府事务，领会到雍正铁了心改革的用意，死死地守住底线，扎紧钱袋子，很快就清除积弊，堵塞漏洞，稽核精密，严格收支出纳制度，浮费大减，使雍正年间的国库为清朝历代最充足。

国库充足，允祥就想着帮雍正攒点福报，以民众呼声压倒朝中流言。

雍正三年，允祥奏请酌减江南苏松浮粮。浮粮，说穿了就是征缴的公家粮过重的部分。这是明朝留下的积弊，主要是江南的苏州府、松江府和浙江的嘉兴、湖州，粮赋过重。

这种过重的粮赋，其实是朱元璋的报复行为。明朝史学家谈迁的《国榷》中记载："国初总记天下税粮，共二千九百四十三万余石。浙江二百七十五万二千余石，苏州二百八十万九千余石。"由这条记载可知，明朝初年全国征收税粮合计二千九百余万石，浙江一省征收二百七十余万石，而苏州府却征收了二百八十余万石。

这是因为，苏州曾是元末大军阀张士诚的国都，张士诚与朱元璋水火不容。朱元璋调集大军围攻苏州（时称平江府），张士诚率领苏州军民众志成城，与朱元璋大军展开拼死搏杀，激烈的苏州围城战持续了将近一年，朱元璋虽然取得了最后胜利，但也伤亡惨重，付出巨大代价。因此，夺得天下后的朱元璋迁怒苏州百姓，一气之下将豪族及富民的田地没收为官田，按私租征税。

其余三府虽无苏州粮赋重，情况和理由均与苏州相同。清朝按明例征收，康熙时曾几次命廷臣议减，都因条件不足、意见不一而止。南征北战，康熙是一把好手，处理棘手政事，却如庸医，明明看到脓疮流出毒水，却不舍得利刃剜肉，只敷衍地贴几贴不管用的狗皮膏药了事。或许他懂得疾患，却碍于保护"仁德"名声，不肯下刀。他也知道自己的"仁政"里水分很大，所以痛恨

“仁德”，才会在选太子时对“贤德王”允禩看得透透的，甚至带着作呕的成分予以痛击。

康熙不想吃苦药，就传位给甘愿吃苦的雍正，这或许是雍正继位最正当而冠冕的理由。

这时，允祥提出减赋，雍正没有理由不答应——他不喜欢“仁君”却很需要“明君”这顶帽子。

雍正一张口，就批准每年减少江南正额苏州府三十万两，松江府十五万两。浙江的嘉兴、湖州，江西的南昌，共减十六万两。合计每年减少六十一万两。此外，对各省又依次轮流蠲免当年粮赋，共计数百万两，民间负担从而得到减轻。

雍正赠送过允祥一首诗，其中这样赞誉：“经理度支需赞画，畴咨水土奏丰穰。”这说的是允祥发展农业的实绩。

在顺利执行雍正朝财政改革后，允祥又把目光瞄准了农业。封建王朝历来把农业当成第一要务。

允祥从京城附近着手，改良农田。

当时，直隶由于水系庞杂，致水涝灾害频发。雍正三年，直隶再遭水灾。雍正总是把最艰巨的任务交给允祥，命他总理京畿营田水利事务。

十二月，冒着凛冽的寒风，允祥与大学士朱轼走到田间地头，实地勘察，掌握了第一手资料。他拿着规划好的疏通河道、筑堤置闸、开引河、开挖入海直河、区划田土疆界、开挖沟渠等水利图，来见雍正。

雍正十分了解允祥务实的作风，但见到如此详细的水利图，也不禁大吃一惊：“怡亲王，你受苦了。这是把直隶东西南三面数千里的地方都走遍了，大河细流，都被你刨根问底摸了个透。如此周详的筹划，朕感佩不已。也只有你，时时替朕想着天下苍生啊！”

允祥趁机说：“臣有想法，不如设立个营田水利府，将直隶诸河分为四局管辖，专一做水利事，可行？”

“你如此劳心，朕心疼啊！只要是你所奏，没有不准的。”

允祥谦逊地说：“功劳不全是臣弟的，大学士朱轼也功不可没。”

雍正点点头：“朱师傅是个实在人，学识高，又肯脚踏实地，你没有选错人啊。”

“皇上看人准，臣弟才有福做点事。”

允祥提到的朱轼，这时已六十岁，是康熙朝老臣。但其却能不顾年迈，忠心耿耿随允祥兴修水利，确为难得良臣。

朱轼小时即为神童。七岁时，有人指着木匠锯板，叫他作“八股文”的“破题”，他应声答道：“送往迎来，其所厚者薄也。”破题是八股文的开篇部分，要为圣人立言，更要能提起下文。朱轼的破题，从表面上看，讲的是锯板，送过去，拉过来，使厚的木材变成薄板；从字句蕴含的深意看，破题中活用了《大学》里的字句，可理解为人情冷暖，随着地位情况的变化，深厚的友情也会变得淡薄。

允祥做事，也和雍正一样，极其认真。修河造田，他亲临指导。辟荒地数千里，专门招募农民耕种，又聘请了南方农民到京城教种水稻。一年初见成效。数年之后，使京畿灾荒洼涝地区，变成了千里良田。直隶水稻丰收后，因北方人不爱吃大米，允祥奏请政府拨款按价收买，鼓励了农民种水稻的积极性。

直隶治水成功后，允祥转过身又奏请修复江南水利。

允祥越用心，雍正给他的担子越重。分配他管领汉侍卫、督领圆明园八旗守卫禁兵、养心殿监理织造、诸王子事务、雍正旧邸事务、选择雍正陵址等诸多事，导致允祥身体渐渐有些吃不消。

雍正只顾着大刀阔斧改革，并未注意到允祥的身体健康。人在壮年，最怕透支身体，可雍正和允祥却和这个年龄的普通人一样，总以为自己还年轻，一切都耗得起。

3

雍正至刚，允祥却是柔中带刚，因此，他成为雍正与众臣之间的调和剂，也是雍正的忠实代理人。重要的诏令由雍正发布谕旨，允祥负责传旨，说是传旨，其实是对旨意的解释，官员们听后，自然就根据允祥所交代的去办理。

有些旨意是直白的，有些旨意却是暗藏玄机的。雍正对“话里有话”这个套路非常熟悉。他要你反思，你就必须反思出符合他意图的结果来，否则就会大祸临头。比如，雍正初年，年羹尧、隆科多也和允祥一样，享受过“传旨”的殊荣。但这两个人都没有拿捏好，就是没看懂旨意里的玄机，结果不但失去传旨特权，还送了性命。

雍正对允祥的信任无以复加，把他当成了“另一个雍正”。雍正反对官员结党，但不反对官员和自己关系友好。同样，也不反对官员和“另一个自己”（允祥）亲近，甚至还充当中间人，鼓励他们跟怡亲王多接触。雍正说，怡亲王公廉忠诚，是当代诸王大臣中第一人，任何人都可以大胆与他交往。

雍正二年十二月十三日，河道总督齐苏勒上奏折，雍正趁机劝说：“你与怡亲王没有交际，现在朕准许你多与王交接，不要疑虑。以后可以趁上奏折的机会，多问候、亲近，保准对你有益无损。”雍正自己不怕做恶人，但他不想允祥吃亏地分担恶名；反过来，允祥身边有了贴身近臣，好多政务就会推行得越来越顺利。

长期管理百官，雍正洞若观火。但有些话，大臣们无法直接奏给他听。如果有允祥这个缓冲地带，就能听到更多的真话，也能劝说很多的大臣。当雍正准备收拾年羹尧时，先要斩断其根脉，于是就直截了当地告诉直隶总督李维钧：“诸王大臣中秉公为国家爱惜人才者，惟怡亲王一人。你如果有什么不便直接跟朕说的隐情，怡亲王全部都能照拂，可保你周全。卿何不选择这条可以不担干系的坦途？”

允祥并不都乐意交往这些雍正提到的官员，但也不反对皇帝的建议，乐意充当官场润滑剂。

重庆总兵任国荣就深深感受到了允祥的这种格外关心，在奏折里说："我五年准备赴任时，刚行至卢沟桥，恰好遇到怡亲王回京，怡亲王将我传至行台，赏赐美食，还赠送了二百两盘缠，并且一再嘱咐我，不要对皇帝说这件事，只要好好为官，就是报效皇上。"

允祥的私下疏通，确实加深了好多大臣与皇帝的感情，使他们甘愿为朝廷出力分忧。

躲在暗处的敌人数不胜数，允祥通透地知道，自己能够为雍正选拔人才的重要性。只要瞅着机会，他就真诚推荐。

允祥告诉雍正："允礼居心端正，是忠君亲上的深明大义之人，应该重用。"

雍正不太相信这个十七弟允礼，总觉得他也是允禩的党羽，即位后罚他和十四阿哥允禵一起给先帝守陵。

雍正犀利的眼神看向允祥："果真没有问题？"

"确实可用。"

"那就用！"

为让推荐人允祥有面子，雍正把允礼封为果郡王，不久又晋封亲王。这种施恩，雍正并不为让允礼感激自己，自己和允礼之间隔着一个"怕"字，他要努力为允祥和允礼中间增加一个"亲"字。

雍正对允祥，绝不假惺惺，直接安排允礼管理工部、户部和宗人府的事务，让允礼成为"第二个允祥"，可却态度明确地说："朕所以任用果亲王，实在是因怡亲王推荐的缘故。"

同样级别的两个亲王，雍正就是要旗帜鲜明地昭告天下：怡亲王是王中之王！

大家比较熟悉的李卫也是允祥举荐的。根据雍正自己的说法，李卫原本只是户部的一个郎中，自己压根儿不知道这个人。也是允祥在他面前极力保荐，说此人可当大任，于是才对李卫加以提拔，最后官至浙江总督的高位。

雍正初年，青海叛乱，雍正用年羹尧领兵进剿。对年羹尧的过度重用，引起另一位宠臣隆科多的不满。隆科多的心理很阴暗，皇帝对其他大臣的恩宠超过他，就是分散了他的恩宠，他当然要百般阻扰军事计划。

雍正既不想惹隆科多，又担心年羹尧权势过重，将来尾大不掉，因此有些举棋不定。

允祥看懂了雍正的心思，从军事层面分析，力谏："此番军旅之事，既已委任年羹尧，应听其得尽专阃之道，方能迅奏肤功。"

雍正信服，在军事方面，允祥比自己更内行，就毫不疑惑地采纳了他的意见，不从中掣肘。青海迅速告捷。

允祥管理户部、追查国库亏空时，亲临一线，感到株连太广，引起众臣非议，于是婉转地向雍正提出："皇上用法稍觉严厉。"

雍正这一次没有答应允祥："人心懈怠太久，百弊丛生。此时若不惩创，将来无所底止。"但以"猛严理政"著称的雍正，还是把允祥的忠告记下了，当吏治好转时，作了许多宽免，保全了一些官吏。雍正称赞允祥："在关系吏治民生的利弊上，你听到了就说，每一次都说得详细，这是谁也做不到的。"

4

多数人有个固定的印象，以为封建社会断案，如影视剧里一般，动不动就刑讯逼供——其实不然。允祥奉命审理的大狱数十案，极少用刑。

不用刑并非敷衍或徇私。雍正交代的大案要案，允祥均仔细研究案情，以情理判断。

雍正以为他太良善，允祥则发表不同观点："审理案件，可以观察犯人神色判断真伪，以诚待之，据理服之，大多能得到实情。"他认为，若是所有人都用重刑，什么口供求不到？可那样会产生多少冤屈之人？

雍正将允祥的这种办案理念，命各省有司衙门刻在柱石上，时时警醒。

雍正对允祥的信任，逐渐扩大到很多地方。雍正七年（1729）六月，准备对准噶尔用兵，但雍正感觉到，内阁是横亘在皇帝和军事要员之间的障碍。军事讲究兵贵神速，而如果按照内阁既定的步骤行事，会贻误战机。可他又不能撤销内阁，那样显得太过武断。

这种心思和深谙军事之道的允祥说过后，允祥也有此忧虑。

雍正另辟蹊径，隔过内阁，设立军需房（一年后改为军机处），专门解决军事问题，主持的官员可以直接与皇帝商讨军事。

如此重要的岗位，自然是允祥主事。成员包括雍正第一秘书张廷玉等人。

允祥一手握钱粮钥匙，一手握军事大权，保证了军中人员调度、军事供应等诸多方面顺利而及时地得到解决，为前线将士作战取胜提供有力支撑。

兄弟如此出力，雍正总要有所表示。允祥封王后，雍正就说："朕这个十三弟，皇父在世时太过清正廉洁，家计困难，朕要按旧例，赏赐二十三万两银子。"

允祥坚辞不受。

雍正再劝，允祥再辞。雍正反复劝，允祥无奈之下接受了十三万两。这时两兄弟之间的推辞，绝不是君臣之间的务虚做样子。雍正是真心觉得有必要给，允祥是真心不要，非作秀。允祥看透了本质，皇家身份已经尊贵到极致，无须再用钱财装饰。

雍正却非要用恩赐的方式一而再地表达关怀。他查了查档案，找到奖励亲王的高级待遇——父亲康熙奖励他的弟弟福全（裕亲王）的先例，让允祥支取官物六年。这六年时间里，允祥可以随意领用宫中的物品。这又是"准雍正"才能享受的特权。

允祥拿捏尺寸的准度，来自他和雍正的同一种秉性——你可以给予，我却坚决不能要。不然，连君臣都做不好了。

允祥已经从父亲那里领略过爱新觉罗皇族仁慈与残暴交织的滋味，他不想悲剧重演，只想安安静静、诚诚恳恳地全心辅佐皇帝雍正做点实事，他已经没有四哥了，血缘上的联系是兄弟，在朝政上，必须时刻保持君臣关系。

允祥不接受这样的赏赐。雍正摇着头，无限可惜地采取折中的办法，下令增加允祥属下佐领的数量——把原来由允祥兼管的佐领，正式划归他属下，同时增加允祥侍卫和亲军的数量。

增加亲兵等行为，预示皇帝对你无限信任，暗含“你绝不会造反”的公告。允祥只能接受，因为他真的不会反，亲兵再多也无所谓。若是仍不接受，反而会引起雍正反感，觉得兄弟不亲睦了。

雍正要把压制允禩等人造成的恶劣影响扭转过来，就必须加大对允祥的赏赐力度。因允祥太过固执，雍正便从他的家人身上入手。雍正二年，封允祥的女儿为郡主，女婿为和硕额驸。雍正三年，要再赏给允祥家一个郡王的名额，让他在自己儿子中挑选一个受封，允祥不同意，雍正就改为给他增加俸银1万两。雍正四年，书写“忠敬诚直勤慎廉明”八字匾额赐给允祥，历数了自己继位以来十三弟的各种功劳和美德，表明他当得起这八个字中的每一个字。

这种过度的恩赏越多，让允祥承受的心理压力越大。

雍正四年十月，允祥刚过完生日，雍正就命令大学士马齐为正使，领侍卫内大臣马武为副使，带着册宝，正式册封允祥为“和硕怡亲王”。这是在“怡亲王”帽子顶上再添红缨，因爵位已加无可加，只能用“和硕”二字让亲王头衔再度耀眼。

这种极其正式地让重臣担任正副使节、带着册宝去册封的做法，以前仅在册立后妃时才使用。雍正就是要用许多超常规行为，既真诚表达对这个弟弟的感激，也借机堵住臣民说他“杀兄屠弟”的口。

此后，雍正再续隆恩。允祥第三子弘暾、第六子弘昑去世后，雍正均下令按贝勒的规格安葬。

雍正的过度恩赐，让允祥背上了沉重的心理负担，他怕自己有丝毫的瑕疵引发雍正的不满，反而变得战战兢兢，开始有意躲着雍正。

雍正八年，听说允祥生病，雍正就一直嚷嚷着要来看他。

当时雍正居住在圆明园，允祥居住在交晖园，两个地方虽然很近，可允祥却宁愿拖着病体，每隔十天半个月到圆明园去拜见雍正，也坚决不让“皇帝”

来看“和硕怡亲王”。

这并非兄弟俩关系越来越远。允祥以极大的忍耐力，在即将走完人生旅程的最后关头，尽全力保持君臣和谐的典范，不让这种关系蒙上一丁点儿灰尘。

到允祥病情加重，确实难以保持十天见一次皇帝时，就撒谎说：“臣弟是在交晖园发病的，也许换个地方住会好一点。”雍正怜惜地看着被病痛折磨的皇弟，连忙充满祝福地说：“好，好，都随你。”

允祥骗过了雍正，顺利搬到西山去住。距离远了，病情轻重，雍正看不到，就不会分心惦记了。

四哥还是四哥，十三弟却已不是十三弟，允祥用生命维持着君臣最后的尊严。

雍正整天只顾着忙碌，听到允祥病重的消息，急匆匆赶到时，兄弟两个还是阴阳相隔，没能见上最后一面，留给雍正无尽的遗憾。

雍正穿素服一月哀悼弟弟，其心是疼痛而酸楚的，也让他这个贵有天下的皇帝心生无法唤回“十三弟”灵魂的无奈。

允祥临终前留下遗言，去世后只穿常服，一切金玉珠宝之类都不许用。王妃和儿子们谨遵他的遗言，丧事办得特别俭朴。

逝者为大。雍正这一次也十分尊重十三弟，强忍住要恩赏的心，颤颤巍巍地把带有自己血泪的巾帕和随身佩戴的香囊放入棺中，一同入殓，以示兄弟生死相依。

这一刻，君臣已不见，有的只是四哥痛失十三弟的凄苦。从此后，世上再无怡亲王，只留雍正理政忙。

夜间批阅奏章，停笔凝神时，抬头仰望，雍正或许会望见曾经的胤祥！对，胤祥！十三弟！

行走的档案馆：第一秘书张廷玉

1

张廷玉真如一块玉，服务了康熙、雍正、乾隆三个皇帝，且三个皇帝都对他较满意。

张廷玉的“臣道”秘诀很简单，就是少说话多做事，严格遵循着黄庭坚说过的“万言万当，不如一默”。

他还十分推崇“恕道”，曾在自己的著作《澄怀园语》中写道：“凡人看得天下事太容易，由于未曾经历也。待人好为责备之论，由于身在局外也。‘恕’之一字，圣贤从天性中来。”

“忠恕不离，敬恕一贯”成为张廷玉的座右铭。

雍正是皇帝，说话时自然不必忌讳，多是口语化，边想边说。可张廷玉这时就要集中精力，不但要听得清楚，还能瞬间将零散的口语变成规范的文言文，很少涂抹。这种出色的秘书天才，深得雍正喜欢。往往雍正刚说完，张廷玉已经将一篇条理清晰、文采斐然、没有任何漏洞的文言文写就，化为圣旨。

雍正对这个汉族第一大臣的过人能力赞不绝口：“彼时在朝臣中，只此一人。”

可张廷玉却并不以自己的这种本事为骄傲资本，总是推己及人，设身处地为别人着想，坚守着修身之道。

很多人经历过事情后，并不能很好地领悟其精髓，张廷玉以为：“中人以上者则阅历而后得之；资秉庸暗者虽经阅历，而梦梦如初矣。”他觉得，资质属于中等以上者，或许在经历之后能有所感悟，从中得出规律；而那些资质平平者，虽经过多次，却一如既往地坚持自己的固有观念，不思改变。

张廷玉知晓自己的汉人身份，作为皇帝身边的近臣，如果不懂满语，就会成为半个聋子或者瞎子，听不懂或者看不懂皇帝的用意。他专门花两年时间学习满语，“研究清书，几忘寝食；馆师每试，辄取第一”。

更深一层的意义在于，清朝统治者对于最机密的事件，一定是用满语记录的。如果不通晓满语，就永远无法走进核心决策层。汉语和满语是完全不同的两种语言，有着无法逾越的障碍。

张廷玉作为雍正第一秘书，精通满、汉语言，又坚守着缄默为主的侍君之道，所以越来越受到雍正的赞赏。

尤其对于雍正这个极度自信的君主，近臣乱插话或者说错话，随时都能引来一顿数说。

仅仅这些还不能达到让皇帝“离不开”。张廷玉堪称是移动的“官场百科全书”，他能完整地记得清朝每个高级大臣的出身背景、主要经历、做过哪些大事。几百号人的履历，每天每时都像放在他面前一样，雍正可以随时“调阅”。

有些不太重要的官员，雍正明明见过多次，却不能准确叫出官员的名字。张廷玉的这个超强记忆才能，让雍正佩服不已，对他说：“衡臣（张廷玉字衡臣），你一天做的事，其他人十天也办不到。”

在皇帝身边当秘书，最受宠的资本就是让皇帝用起来顺手。雍正对张廷玉，就是这样的感受。

张廷玉对自己的地位拿捏得很准，即使再受宠，他也永远无法和怡亲王允祥比的，所以，他愈发注重加强“臣道”的修养。

“臣道”的精髓，就是学会阴柔，要把所有功劳都归功于君主，自己要默默无闻。

雍正是个强势的君主，必须随时都对。不能显得比皇帝高明，这是张廷玉坚守的底线。他有时候想出某个点子，也要想方设法让它变成皇帝的思维，让这些智慧成为皇帝的智慧。

一旦在皇帝面前表现出自己的聪明，就等于种下了危险的种子。

雍正并非好糊弄的皇帝，如果一味逢迎，他是会发出信号的。张廷玉对火候把握得非常精准。雍正若意识到犯了决策性错误，心生懊恼，张廷玉就适时提出意见，让皇帝改正错误；遇到某些头疼的事，张廷玉就讲具体的处理办法，替主分忧；趁着他高兴的时候，给他讲治国的大道；在他发怒的时候，设法消除他的怨恨。

张廷玉心里的尺子，丈量出君臣的分寸。每每出主意，总是引导着，让雍正觉得是自己面前有条路，就该这么走下去。

他也十分注意时时给自己画出红线。年轻时，有一次，张廷玉做主考官，有朋友想买通他，让他透露试题。朝廷对选拔人才十分重视，制定了各类严规，这一点张廷玉比谁都清楚，当即赋诗："帘前月色明如昼，莫作人间暮夜看。"旗帜鲜明地亮明观点：我要做一轮皎洁的明月，你不要把我当成一团漆黑的暗夜。

2

张廷玉以忠恕思想严格约束自己，践履恕道，贯彻始终，渗透表里，日常言行总是自谦而敬人。

为人臣，张廷玉不敢有丝毫私心，甚至谨慎得过度，把一切功名利禄看成"伤人利器"。

雍正十一年（1733），张廷玉的长子张若霭考上进士，中了一甲第三名，即俗话说的"探花"。这要是在别人看来，是光宗耀祖的大好事，必定会喜上眉梢。可张廷玉得知详情后，第一反应是惊惧失措。

他立刻跑进宫内，面见雍正，免冠叩首，开始诉说："自古科举，是寒门子弟的晋升之路，我张家受两代皇恩，已非寒门，犬子不宜和寒门子弟争夺鼎甲。再者，臣和鄂尔泰兄弟同僚多年，如今犬子在他门下中了鼎甲，天下何人不疑我张廷玉？恐怕到放榜时，老臣顾不得庆祝儿子高中，已名节尽毁，遭天下读书人唾骂，好事变成了丑事。"他既要保住自己名节，也要主动替鄂尔泰撇清干系。这就是张廷玉位居高官却很少遭人嫉妒的原因。

雍正说："只要心放得端正，怕什么！"

"我们张家好几个人都中了进士，如今儿子再得探花，这气运太盛。凡事太圆满了不好，恳请皇上把犬子降为二甲。”

雍正大为感动：“衡臣，难得你有如此胸怀见识。朕决定了，将张若霭降低一名，改为二甲第一名。”

张廷玉还在坚持：“这样一来，别人一定会说犬子是沾了老臣的光，有损皇上声誉。”

雍正宽厚地摆摆手：“你不必担心，朕自有办法堵住碎嘴子。”

为了此事，雍正专发谕旨，把前因后果详述一遍，号召群臣学习张廷玉公忠体国、大公无私的高尚情操。

张廷玉这番见识，的确非同一般。在满汉大臣比例并不协调的环境中生存久了，他早已摸准皇帝的心思。汉大臣，满族皇帝绝不会实心实意让你掌控太大的权力，时时都在提防，以防反清扬汉。所以，一个家族高官太多，对皇帝就造成了威胁，张廷玉主动要求降低儿子地位，既保全了儿子，又保住了自己。同时，让年纪轻轻的儿子仕途太过顺利，并非好事，此举意在磨砺儿子，还有一点私心，就是：谦让可以赢得美名。一举三得，做得滴水不漏。

雍正很有意思，你越不贪，他就越乐于奖赏，显示自己并非不体谅大臣。

平时遇到张廷玉做事做得漂亮，动辄赏赐上万两银子。张廷玉推辞不过，只好“委屈”地收下。

“赏你一家当铺吧！”雍正豪爽地恩赏。

张廷玉连忙跪下，坚决表示，皇帝不能轻易赏赐这么丰厚的礼物，会让别的大臣嫉妒的。

雍正笑着说：“谁能做到像你一样，朕一样赏赐。”

“臣做的只是分内之事，全凭皇上调度。”

雍正慈祥地说：“朕心里有杆秤，不但要多赏赐你，便是你的家人，朕也会多加照顾。”雍正还真说到做到，张若霭很快被提拔，年纪轻轻就当上了礼部侍郎。

雍正与张廷玉的默契程度，鼎盛时，让雍正觉得张廷玉如左右手，一刻也离不开。雍正七年，张廷玉因办差有功，雍正在上谕中夸奖，其中有一句话是：“协赞朕之不逮。”意思是，朕有时候想不到的事情、解决不了的问题，有什么做得不太对的地方，张廷玉都能立马给我指出来，帮助我匡扶咎失。

高处不胜寒，是张廷玉始终牢记的。熟读经史的他明白，做人做事要适可而止，天道忌盈，人事惧满，月盈则亏，花开则谢。做臣子定要时时如履薄冰、如临深渊。所以，听到皇上如此高度赞誉，他当即红着脸请求雍正收回夸奖：“协助皇上处理政务，是臣下的本分，是应该做的。如果做不到，就应该受到严惩；而如果做到了，那也是刚好完成了分内的职务。还请皇上收回嘉奖。”

雍正听了张廷玉这话，急言急语地反撑：“朕对大臣从来以诚相待，对公忠体国的贤臣，更会待之以血诚。你有这个功劳，朕才会讲这个话。难道你不相信朕夸奖你的话都是发自内心的吗？”

张廷玉见雍正面有不悦，心知再推辞定会白白惹一顿训斥，这才伏地谢恩。

张廷玉对自己的升迁，始终保持着“搭慢车”的态度。但对于别人，却总会适时提拔，给皇帝进言。他和阿克敦同朝为臣，了解阿克敦的才干。雍正七年，长江一带暴雨洪涝，缺少可用人才监修水利时，他就主动推荐被排挤进监狱的阿克敦出来任职，得到雍正的认可。

3

雍正组建军机处前期，就将最信任的允祥和张廷玉选入，这对张廷玉是莫大的荣耀。

但凡身居高位，最容易引起别人的嫉妒。而张廷玉最大的法宝就是——正。

居官为政，他主张清正廉洁，克制欲望，抵制诱惑；读书治学，他力求守正，不哗众取宠、故作奇谈怪论。

张廷玉是个不断反省的人。他觉得，所有的人得到了一件喜爱的贵重东西，都会想着放在稳妥的地方保护起来。心是身上最宝贵的东西，一个念头好，就会把心放在安稳的地方；一个念头恶，就会把心放在危险的地方。怎么能让我身上最宝贵的东西离开安稳的地方而被放在危险的地方呢？如果这样考虑问题，就未免太不谨慎了。

这是他的著作《澄怀园语》里的句子：“凡人得一爱重之物，必思置之善地以保护之。至于心，乃吾身之至宝也。一念善，是即置之安处矣；一念恶，是即置之危地矣。奈何以吾身之至宝使之舍安而就危乎？亦弗思之甚矣！”

他还极善于以物感悟人生：“向日读书设小几，笔砚纵横，卷帙堆积，不免踞己之苦；及易一大几，则位置绰有余地，甚觉适意。可知天下之道，宽则能容，能容，则物安而己亦适。”这是根据自己平日里的行为得出的为官为人之道。

想想过去，读书安置一张小桌子，上面笔和砚台横七竖八地放着，书本纸卷堆在一起，还免不了自己也蜷缩着难受。等到换了一张大桌子，地方就绰绰有余，很觉得舒适惬意。由此可知，天下的道理，宽大就能容得下，容得下就能让东西安稳而自己也觉得舒适。

他深知，在性格刚强的雍正身边，来不得半点小聪明，于是就时时提醒自己：一定要端正，让皇帝没有一点怀疑。

查阅历史资料，如此重要的大臣，却好似看不到他有什么壮举。这一切，都因为他隐藏得好——他做的所有大事，功劳全是皇帝的。

这种善于守拙，也让他的仕途越来越顺。

对于历代大臣的下场，张廷玉研究得很透彻：

性格过于刚直的，必然没有好下场。比如比干，当着众人的面将商纣王批评得体无完肤，一点不讲究方式方法，下场自然悲惨。

考虑问题片面的，即使是为国效力，也容易引起皇帝的猜忌。比如岳飞，尽管思考着宋朝的国家利益，以洗雪国耻为己任，却无意中触及了宋高宗的私欲底线，最终以悲剧收场。

最危险的就是那些权力过大却不知收敛的人。一旦引起皇帝警觉，觉得你要抢他的蛋糕，自然就会对你痛下杀手。

还有一种情况，便是官员太注重官声。这当然不是说要不计较名声。在张廷玉看来，官员的声誉，不可太盛，要不温不火才好，这样不致引起皇帝的猜忌。尤其是雍正，最忌讳官员结党营私。如果官员名声太大，他必定会以为你暗中藏着什么龌龊的勾当，很容易对你下手。

张廷玉每天下班回家要做两件事。第一件事，就是把一天的大事小事在脑子里过滤一遍，细细梳理，看有没有做错的事或说错的话。如果有，就想着第二天怎么弥补。第二件事，就是把带回来的草稿全部烧掉，家里从来不留文件书信。这是他一辈子从事文字工作积累的最大心得。文字，可以成为飞黄腾达的资本，也可以是他人翻云覆雨时最有力的把柄和证据。

“人生荣辱进退皆有一定之数，宜以义命自安。”张廷玉十分清楚，很多地方官员递上来的奏折，讲的并非实情。但这种冠冕的假话里却包含着官场的很多潜规则，如果非要揭穿，就会引起很多麻烦。

就权力大小来看，皇帝处于绝对的优势。但是，官员却在信息互通上处于优势。在对付皇帝的问题上，如果一件事牵扯到众多官员，他们就会联合起来暗中抵抗皇帝，这是他们官场谋生的本能。

皇帝处理问题或事务，关键是要决断。官员们应付皇帝，小是保官大是保命，所以他们在与皇帝斗法时，更为用心也更为坚决。

张廷玉任职中枢，兼掌吏部，便成为官场的“一只眼”：有时候看到皇上计划重用某人，等到将要重用的时候，有的忽然被参劾，有的生病，有的故去，最后竟然没有受到重用。又常常看到皇上不想重用的人，有的因为他人一句话的推荐而受到重用，有的因为一时没有堪用的人而受到重用。一个人得到和失去、在官场上的上升和下沉，即便君上也不能做主，何况地位更低的人呢？

他慨然而叹：人生荣辱进退，不在君主，更不在他人，而是“有一定之数”，因此他就“以义命自安”，不去刻意追求。老老实实做奴才，对他来说，地位的变化无所谓。处在顺境中的时候，就做退一步的想法；处在逆境的时候，就做进一步的想法。每每遇到事务堆积在一起，繁剧忙碌难以忍耐的时候，张廷玉就自我开解："事情还有比眼下更加繁剧的，眼下这些还算不上繁剧呢。"这样一来，心思自然平静，而事情也就这样料理了。

老实人张廷玉牢牢记住一点，他的工作，就是始终让皇帝满意。所谓尽人事，听天命也。

张廷玉真如玉，温润柔和，常能使杀气腾腾的雍正变得和颜悦色。雍正临终前，除了惦记江山传承，特意留下遗诏：他日，张廷玉配享太庙！这是清朝唯一享此殊荣的汉臣。

孤臣田文镜：用其才，容其短

1

田文镜是大器晚成的典型，也是能臣酷吏的典型，更是勤奋效力的典型。

田文镜眼里容不下沙子，做事风格很对雍正的脾气。对脾气了，雍正就会特别对待。本来雍正是要树立几个特殊典型，准备当作千古君臣典范的。比如年羹尧，本来雍正是要将他树立成君臣无猜的古来第一大将军，可惜种种原因，不得不放弃。

田文镜就是雍正心目中"巡抚中之第一人"。心理上认定后，即使田文镜有错误，雍正也耐心地给他机会，让他改正。因为，在雍正心里："卿之是即朕之是，卿之非即朕之非，其间有何区别？"这句话，雍正是用朱砂写在田文镜的奏折上的，鲜红的字迹里，雍正将自己的名声和田文镜的名声捆绑在一起——这就是为什么田文镜在雍正朝永远受宠的一道铁的防线。

田文镜的大器晚成，着实很"晚"。雍正真正起用他时，他已经六十二岁。缘由是讲真话。

雍正元年，田文镜被礼部派往陕西祭告华山，差事完成，田文镜回京复命。

这时，川陕总督年羹尧奏山西发生大灾，请求朝廷赈灾。雍正自然要调查，便询问山西巡抚德音，德音却说山西没有受灾。

年羹尧是军前大帅，圣眷正隆，雍正自然愿意信他的，可又怕情况不明，造成决策性错误。

雍正将头扭向大学士马齐。

马齐说："此事好办，问一问礼部去祭告华山的人，就知道详情。"

田文镜被召到养心殿。虽是第一次单独在御前奏对，田文镜却有一说一，把他途经山西看到的灾情一五一十地告诉了雍正。

雍正见田文镜虽然年迈，说话却不拐弯，耿直的性格很投自己胃口，当即问："如果朕派你去山西赈灾，是否能完成任务？"

田文镜当即表态：赴汤蹈火也绝不辜负皇上隆恩。

雍正最喜欢这样的硬派官员，很快做出调整：撤掉匿灾不报的山西巡抚德音，着田文镜彻查灾情。

田文镜面临的境况其实很危险。做官到了他这个年纪，本也十分清楚隐匿灾情不是德音一个人的事，是上下官员联动，为了保政绩而达成的联盟。

摆在田文镜面前的，有两条路：完成钦差任务，赢得皇帝满意；被"德音联盟"击溃，轻则罢官，重则丢命。

他当然不愿意六十多岁命丧山西。那么，留给他的，只有杀出一条血路这唯一的选择。

出生于康熙元年（1662）的田文镜，并非科班出身，是康熙二十年左右以纳捐的形式，取得的"监生"资格。这种花钱买进国子监读书的人，是为官的一道硬伤，常常被人鄙夷。现在很多文凭不硬的官员，也有这种骨子里的没底气，一旦有人拿这个说事，他会牢记在心，记恨一辈子。

人最痛的伤疤，最好不要去触碰。揭开伤疤时，他人脓血也会溅你一身。

田文镜二十二岁时以监生的身份被任命为福建长乐县县丞，在长乐一待就是九年。三十一岁时，才升任山西宁乡知县。小小的七品县令，田文镜又干了十三年。

在底层熬过二十多年后，四十四岁时田文镜才升任易州知州，平生第一次跨过七品官衔这道门槛。第二年，调任吏部员外郎（从五品）。

他的为官之路极其坎坷，这或许与他耿直的性格有关。

但这一次不同了，他是钦差大臣，誓要打破一切障碍，维护皇帝的尊严，按时完成任务。抵达山西后，田文镜悉心赈济百姓，拯救了七八十万灾民的性命，并且以雷霆手段将积累的公务全部清理完毕，还顺带拿下了几个不作为的官吏。

雍正闻之，大喜："田文镜，原来是大才！朕要重用！"即刻下令让田文镜任山西代理布政使。布政使是一省财政长官，是个举足轻重的职务。

雍正用人不但完全打破常规，而且只要信任，就总将这些宠臣当成"消防员"。哪里情况紧急，就派最青睐的人去。

雍正二年正月，田文镜调任河南布政使，八月任河南代理巡抚，十二月抠掉"代理"二字。叫他到河南，是因为雍正此时正在清除国库亏空，要田文镜在河南做个表率。

六十三岁的田文镜，怀着一腔沸腾的热血，到这时才算真正体会到为官的酣畅。有了伯乐皇帝的赏识，他再也不怕任何艰难险阻。

田文镜和雍正，如暌违多年的旧相识，终于走到一起，互相珍惜这难得的机会。田文镜是怀着"宁死也要报答皇帝"的感恩心思开展一切工作的。雍正则是抱着"若要振兴，必用此类铁血官员"才能成事的惺惺相惜，决心放手让田文镜一搏，还官场本该有的清流。

雍正理政，总带着理想主义的色彩，以为对的就应该坚决执行且必须执行。田文镜则以为，雍正就是对的。两个男人，以坚守忠贞爱情般的信任，联手合作一个个官场项目。

田文镜担任河南巡抚，主政河南，刚坐稳椅子，就开启铁腕风格。

以严厉刻深为治，督诸州县清逋赋，辟荒田，期会促迫。诸州县稍不中程，谴谪立至。尤恶科目儒缓，小忤意，辄劾罢。

田文镜的手段甚至超出了雍正本来的预期。为了报答雍正的知遇之恩，清理国库亏空，雍正在北京坐镇指挥，田文镜顺着雍正的手所指之处，抓捕入狱、强力催逼，不容任何人有一丝懈怠。谁敢稍微动作迟缓，当晚就递上弹劾奏折，绝不徇私。

很快，河南官场的知州、知县们迅速卖房卖地，在限期内将亏空如数弥补。不仅如此，田文镜还要求各地开辟荒田给老百姓耕种，如果有官吏敢违逆，立即严惩。

田文镜的作为，受到紫禁城内雍正的密切关注。得知田文镜因强力征收亏空，得罪了一大批官员，成为孤臣，雍正不但不给予批评，甚至带着些许欣慰，敏锐地捕捉到最难得的核心信息——这正是我需要的巡抚楷模！

雍正十分讨厌官员们搞小集团。他认为，官员搞小集团的目的就是要对抗皇帝。田文镜成为孤臣，证明他心里只有皇上。

搜集到这个信息后，雍正就同田文镜保持着严密的单线联系，该批评就批评，该鼓励就鼓励，时不时就亲笔写点关怀体贴的信件，在田文镜心中牢牢种下“我是皇帝的人”这颗种子，并促使它不断生根发芽。

2

田文镜在基层待了二十多年。在基层待久的官员往往都非常务实，能够抓住事物的本质，重实践而轻理论。

田文镜抵豫之前，这里几乎连年灾歉，人民流离失所。这是河南特殊的地理状况决定的，主要与黄河堤防有关。华中地区经常少雨，且蒸发量大。降水少，庄稼就难以丰收；若要丰收，就需丰沛的降雨。而一旦降雨过多，又容易造成水患。

两者的矛盾点就在黄河。如果能筑牢堤坝，遏制洪水泛滥，就能获得丰收。

田文镜一到河南，就把巡抚衙门设在黄河岸边，赤着脚亲自指挥民工修河防。田文镜以这种务实作风，像一股旋风，迅速高强度执行中央的士绅一体纳粮当差政策，引起读书人的极大不满。刨根问底的读书人最终发现，田文镜是买来的官，一下子恍然大悟：这个泥腿子是故意作践读书人。

各种牢骚和反对的声浪，乌压压如蝗灾一般，以极快的传染速度在全省蔓延。黄河大堤越来越牢固，田文镜换来的却是得罪了全省的读书人。

读书人就策划了罢考事件，希望通过这种威胁，引起朝廷的恐慌。

雍正得知实情后，采取比田文镜更加强硬的态度，告诉他：迅速抓住领头的闹事者，将事态平息。

强势的独裁者从来就不怕秀才造反，雍正以武力方式镇压了意图兴风作浪的思想者们。

雍正看到了田文镜的手段，更看到在他治理下河南取得的优异成绩。于是，为了让迟迟不见动静的山东也开始改革，在提拔田文镜任河南总督后不久，专门为他设立了职位，让田文镜担任河南、山东总督。

雍正为了堵住别人的口，专门说："这个官职是因人而设，下不为例。"尽管雍正已经做了解释，最终还是引起了一场官场地震。

田文镜是酷吏，已经是封疆大吏们的共识。风头正盛的人都容易引发别人的嫉妒，这是历史规律，也是官场常态。尽管田文镜的作为并不妨碍他们的利益，但他们内心里还是希望太过吃香的人栽个跟头。

导火索是由一个叫黄振国的知州点燃的。他被田文镜罢免后，自恃为官多年，在北京颇有人脉，就开始不停地鸣冤造势。

雍正十分理解田文镜，深知他做事太过着急，得罪了绅衿集团，但这件事却对百姓有利，必须坚定地支持。可又不能不做做样子，于是就派史贻直到河南调查。

田文镜做事刚强，也确确实实是个清廉的人，调查结果，自然是雍正想要的，雍正公开表扬田文镜“公正廉明”。

这种表态，雍正是从心疼田文镜的角度考虑的。他不能让全心全意为国出力的人，身心疲惫。雍正等于公开宣告：朕是田文镜的后台，谁也别想掀翻他。

田文镜强推摊丁入亩，立志要做孤臣，无所畏惧，给雍正的新政树立了榜样。雍正将他的经验推广到全国。光鲜的背后，一场灭顶之灾，正在酝酿。

黄振国虽然鸣冤不成，但同时和他被罢免的固始知县汪諴、息县知县邵言纶和汝宁府知府张玢三人，心里却憋着一股浓浓的仇恨之火。

这四个人，偏偏都是正规的科甲出身，这就让事情变得有些复杂。

这件事引起了雍正的另一位宠臣李绂的注意。

李绂是康熙四十八年进士。康熙六十年，李绂还做过科举副主考，在朝堂上，不管是人品还是学识，都非常受读书人尊重，人称“读书人的种子”。

田文镜一个监生，不读书的官员，如此欺负读书人，李绂觉得应该管一管，不能让读书人的面子丢尽。

田文镜是汉军，和汉民不同。汉军是满族未入关时就投靠清军的队伍，本质上也是满族建国的有功之臣，所以才会允许汉军捐官。

虽然李绂和田文镜都是雍正的宠臣，雍正经常拿李绂和田文镜做比较，之前雍正就曾给李绂说过：“汝与田文镜二人，实难辜负朕恩也！”

但在李绂心里，是鄙视田文镜“监生”出身的，不屑与他为伍。

雍正四年，李绂奉命从广西巡抚调任直隶总督。途经开封时，田文镜设宴款待李绂。田文镜觉得两个人都是雍正的宠臣，自然就会亲近，因此格外热情，甚至有些巴结李绂。

田文镜作揖刚直起身，李绂就冷言冷语地问：“明公身任封疆大吏，有意蹂躏读书人，何也？”

田文镜闻听，鼻孔里冷冷地哼了一声：“还轮不上你来教训我。我办的是皇家差事。”袖子一甩，扬长而去。

对田文镜来说，李绂的讥讽是奇耻大辱。在自己的地盘上，当着众多下属的面被李绂痛骂，封疆大吏的面子往哪儿搁。

这时候，就不得不提到一个人：田文镜的师爷邬思道。

回到府上，田文镜将这件丑事和邬思道一说，师爷当即给田文镜出主意："这李绂一旦入京面见皇上，必定会弹劾大人。不如先下手为强。"

田文镜不免踌躇："好手架不住人多，先生可有妙计？"

邬思道捻着胡须在屋里走了两三步，停住脚步，笑呵呵地轻声说："阴道阳取，避其所忌。"

田文镜还在沉吟，邬思道凑过来，轻轻耳语一番，田文镜冷冷一笑，说："先生好手段。"

田文镜动起手来，狠辣、刻薄是很到位的。当机立断，抢在李绂之前，派人快马加鞭给雍正送了一份奏折：

文镜密以闻，并谓绂与振国为同岁生，将为振国报复。

田文镜的密折话不多，却一下击中要害，告诉雍正：李绂和黄振国等人是同科，关系密切。李绂表面上说我蹂躏读书人，其实是在为自己的同科抱不平。

几句话，就成功地把李绂的"公心"转为"私心"。

雍正深恶痛绝大臣怀着私心却来信誓旦旦地表公心，这是对自己的侮辱。

3

事情真的完全如邬思道所料，李绂回京述职后，立即弹劾田文镜。

雍正已经先入为主地听了田文镜的话，所以，对李绂的话充耳不闻。

李绂不服，纠集谢济世等科举出身的官员向田文镜发难，集体弹劾田文镜。一场轰轰烈烈的"田李互参"开始了。

这种要将事闹大的做法，更加引起雍正的不满。雍正见李绂一方人数众多，另一边却只有孤臣田文镜，愈加火大，心里暗忖：我就要和田文镜站在一起，和你们这些“朋党”斗一斗。

案件还未开始，裁决者的天平已经倾斜。

这是因为田文镜抓住了关键的关键——雍正平生最恨朋党。

允禩等人，就是朋党最好的例子。雍正心目中，只要是朋党，就是聚集在一起行龌龊之事。关于打击朋党，后面的章节会说到，这里不再赘述。

中国的官场就是人际场。当上级对你无限信任时，你所做的一切，他都会为你找到理由。就像雍正并非不知田文镜有问题，但是，他以绝对的信任，认为田文镜是没有私心的。

和没有私心比起来，一切都是浮云。

尤其一对比，李绂有朋党嫌疑。雍正就开始主动替田文镜寻找开脱的理由，主要从三点考虑：

第一，田文镜是绝对忠诚的，即使有过失，也是被下属蒙蔽，绝非故意欺瞒皇上。详细的问案过程中，李绂上奏折指责被田文镜重用的上蔡县令张球，是个十足的无赖。雍正却将这个折子内容掐头去尾，发给田文镜看。本意是让田文镜明白，如果真用错了张球，劝诫他要小心。可田文镜的脾气是又硬又刚，咬定了牙关就绝不松口，坚定地说，张球绝无劣迹。而且，他信誓旦旦地对雍正说：“我敢打包票，揭发张球的人一定是进士出身。”

这还不算下狠手，田文镜是极爱与人斗的，要斗就非要争个输赢。他继续装傻地给雍正“算了一卦”：“据我推测，邵言纶、汪诚都是己丑年进士，这个揭发张球的人，很可能就是邵、汪的同年。”李绂明明已经公开挑战，是个人就知道揭发者必定是李绂，可田文镜却佯装不知此人是谁，这就让雍正钻进他设计的套子里，进而感觉田文镜的提醒十分重要——李绂等人果然是朋党，互相保护！所以，雍正就同情弱者田文镜，主动替他找理由，实际就是给予宽宥。

第二，众人围攻孤臣田文镜，不公平。雍正始终认为田文镜是孤臣，现在这么多读书人联合起来，就是要掀翻田文镜，这本身就不公平。李绂不但自己揭发，还让考取浙江道监察御史的谢济世一同参劾田文镜，这让雍正发现，谢济世的措辞与李绂如出一辙，就怀疑是李绂等人授意，结成集团对付田文镜。对于这种耍小聪明手段的行为，雍正十分不齿，于是当即下令，将谢济世革职，严加审讯。本准备斩立决，后为平息事件，将谢济世发往阿尔泰军前效力。这样一来，田文镜再次胜出。

第三，会哭的孩子有奶吃。田文镜虽然性格刚硬，但他在雍正面前，特别会服软。一旦觉得有错，就主动承认，甚至痛哭流涕，装出一副可怜相。这让雍正觉得田文镜像小孩依恋大人一般，做事完全出于一片赤诚。比如还是张球，当田文镜发现他确实劣迹斑斑时，当即写信给雍正，真诚地吐露心声，称是被其蒙骗，希望将自己革职查办。雍正觉得田文镜这种反反复复、是是非非的颠倒行为，很有些可爱，完全不像为官多年的“官油子”作风，愈加珍惜他的这份纯粹，甚至还在密折里显示自己的英明：

> 张球之事何如！朕早知其非端人矣，今种种欺隐俱已败露，服朕之明鉴否？

雍正的这种自诩明断，让田文镜抓住机会，好好地巴结了一番，句句赞颂天子的非凡眼光。当然也少不了自我贬低一番，把雍正捧得心中极其滋润，哪里还有心追究田文镜识人不明的罪过！

相反，李绂则刚愎自负，而且极为好辩，雍正很不喜欢他这一点。

李绂在参劾田文镜的折子里说：“田文镜要杀黄振国灭口。”这件事，他是听别人传闻，当时情况紧急，他断定以田文镜的手段，绝对已痛下杀手，于是在皇帝面前狠狠地揭发田的罪行。

结果，雍正揪住这条不放，质问李绂：“你说田文镜杀了黄振国，为何黄振国还活着？”

李绂在事实面前，只能败下阵来。

最终，李绂被定了二十一条罪状，下狱问罪。在狱中，雍正派人问李绂：“你可知田文镜的好？”

李绂回答：“臣虽死，不知田文镜好处。”

硬汉雍正、田文镜，偏偏又遇到李绂这个硬汉，三方缠斗，最终的胜利者，当然是裁决者雍正和他偏袒的田文镜。

李绂虽然明知败得一塌糊涂，就是不肯服输。这时候，输赢已经不重要，他是要为读书人争一口气。

雍正最终没有杀他，而是将他免职。后来李绂专心编书，直到乾隆年间才再次被重用。

“田李互参”是雍正朝的大事件，这件事打击面甚广，牵连了五十多人。经历这件事后，满朝文武都记住一个道理：除非想找死，否则千万别招惹田文镜！

识透你，却肯用你，这是雍正过人的驭人之术：用其才，容其短。

令人奇怪的是，田文镜如此耿直的人，按说通常是直肠子，可在复杂的官场斗争中显示的过人自保和反攻能力，这种做派又极像一个狡猾的猎手。这一切，皆因为，他有一个出色的幕僚——邬思道。

4

在一本清本的杂史《春冰室野乘》中，记载了一个出奇的故事：

田文镜的师爷邬思道，经常代替田文镜写奏折。一日，邬思道问田文镜：“你是想做寻常督抚，还是想做名督抚？”

田文镜毫不掩饰地答：“当然想做名督抚。”

邬思道拿出一份奏折，对田文镜说：“东主只要把这份奏折原封不动地递到朝廷，就一定能成为名督抚。但前提是，你现在不能看奏折里写的内容。”

田文镜半信半疑地答应下来，心里还想着邬先生故弄玄虚。

让田文镜没有想到的是，几天后，邬思道忽然告诉他，那份奏折是弹劾隆科多的。

此话一出口，田文镜顿时吓得脸色发青，冷汗直冒。

隆科多是雍正的舅舅、总理事务王大臣，在雍正登基时出了大力，是当朝最炙手可热的人物。可此时见邬思道稳坐钓鱼台的样子，田文镜虽然追悔莫及，也只能故作镇定。

事情的转机发生在一个多月后，隆科多被问罪下狱。

这时，田文镜因为率先弹劾隆科多，成了首功。等隆科多案彻底肃清后，田文镜被雍正提拔为河南总督。

这段记载，出自野史，当中不乏演义的成分，很多细节也经不起推敲，譬如田文镜被提拔为河南总督，这是因为他卓越的办事能力得到雍正的认可。但这两件事恰巧都在同一个时间点，就成了坊间传播最具诡异、神秘色彩的逸事。

中国人，很多时候坚定地认为，民间传闻反而是最真实的底牌。因此，该事件越传越像真的。

田文镜自诩最懂雍正。有一天，他和同僚杨文乾说，自己有一个愿望，希望能入上三旗。

这种别有用心的谈话，如田文镜所愿地传到了雍正耳朵里。雍正也认为田文镜是最值得信赖的“兄弟”，就传旨将田文镜从镶蓝旗抬入正黄旗。

做了这件事，雍正还觉得不过瘾，在朱批中责怪田文镜：咱们君臣之间，本可无话不谈，抬旗之事，朕还是听杨文乾偶然提及才知道。

田文镜要的就是这样的效果，让雍正觉得他始终对皇帝怀着敬畏之心，因而愈加受宠。

雍正九年，山东、河南发生水灾，不久后，有人弹劾田文镜救灾不力，说在祥符、封丘等州县，陆续出现卖儿卖女的情况。

雍正听闻后，又一次护短。雍正说：“文镜年老多病，为属吏欺诳，不能抚绥安集……”

雍正不等田文镜找理由，就主动帮他开脱：田文镜年老多病，所以才会被下面的官吏蒙蔽。

田文镜之所以受宠，是基于以下几点：

第一，雍正登基，强推改革，需要不畏强权的典型，田文镜很好地扮演了这一角色。在刑名、钱谷、治河、防盗、士绅一体当差纳粮等活动中，田文镜冲破重重阻力，千方百计执行雍正的新政，这是雍正赏识他的理由。

第二，反对年羹尧、隆科多。雍正初年，年羹尧、隆科多如日中天，权势无边，但田文镜以自己的刚强性格，有一说一，不但不肯与这两个人深交，还时不时说点二人的坏话——这种看似无意的表白，让雍正心中十分慰藉，认为田文镜才是真正的毫无二心。所以在查处年羹尧时，田文镜被委派调查寄存财物行踪，得到雍正赞许。

第三，适时上报祥瑞。田文镜虽然为政严苛，但不代表他对人情世故丝毫不通。尤其是对待皇上，他摸准了雍正上台不久，很需要树立天子恩德的典范，于是就瞅准时机给雍正上一些祥瑞，表示当今皇帝顺应天道——果然博得皇帝喜欢。

第四，做事务实。田文镜治理河道或执行中央政策，从不含糊，这让雍正觉得他是最忠实的大臣，必须给予保护。这是爱国敬业的封疆大吏最优秀的品质，有这样的大臣，是国家之幸。

当田文镜感到做错了事，心情沉郁时，雍正还鼓励他："经历如同境遇，正乃上天所玉成于汝也，无须愤郁。"

田文镜听闻，当然要表示效忠："臣目中惟知有皇上，臣意中亦惟知有皇上，君臣大义如父子天性，间不容发。"

这种表态，彻底打消了雍正所有的顾虑，因此对田文镜凡事容忍。而且，雍正也清楚，一位六七十岁的老臣，说出这样的话，就等于用生命在捍卫誓言，必须给予肯定。

当代历史学者钱宗范先生曾这样评价田文镜：虽有苛索严刻之弊，但在封建时代，有这样一个办事踏实勤勉，不避亲贵、嫌怨的大吏，也很可贵了。

田文镜十分注重自己的清廉，不贪不占，在他以为是为官之本。可对于百姓疾苦，有时却强硬得近乎无情。雍正朱批里有一段：“上年山东有水患，河南亦有数县被水，朕以田文镜自能料理，未别遣员治赈。近闻祥符、封丘等州县民有鬻子女者。文镜年老多病，为属吏欺诳，不能抚绥安集，而但禁其鬻子女，是绝其生路也。岂为民父母者所忍言乎？”田文镜不是去全力救灾，而仅仅强行禁止灾民卖儿鬻女，导致灾情并没有得到实质性缓解。

老年有些昏聩的田文镜，为了保住官声，竟然上报朝廷：“今年河南被水州县，收成虽不等，实未成灾，士民踊跃输将，特恩免钱粮，请仍照额完兑。”自己无力救灾，也根本不想救灾，却又拒绝朝廷恩免钱粮，睁着眼睛昧着良心说瞎话、虚报政绩。

他不想在仕途的最后关头，留下污点，这是很多临退休之前的老年官员最容易犯的错误。他们希望“盖棺定论”的评价里，没有不光彩的事情，因此不惜说谎。这是盛名之下，人性最后的贪婪。

历史终究是历史，想极力掩盖的，总会露出真容，这是谁也无法逆转的。

田文镜在康熙朝碌碌无为，却在雍正朝大展宏图，不得不说，恰逢其时。正是雍正的战略急需人才，与田文镜“急需表现”的渴盼吻合，这才诞生了君臣联手的默契。

人才是一直存在的，但必须遇到最能赏识的上级，才能发挥出过人的能量。

遇到雍正，是田文镜的幸事；敢于重用田文镜，也是雍正的胆魄。

田文镜是一个勤政、清廉的官吏，他为百姓做了不少实事，他留下的部分政策，对后世有深远的影响。但“田李互参”和考生罢考等事件中，田文镜所表现的刻薄、严酷甚至怨毒的一面，也是因为田文镜抱定了和雍正“一条路走到黑”的决心，宁愿得罪天下人，也不得罪皇帝。

这是田文镜耿直中的狡猾，值得推敲和细细琢磨。为官之道的精妙，田文镜演绎得出神入化。

雍正十年（1732），河南、山东大丰收，田文镜已经七十一岁，提出辞职。雍正念他年迈，虽不舍却还是批准了，田文镜的仕途终是画上了圆满的句号。不久，他便病逝。雍正特意批示河南为田文镜立祠祭祀。但四年后，乾隆初年，地方官便参劾已逝的田文镜，希望将他迁出贤良祠。政治斗争，并不是可以一死了之的。所幸乾隆出于对父皇的尊重，并深知翻旧账不得人心，果断拒绝了这一请求。

李卫：精明的粗人

1

李卫也是能臣，但他与田文镜不同。看似一致的强硬手段下，李卫更为灵活，甚至有些狡黠。他属于关键时刻有“绝妙点子”的人物。

李卫，体形庞大，如鲁智深。袁枚的《小仓山房文集》中这样描述：“公骈胁多力，鼻孔中通，身长六尺二寸，痘瘢如钱，着颊上皆满，而白皙精彩，丰颐广颡，腰腹十围，善养威重。”

他也是捐官出身，而且文化很低，大字不识几个。李卫的先祖是跟着明太祖朱元璋打天下的开国功臣、皇家特工——这可能也是雍正重用他捕盗的主要原因。

李卫性格外露，激动起来，说话有些结巴。可这丝毫不影响其发挥，有时候骂起人来，总要骂个痛快才解气。

李卫出生于康熙二十五年，康熙五十六年（1717）时捐资为兵部员外郎。这种捐官，看似属于旁门左道，也深受那些读书人的鄙视，但其也有一定的道理。封建社会，由于科举考试竞争激烈，一个普通的读书人，若不是一等一的才子，等科举中第，几乎耗尽了一生的精力和财力，因为这个原因，真正贫苦人家考中秀才的，很少有大政治家。这种寒门出来的贵子，往往看问题谨慎有余，格局难以放开，尤其是在重大创新或者改革前沿问题上，常常不具备放手一搏的气概。这是由功名“得来不易，唯恐失去”的谨慎保守思想所致。

像李卫这样的人，生于富庶家庭，从小就吃喝不愁，反而容易养成乐善好施、仗义疏财的性格。当他们产生“此生为男子汉定要做一番事业”的念头时，若是出钱就能办到，何必苦哈哈读书？

当然，捐官有一个最大的弊病就是容易形成恶性循环。有人因为捐官出了钱，当官后就容易以做生意的心态考虑得失，为了赚回来买官的钱而成为贪官。但贫穷的读书人也有这种潜在的危险——因为从小太缺钱，所以掌权后为了改善家人的生活质量或者要帮助家族、亲戚等人而大肆敛财。这部分人信奉“读书入仕具有无限的福利”，往往用权力做交易。

雍正最初关注李卫，是在李卫任职户部时。当时，李卫只是个从五品官。某个亲王管户部事，每收一千两钱，就加收十两的回扣。李卫多次劝谏不听，就弄了一个柜子放在廊下，写上“某王赢余”——这个亲王十分难堪，才停止收回扣。当时还是皇子的胤禛看到后，便留意到了这个刚直的李卫。

雍正登基后，即任命李卫为云南盐驿道，第二年升布政使。

李卫任布政使时，才三十九岁，正是意气风发的年龄。年轻即任高官，做事难免过于高调。

但李卫火箭般的提升是靠自己的能力挣来的。

他任云南盐驿道，主管驿站和盐务。上任伊始，就揭发了属下十多名官吏和数名武官的不轨行为，受到同僚责难。可雍正却感到无比欣慰，觉得自己没有看错李卫，鼓励李卫说：“听你议论，十分痛快。”

青年得志的李卫，在皇帝的这种鼓励下，愈加卖力。年轻官吏做事，往往锐气十足，雍正刻意提醒他：“你以少年之锋锐之气，报效心切，和上司、同僚相处时过于刚愎自用，最容易恃恩放纵，招来别人的忌恨。要谦虚待人。”

这种话虽然是皇帝的谆谆教导，但李卫犯了受宠的年轻官员都容易犯的错误，总觉得“一能遮百丑”，只要把政务做漂亮，就是最好的效忠。何况，他以为，皇帝的规劝并非责备，这些话就如父亲对儿子的教导，是善意而温柔的提醒，也就没有多放在心上。

2

李卫在云南处理盐政的出色才能，得到雍正认可。

雍正三年，李卫擢升浙江巡抚，仍旧兼管食盐专卖。巡抚的职权本与盐务毫不相干，可雍正就要李卫处理这个头疼事。

李卫得到命令，二话不说，果断地挑起这副重担。

清朝全国划分为十余个“盐区”，浙江便是其中之一。浙江出产的盐，按照规定销售到浙、苏、皖、赣四个地区。

浙、苏、皖、赣四个地区虽靠近价低的两淮盐区，但按照清律，只能吃价高的浙盐。

政府控制食盐买卖，目的是增加国库收入。所以定价较高，最甚时达到原价的三十倍。百姓消费食盐如同纳税，苦不堪言。

“天下熙熙，皆为利来。”巨大的利润导致私盐贩子铤而走险，开始钻朝廷贩盐的空子。他们从便宜的产地走私食盐，贩运私盐使百姓能够吃上更便宜的食盐，因此屡禁不止。

若是听任私盐泛滥，国家利益就受到损害。

李卫是朝廷的巡抚，当然要听从朝廷的吩咐，就开始大力清剿私盐。

问题的关键是，浙江的盐在江苏卖，江苏卖出多少官盐，丝毫不影响江苏官僚的政绩，完全是浙江官吏的政绩。如此，走私基本半公开化。盐的源头在浙江省，能不能治理，是李卫这个巡抚的事。

雍正在北京眼巴巴地看着李卫，等着他的好消息。李卫当然不能掉以轻心。为了取缔黑市走私，李卫专门聘用著名的镖局头领韩景琦为队长，成立专门的缉私队，在各地关口严加盘查，一时间引起私盐贩子的恐慌。

这种大张旗鼓的缉私行动，虽然短时间内取得了一些效果，但对于真正的大盐枭来说，并没有触动其根本。

雍正五年，李卫晋升浙江总督，指挥特别行动队大力清剿私盐，很快引起浙江、江苏两省官员的不满，他们联合中央的官员给李卫制造麻烦。为了灵活机动缉私，李卫奏请关防通行证，户部不批准。李卫就再次呈请，以近乎逼迫的方式强硬索要关防通行证，户部再次拒绝。

雍正得知情况后，批评李卫："都是你这骄傲惹的祸，不会搞好关系。"

李卫趁机说好话："臣只知为皇上效力。在关卡严查，对遏制私盐有利。"

雍正回护李卫，对户部说："李卫是业务需要，你们就给他颁发证件吧。"

户部官员最终丢了面子，心里窝着一股气，等到复议李卫关于两浙盐务的题本时，直接称呼"该盐政"如何如何，不称"该督"，对李卫表示羞辱。雍正派人查明，是户部司官张复故意这样写的，怒而将他革职，遣回原籍云南，交当地督抚严加管束。

李卫查处大盐枭，颇费了一番周折。

经过调查，大盐枭实力雄厚。其中最著名的是一位女中豪杰沈氏，拥有数百名家丁，且有比官船吨位更大的走私船，经常打得前来追查的官兵叫苦不迭，嚣张到了极点。

经过多次调查，李卫得知，沈氏每一次都在最后押运，警惕性十分强。最棘手的是，沈氏的老巢在江苏，要大动干戈，李卫就属于越界，江苏的官员一定不答应。这种情况下，只能智取。李卫悄悄买通江苏一个名叫金文宗的官员，让其秘密监视沈氏。有一次，趁着沈氏将部下解散，只身回到藏身之处时，一举将其擒获。

这个沈氏虽是女人，却极为豪爽，自知在劫难逃，索性就敞开胸怀，将自己以往的战绩全部告诉李卫，显示对官府的蔑视。李卫听后，十分震惊。如果如实上报，众多官员将威风扫地，颜面尽失。最难办的是，人犯在江苏，李卫抓捕沈氏本就已经越界，若是按照沈氏招供，再抓江苏的官员，显示大家都没能力，就你李卫逞能，招致多数同僚忌恨，那可真是出力不讨好。这种官场大忌，李卫自然晓得。

为此，李卫只在秘函里向雍正汇报了实情，无形中保护了大家的颜面。可这时面临一个问题，如果不如实公布沈氏罪状，就无法将她斩首。聪明的李卫选择了杖毙的方式。判处杖毙在地方官职权范围内，因此可以灵活使用。施加杖刑时，击打犯人要害部位致其死亡，就是杖毙。这种刑罚的使用，是半公开的官场潜规则。

李卫这一次是冒险操作。

因为雍正对盐枭很感兴趣，若是他要求将沈氏押送北京，李卫将再无退路。这种情况下，为了保住自己，就只能揭发那些江苏的官员了。

也只能说，李卫太了解雍正了。

雍正非但没有责怪李卫，还表扬说："法律唯有运用巧妙才有效。严格依法行事也会有不公平的时候，而有时越法而行亦是公平所在。"

官场的事情从来就是这样，只要上级对你认可，无论你做什么，往往都能赢来赞许。而一旦双方不和睦，你做任何事情都可能招来非议。

雍正对李卫抓治安的这一套非常满意，就开始扩大李卫的职权范围，对李卫说："你虽是浙江总督，江苏的治安也由你代管吧。"

这听起来像征求意见，李卫也明白，自己不是江苏总督，插手别省事务，并非易事，于是就力辞。

雍正让李卫兼管江苏治安，是依照田文镜河南总督代管山东的办法行事。可江苏和浙江是文化发达的地方，人口稠密，财富皱褶里隐藏的污垢更多，所以李卫不乐意管。

雍正以为他是要谦让一番、做做样子，就果断拒绝了李卫的请求。李卫不得不答应。

这一次，李卫发挥他祖上是锦衣卫的优势，多方组织密探深入盗贼内部，吸纳街面上已经金盆洗手的原盗贼头目海大如成为手下，增加卧底，采取以恶制恶的办法，很快取得实效，将许多穷凶极恶的罪犯擒获。

李卫这个人对皇帝从不隐瞒，将这些伎俩统统上奏给雍正。

雍正看后乐不可支，半是炫耀半是表扬地说："朕若是预测不到你的这个本领，还会用你管督捕的事？"

李卫苦笑着捧回谕旨，其中付出了多少心血，是否值得，只有他自己知道。在捕捉盗匪最紧张的时候，李卫甚至因为劳碌和操心过度而吐血。

这个详情，李卫当然不能告诉雍正，否则就是在变相邀功请赏，这是官场大忌。皇帝认为该给你的，你不索要也会赏赐；若是认为不该给你，过度索要则是自取其辱。

3

雍正欣赏李卫能办大事，更欣赏他办难事的能力。

雍正下令彻查亏空时，各省官员闻讯都大为头疼，不知如何应付。唯独李卫独辟蹊径，走出了一条"和谐而自愿"的还款之路。

李卫得到清查亏空的诏令时，第一时间就召集幕僚、部属，咨询有何好办法应对。众人皆相顾不语，皱眉摇头，表示想不出什么良策。

李卫大字不识几个，却是个很有办法的人。现实生活中这样的人也很多，他们虽然没有学业上的资本，但却集情商与智慧于一体，粗俗语言中包裹着缜密的套路，常令学识渊博的人也钻入圈套。这种粗人的计谋，如云中藏龙、池中藏鱼，比起自诩睿智者的策略来，更胜一筹。

李卫给幕僚和部属们分析形势："钱粮亏损，我们浙江肯定是有的！但是不请朝中大员前来清查，谁清谁浊，个人哪怕说得天花乱坠，天子也不会相信。可是，只要钦差一来，我这督抚大权就会被他剥夺，没办法在中间周旋说情——到时在座诸位如何保得住乌纱帽？"

众人悚然，李卫话锋一转："我看不如这样，先上请罪奏折，说浙江废弛已久，恳请天子派出大臣前来监督指导。但大臣初到浙江，不熟悉地方状况，由我陪同协助。如此，既可让天子放心，我又能暗中行事。"

众人苦无良策，忽然听到如此“绝妙”的主意，且明显是替大家考虑，自然心存感激，纷纷赞同。

其实，这时大家已经钻入了李卫设计的套子里，只能一步步随着他的节奏行事。

李卫把奏折递送上去后，某天谎称是自己生日，在府中大摆宴席，邀请浙江全省七十二个州县的官员前来赴宴。如此欢乐的场面，众人皆开怀畅饮。

李卫见戏已经做足，趁着大家酒足饭饱，请官员们来到密室，热忱地关心：“朝廷不久就会派出钦差清查财政，各位凡有亏空的，请如实告知。这样我心中有数，能提前帮助你们。要不然，钦差到时查出，或杀或流放，莫要怨我！”

众人开始面面相觑，互相观望，但见李卫一脸诚恳，也就不再隐瞒，各自说出了亏空的苦衷和大约数目，表示回去清查后拿账簿再来总督府请罪。

数十日后，雍正果然派出户部尚书彭维新南下督查各省钱粮，并如李卫所请示的那样，发还批复奏折，允许他协助钦差综核浙江财政。

彭维新第一站来到江苏，督抚因为没有朝廷旨意，只能听任彭调查。彭维新为人刻板，也不接受任何人的吃请，每日闭门查账。如此一来，那些账目亏空的州县官员倒了大霉，被流放、处决、斩监候、籍没家产填补亏空的，不计其数。

江苏与浙江毗邻，彭维新在江苏的作为早已传到浙江，李卫提前想好了对策。

彭维新刚到浙江，李卫迎候、寒暄，随即拿出朱批奏折说：“朝廷已同意我协助大人办理浙江差事，大人若在差事上有疑问的，皆可让我来处理。浙江与江苏情况有别，无须像江苏那样大动干戈！”

骄傲的彭维新本来想着在浙江再大干一场，没想到李卫演了这么一出戏；可囿于圣命，又不得不接受。但他不能掉架子，只好摆出一副公事公办的样子，准备看情况再说。

李卫最会做人，见惹彭维新不高兴，就主动设宴款待。酒至微酣，李卫端着酒杯叹息道："天下间，但凡共事，没有不产生争执的。我是个粗人，还特别喜欢跟人争，屡次蒙皇上训诲。因而今天在此发誓，彭公您在浙江办差，我绝不会和您相争。只是说得容易，却不知如何避免纷争。"

李卫受天子宠爱，彭维新心中有数。刚才还担心李卫在彻查上会设立障碍、不断掣肘，没想到这会儿李卫却能如此推心置腹，心中感动，遂说道："要么咱二人分县办理如何？"

李卫拊掌赞同说："如此互不干涉，甚好甚好！"当下两人计议以抓阄分配州县。

次日，浙督签押房。文案将浙江七十二个州县分别写在纸条上，揉成一团放在盘中。纸团事先已被李卫做了手脚，彭维新所抓的三十六个州县皆无亏空。分配妥当后，彭维新与下属不分昼夜，盘查数日，却一无所得。

李卫在这段时间内，悄悄将藩库中闲置的赃罚款项、盐课盈余，尚未下发的官员火耗等，全部摊抵给亏空州县。等到账目勘查结束，李卫与彭维新在公堂相见，先开口问说："大人查的结果如何？有多少州县亏空？"得知没有任何亏空。李卫故作惊喜说："我也没有查到亏空！"于是两人联名上奏雍正浙江无亏。

雍正看到这份奏折，拿起来反复给左右看："都说清查愁得没办法，只有李卫敢张灯宴，这样的督抚教导有方，监督有策，这都是因为自信啊！"为此，给李卫加兵部尚书衔，后又加太子少傅衔。

浙江那些听话的官员，每人俱加一级。在全国大清查的高压态势下，这真是个奇迹。

李卫善于把握形势，巧妙施策，将这个人人都畏惧叫苦的差事办得滴水不漏，既还上了亏空，也赢得了全省官员的拥护。他用官府的钱为官府还上了亏空——当然，缓过劲儿，他就有足够的时间督促那些官员弥补私人欠下的亏空。很多事情，看似难办，其实只要赢得最关键的时间点，应付起来就能从容不迫。

同样的事情，田文镜追查亏空，就闹得河南官员怨声载道，叫苦不迭。李卫采取的办法带着点小阴谋，却做到了既通人情，又维护了下属利益，起到了官场润滑剂的作用。这一切的前提是，李卫本人并不贪。

雍正登基后，下达的诏令多是这种猛政。是难事，更是大事。需要树立典型，更需要加快推进改革进度。李卫的巧妙配合，正好迎合了雍正的所思所想，遂成为股肱之臣。

李卫调任直隶总督时，还与雍正唱了一出君臣联手的双簧戏。对雍正来说，李卫这种用起来得心应手的大臣，最让人惬意。

李卫在直隶总督任上时，密奏鄂尔泰的弟弟鄂尔奇坏法营私，紊制扰民。这样做是需要勇气的。尽管李卫是雍正的左膀右臂，要知道，鄂尔泰当时地位、眷宠皆在李卫之上。鄂尔泰是满人，这是李卫同样受宠却永远胜不过鄂尔泰的根本所在。最关键的是，鄂尔奇当时是户部尚书兼步军统领，这种高官套着高官的两兄弟，李卫敢于动真格举报，确实胆量非凡。

雍正对这类大臣之间的互相揭发尤其欢迎，当即在李卫的密折上批："对你的赞许，不是笔墨能写尽的。"

雍正还特别提出，如果不是很了解朕的衷心，你是不会这么毫无顾虑，敢于仗义执言的。

李卫冒着得罪鄂尔泰的危险揭发鄂尔奇，确实源于他对雍正用人思想和原则的准确把握。他能想象到雍正看着臣属揭发如此重要人物时的那个兴奋劲儿。雍正眼里容不下坏官。

但是，这一次，为了保护鄂尔泰，雍正使出了回马一枪，秘密授意李卫：对鄂尔奇的指斥，由宫中发出不好。再说了，从内容上，大家也都能想得出来，是你揭发的。

"宫中发出不好"，足见雍正很在乎鄂尔泰的感受。他不想让为他效命的股肱大臣觉得——我在前方出力，皇帝却在后方处理我的弟弟！

雍正又指出做此事的重大示范意义：“不如你公开指参，名正言顺，亦见当代有如是刚方大臣也。”

李卫乐得做这件事。皇帝已经发话，答案已经明了，可以毫无顾虑。于是，李卫主动公开上奏折，参劾鄂尔奇。

三日后，鄂尔奇因李卫参奏被革职。李卫因勇敢任事，不瞻顾情面，命交部从优议叙。

鄂尔泰虽然看不起李卫，但并未因此而记恨李卫。此前，鄂尔泰对弟弟的作为已经有所察觉。一日，鄂尔泰退朝，到弟弟家中，经过书斋，刚一掀开帘子，见陈设华丽，宾从人数多且都是有头有脸的人物，就扭头转身而去。鄂尔奇不知何故，急忙追出来问原因，鄂尔泰责怪地教导：“你忘记了我们兄弟没有房，居住在祠堂时的事了？现在偶尔得志，瞧你奢侈成这样，我知道祸端不久就要来了。”鄂尔奇当场跪下哭泣谢罪，以示改正态度。此后，只要是鄂尔泰来，他就提前将珍宝玉器藏起来，屏退朋友才敢见面。正因如此，鄂尔泰觉得李卫是刚正不阿，弟弟是咎由自取。所幸，有根基的官员命运是互相牵连的。为了留住鄂尔泰，雍正最终没有听从果亲王等人调查后做出的从重处罚的劝谏，只是将鄂尔奇革职，其余不再追究。这是没有根基的官员永远得不到却毕生追求的待遇。也正是出于这种原因，官员们才会不断地上下联络，形成集团，以期望在危难时刻，有人替自己说说话，帮助开脱罪行。

4

读书不多的人，很少有太过儒雅的，李卫也是这样，常给人留下“恶徒得志”的印象。

李卫恃才傲物，对上司也极其傲慢无礼。他对曾经的两江总督高其倬直呼“老高”，对在他之前的浙江巡抚杨名时则叫“老杨”。高其倬比李卫大十二岁，杨名时比李卫大十七岁，李卫这种年轻官员对官位比自己高、年龄比自己长的上级如此不敬，自然有人上密折参劾。

雍正并不赞成李卫的这种傲慢无礼，劝说他：“不要盛气凌人、骄慢无礼，你应该多加强修养，这样才不负知遇殊恩。”

李卫哪里能轻易改了脾气。他还在自己的执事牌子上写“钦用”二字，偶尔还接受别人的礼物。这些风言风语传到雍正耳朵里，雍正虽有些生气，依旧耐着性子教导：“此后极宜谦恭持己，和平接物。川马、古董之收受，俱当检点。两面‘钦用’牌，不可以再用！这些都是小人得志的样子，何必这样？一定要克谨克慎。”

这些都是李卫在雍正一、二年的事情，当时他尚不是炙手可热的封疆大吏，可他就是这样的性格。有时候牛脾气上来了，对自己的对手更是睚眦必报，就是一个大老粗。

有一段时间，李卫和同样年轻气盛的武将石礼哈两人谁也看不惯谁，逮着对方一丁点儿毛病就不放，不停地互相密参。雍正二年八月，李卫任云南布政使，奉旨进京，路过贵州时，见到文武官员，就痛骂石礼哈的祖父，还公开叫嚷着：“他参我四次，我亦还过他七次。”石礼哈是个偏执的人，常常持偏见。而李卫则是——别人如果当面或者背后说他好，他听了就高兴；如果有人说他的短处，他就会纠缠不休，置之死地而不止。

雍正看着这两个年轻人互不相让，以家长看小孩打架的心态，饶有兴趣地一封接着一封地朱批。不但在两个人的密折上批，还给高其倬等人朱批，将很大的精力放在教育这两个人身上。

李卫的招数常常出人意料，也确实有能力，但其行为放纵，举止看起来并不像封疆大吏。他带人马招摇过市时，穿着绣衣衮袍，乘八座露车，去掉车的帷幕，还让一个威猛的壮士手持雪亮的大刀，跟在车边，好不威风。车马出行时还让乐队吹奏，惹得全城的百姓都来观赏这盛大场面。

既然这样近乎狂妄，为何雍正却始终没有对他痛下杀手呢？究其原因，李卫具有以下三点优势：

第一，行为豪放粗俗，无形中暗合皇帝的心理需求。雍正是好为人师的，而且贵为天子，他希望看到大臣的缺点，然后为其指明方向——通过这种教诲，让大臣认识到天子的伟大。李卫的“小错不断”，正好能不断满足雍正这一心理需求。

第二，肯主动示弱，反复认错，让皇帝看到其可爱形象。雍正听说李卫很多粗鄙的行为后，并不觉得丢了朝廷脸面，反而替李卫辩解，说他缺少学问，需要反复调教。这是因为，李卫对别人放荡不羁，但对皇帝却是有错就认、该软就软，让皇帝看到了其“毫无城府”的憨态，雍正无法真正发怒。

第三，对皇帝绝对忠诚。李卫之所以能够得到雍正青睐，最主要的还是这个因素。他看似粗鲁，却把握住了为官的精髓——做听话的人！对像雍正这样极有主见且强势的君主来说，对错的标准，就看你是否能够认真执行皇帝下达的命令。允许你提出建议，但绝不过于标榜自我，更不能对政策打折扣。李卫在执行皇帝的诏令时，是绝不含糊的——这是雍正对他最满意的地方，也是极力要保护他的深层原因。

虽说李卫是个粗人，但他却对文人和文化事业极其重视。他每年都会给进京赶考的读书人一笔捐助，还曾自掏腰包修了一座书院，让更多的寒门子弟有机会读书。同时期的《浙江通志》，也是李卫出资编撰的。平日里，李卫最喜欢的消遣就是听人说书。每逢听到说书先生讲到忠良遭到陷害，李卫就会无比愤怒，甚至会暴跳如雷。

李卫的种种“病”，当受到雍正的批评时，都是有反应的。李卫不怕皇帝批评，哪怕是轻微的狡辩，也显示出他是真心听皇帝讲话的。在这一点上，年羹尧就犯了反应迟钝的错，最终吃了大亏。

李卫是“嘚瑟”，年羹尧则是嚣张跋扈。

李卫身材魁梧，但其体质并不好，曾数度咯血，还有胃病。

雍正是拼命三郎的工作作风，李卫也是这样。雍正二年，李卫曾在折子上告诉雍正：“皇上，从立春以来，臣就吐血三次。”

这种既是实情又似撒娇的汇报，让雍正心疼不已，当即嘱咐：“是你急于报效，用心太过导致的。凡事都要循序渐进，量力而行，戒除烦躁，自然慢慢就会痊愈。”又专门让怡亲王赐药治疗。

李卫听得心里温暖。吃过皇上赐给的药物，身体渐渐好转。

雍正四年十一月，李卫旧病复发。雍正关切地问：“闻汝因过劳吐血，此则大谬。嗣后慎勿复发！诸凡量力而为，不可勉强！”

李卫对皇帝的担心不能无动于衷，于五年正月的折子中解释吐血的原因：一是因为阴雨连绵，冲毁了庄稼，令人心焦；二是因为洋汛商船屡次被劫，一时急躁，吐血数日。

雍正听后，眼窝热辣：“将你的八字写来给朕看。”雍正要命人给他看八字，断其寿命长短。

最终，李卫还是死在了吐血上。袁枚描述李卫的死状，极其惨烈：咳嗽声震动屋瓦，衙门内的牛马听到了都忍不住吼叫起来，李卫停则牛马停。这样折腾了三昼夜，气才绝，时年五十一岁。此时正是乾隆三年（1738）十月二十二日。李卫去世后，谥敏达，乾隆以总督的规格将其厚葬。

粗人李卫，去了！精明的李卫，去了！功过是非，后人论断吧！

“副皇帝”鄂尔泰

1

雍正朝三个最受宠的督抚是田文镜、李卫、鄂尔泰。鄂尔泰具有另外两个人无法比拟的两大优势：满族人、科举出身。

满族身份，是清朝官员最硬的底牌，如果加上科举出身，就是加了双保险。但这并不是绝对的王牌。

鄂尔泰是满洲镶蓝旗人，姓西林觉罗，其父鄂拜官居国子监祭酒。根正苗红，不代表运气必然好。鄂尔泰的仕途，在被雍正发现前，平淡得可怜。

鄂尔泰甚至一度流露出放弃仕途的念头。他在四十二岁那年过元旦时，无比伤感，写了一首感叹仕途不顺的诗：“揽镜人将老，开门草未生。”又在《咏怀》诗里唏嘘：“看来四十犹如此，便到百年已可知。”一眼望到头的官场，他是与飞黄腾达无缘了。

鄂尔泰确实仕途很不顺利。他出生于康熙十九年，二十岁就中举，但之后却没有继续考中进士。

父亲虽然职位不低，但任职的是清水衙门，收入有限。家里的兄弟又很多，且多是读书人，耗费较大。无奈之下，二十一岁时，鄂尔泰不得不利用父亲的身份入宫做了侍卫——这对读书人来说是种无情的打击。三十六岁时鄂尔泰担任内务府员外郎，直到康熙去世，一直没挪动地方。

鄂尔泰已经看不到希望，准备好了就这样干到退休。老皇帝康熙都看不到自己的作用，更别指望新登基且很有脾气的雍正能重用自己。因为，他曾经得罪过雍正。那时，贵为雍亲王的胤禛要鄂尔泰为他办事，可鄂尔泰却以“皇子宜毓德春华，不可交结外臣”为由，拒不办理。小小五品官，敢于冒犯亲王、皇子，偏偏还是这位亲王成了新皇帝，任他再侥幸也不敢想，雍正会重用他。

运气真是谁也无法预估，“否极泰来”只是规劝人的善言。但每个人升迁都离不开推荐人和大环境。

先来说说大的政治环境。

雍正雄心勃勃要要好上任后的“三板斧”，这就需要寻找“抡斧头”的人。基于这样的考虑，急需提拔一批年轻、有上进心的官员，充实到整个官场体系内，以改革父亲留下的老官场摊子。说白了，雍正要培养自己的嫡系，而不是沿用老官场班子。这是每一个新上任的人都会做的事情。

但这并不代表每个符合条件的人都能被皇帝发现。这时，鄂尔泰的同学、同一年考中举人的年羹尧，正是雍正登基后最信任、权势熏天、炙手可热的人物，自然扮演着为雍正挑选人才的重任。

年羹尧这个人非常自信，也非常强势，他看中了和自己性格接近的鄂尔泰，向雍正极力推荐。年羹尧推荐鄂尔泰有两个原因：一是同榜中举，互相拉扯是应该的；二是通过推荐鄂尔泰，让鄂尔泰成为“年圈儿”里的人。年羹尧骄傲地认定，鄂尔泰知道自己是推荐人后，定会感激不尽。官场上，一有这种举荐之恩，将来就会成为“铁”关系。

鄂尔泰太需要这样的推荐了，但他却并不买年羹尧的账。他觉得年羹尧一路太顺，而且又狂傲无比，叫人不服气。

年羹尧的推荐，让雍正想起鄂尔泰这个当年敢于拒绝亲王的愣头青。雍正觉得，需要给他一个机会。雍正召见鄂尔泰，赞赏地说：“你一个小小郎官，竟敢拒绝皇子，可见你是个守法很严的人。叫你当大臣，肯定不会接受别人的吃请和走后门。”

鄂尔泰热泪盈眶，就要放弃的时候，天降福音！他自然信誓旦旦，要做雍正朝的铁血大臣。

雍正也真舍得超力度使用人才，当即就命鄂尔泰担任最考验人的云南乡试副主考。他要用公正的考官来主持公道，这样选拔出来的人才一定是含金量最高的。

鄂尔泰经受住了考验。四个月后，鄂尔泰就被超擢为江苏布政使，掌控一省财政大权。鄂尔泰感激雍正不计前嫌、以才德识人的豁达气度，暗誓以后肝脑涂地亦在所不辞。

鄂尔泰比雍正小两岁，他四十二岁前一直不得志。而雍正也是四十四岁才登基，此前的九子夺嫡中，他也并不受康熙青睐。年龄相当、经历相似，让两人在交流中产生了共鸣。君臣本无私交，可雍正渐渐把鄂尔泰当成了弟弟看待。雍正三年九月，鄂尔泰被任命为广西巡抚，就在他赴任途中，雍正感觉鄂尔泰还有提升空间，旋即将他改任云南巡抚，管理云贵总督事，而原总督杨名时只负责云南巡抚事务。

赴任前，鄂尔泰感到身体不适，雍正再一次超出范围地给予照顾，让鄂尔泰乘坐御舆前往。这种特别出格的照顾，在朝臣中引起轰动，雍正就是要制造这样的舆论，让大家感受到：只要忠心为皇帝办差，任何制度都不是障碍。类似的行为，在田文镜身上也体现过。雍正曾专门为田文镜设立河南山东总督一职。雍正用人，就是如此不拘一格。

鄂尔泰在赴任途中，发回奏折，称已恢复健康。雍正获悉后说："朕与卿一种君臣相得之情，实不必泛泛，乃无量劫善缘之所致。"寥寥数语，道不尽雍正对鄂尔泰的相知相惜。甚至，雍正以"缘分"将两人的关系提升到"上天恩赐"的高度，这就让鄂尔泰生发出"此生万事听君"，否则不足以报答这份天意的感动。

为了显示确实是把鄂尔泰当兄弟相待，雍正还做主，将鄂尔泰的兄长鄂临泰的女儿，许配给允祥之子弘晈为妻，通过联姻纽带进一步加深感情。鄂尔泰上奏折谢恩时，雍正就明确表示，朕最信任的人就是允祥和鄂尔泰，奉旨联姻，正好可以让两家互相交往更密切。

鄂尔泰是个十分会利用这种感情的人。他到云南后，连生两子，高兴地把这个消息告诉雍正。这种私人家事，被鄂尔泰很好地利用，作为沟通感情的亲情牌，让雍正感到鄂尔泰才是真正把心掏给皇帝的人。感动之余，雍正也打出柔情牌，以"一家人"的角色，让鄂尔泰享受皇家祖先的恩赐，雍正在奏折上朱批："默祝上苍厚土、圣祖神明，令我鄂尔泰多福多寿多男子，平安如意。"

雍正的几个字，一下提升了关系的含金量——鄂尔泰多子多福，是享受了圣祖康熙的荫庇，而且，雍正还亲热得有些腻歪地使用了"令我鄂尔泰"，一个"我"字，意思就是"咱家人"，还"圣祖神明"，愿意保护鄂尔泰一家平安如意。

有这样的皇上"兄长"，鄂尔泰还有什么理由不鞠躬尽瘁？

2

鄂尔泰前期的仕途蹉跌，折射出康熙晚年整个官场的懈怠：大清帝国平静的水面上，很少荡起波澜。晚年求稳，是康熙最大的需求。

雍正对鄂尔泰并非一点怀疑没有。在年羹尧和隆科多接连出事后，雍正对鄂尔泰也没有十足的信任。他曾让人传话给鄂尔泰："鄂尔泰做官甚好，朕所以不令伊做巡抚者，因年羹尧、隆科多极力保荐。必是他附托于人，尔下旨与伊，令其改过，实心办事，朕自加任。"这种提醒加劝谏，就是要鄂尔泰明确表态与年羹尧、隆科多无勾连，并传达了雍正愿意给其机会的信号。当然也不啻于警告。

后经调查，发现鄂尔泰与年羹尧、隆科多并无亲密关系，这才对他快速提拔，给予重用。

雍正六年，由于鄂尔泰工作出色，改任云贵、广西三省总督。在任四年后，雍正将他调回北京，担任保和殿大学士，居内阁首辅位。

雍正号召各级官员向鄂尔泰学习的批示达二百余条。如在给贵州巡抚石礼哈的批示中说："鄂尔泰当代人物也，汝宜以为仪型而效法之。"给云南永北副将的谕旨中说："鄂尔泰实系超群封疆大臣，孰不愿天下皆用如此人，岂易得也与！"其他诸如"鄂尔泰乃满汉内外大臣中第一人也"的赞美，则处处可见。

雍正就是要树立这样的督抚典型，将鄂尔泰树立为百官模范。雍正称赞田文镜"巡抚中第一"，称赞李卫"尔乃国家伟器"，这些语句里都带有鼓励，亦是御下之术。

说透了，田文镜和李卫是政令的最佳执行者。而鄂尔泰，却是出色的政治家，是雍正新政改革的参与设计者和推行者，是雍正用心使用的"副皇帝"。

在得到重用后，鄂尔泰先后平定苗乱，推行"改土归流"这一重大国家政策，影响深远。

云贵地区的山间，自古居住着苗族等少数民族。清代初期，四川、云南、贵州、广西、湖南等省境内，均有这些人居住。他们不接受清朝的直接领导，而是以氏族部落的形式，在族长的统率下，各自以小部落聚居。这些族长，被清朝政府授予官职，与地方官待遇相同。可这种制度采用世袭制，选谁当族长，由他们族内说了算，称为"土司"。清朝政府图的是稳定，也允许土司制存在。可随着汉人不断发展，出现了汉人侵占土司辖区土地的事，土司本以为仅此而已。不想，因为土司们享受的特权，导致罪犯为躲避官府缉拿，也逃入土司境内。汉人的人贩子也到苗族部落拐卖人口，转卖到陌生地区，这些还是一般矛盾。

更深一层的矛盾在土司与官府之间。每当新土司继承职位时，他们需要向中央政府提出申请。这时候涉及政府颁发的印信以及土司需要呈交的户口簿、各类文书等手续，全由地方官员转交，这就成为地方官发财的绝佳时机，甚至有的地方官公然直接勒索土司。时间久了，形成潜规则，土司若是想顺利得到许可、任命，就需要花费大量资金。

土司在部落里相当于酋长或者土皇帝，哪里能长期受这种屈辱？为了泄愤，就有意接纳汉人亡命之徒，或者被亡命徒教唆，做出抢掠汉人地界或拐骗汉人的事情。

鄂尔泰担任云贵总督后，意识到这个问题的严重性。苗族汉化，势在必行，这就是改土归流。

如果云贵、广西地区不稳定，大清朝在西北地区用兵就会受到钳制。而且，如果任由土司制度继续下去，就等于在这片广袤的地区形成了真空区，不但造成民族矛盾的激化，也使得原本稳定的清政府官署权力得不到保障。改土归流的办法是，中央政府选任有一定任期的流官直接管理少数民族地区的政务。这样一来，政府就对苗疆有了控制权。如果哪个不服，鄂尔泰就采取强硬的武力镇压，使得长期混乱的局面得以改善。

鄂尔泰的这种政治家眼光，得到雍正和朝野的认可。而且，也只有他能看到雍正性格中柔软的一面。雍正把他当成无话不谈的副职，可以对他坦诚“落泪”。

> 朕实落泪览之，卿真良臣也。
>
> 卿之言，字字出于至诚，句句朕皆动容览阅。

鄂尔泰在朕前不过数日，朕每念之不置，偶阅伊奏折，辄为泪下，岂亦君臣宿世缘分耶！

凡诸外用大臣陛辞，朕不忍别至于落泪者，惟卿一人耳！

雍正之所以敢在鄂尔泰面前落泪，对他的绝对信任是一方面，主要还是鄂尔泰是满人出身，这种真情流露表现出满族人之间可以无须理由地互相理解。

3

鄂尔泰一心为公。早期担任江苏布政使期间，他将自己的公使银一万六千余两分发苏、松、常三府，买粮三万三千四百万石，用于赈灾储备。鄂尔泰调走后，江苏巡抚将此事上奏，雍正很感动，给鄂尔泰加二级官品。

鄂尔泰在用人、行政上非常有原则和方法，注重官员的实际表现，避免养闲人，兴办教育，培养人才。他对当时的官员作为和使用的预见非常准确，以至于雍正服膺说："卿之识人，实越常人。""卿之识人感人，朕实信及。"

之所以说鄂尔泰是"副皇帝"，是因为他确实有着不同寻常的认知和见识。而且，他也确确实实在维护雍正，树立皇上的高大形象。

雍正五年，新任云南巡抚朱纲向鄂尔泰请教皇上的用人之道。这是官场上官员的谦虚规矩，也是希望从宠臣鄂尔泰嘴里套一些秘诀。

鄂尔泰对他说："皇上用人无甚神奇，只是一个至诚。"

如何至诚呢？鄂尔泰解释：皇上事事顺从上天，他又体贴臣下，从来如此。一切刑罚赏赐都是每个人自己争取的，皇上对谁都没有成见。如果你真心侍君，即使有大过错，皇上也会宽恕；假如耍小聪明，便是小事也会惩处。我辈身为封疆大吏，只需实心实意为地方考虑，就是酬谢皇上恩情，就是有所作为。一切观望、揣度皇上的念头都没用，也绝不能用。

他把雍正供奉上天归为至诚，臣下也应该以此道对皇帝。

当然，这番谈话，以巧妙的密折方式让雍正知道了。

鄂尔泰故意说，雍正用人、行政没有什么神奇之处，先抑后扬，确实为高明一招。雍正颇为感动："朕实含泪观之。卿实可为朕之知己。卿若见不透，信不及，亦不能如此行，亦不敢如此行也。朕实嘉悦而庆幸焉。"

鄂尔泰这种替皇帝教导大臣的做法，既摸准了雍正的心思，又传达了皇帝用人的理念，还极为舒服又高级地赞颂了皇帝至正的昭昭公心。

这种暗地里替主分忧的做法，愈发赢得雍正的关心。惦记鄂尔泰熬夜，雍正说："凡夜晚办事，最是伤人。务教他（鄂尔泰）善体朕谕，以仰副垂注至意。"鄂尔泰得了一点小病，雍正却小题大做，找人给他推算命理，得到的结果是大寿，他才说："朕之心病已痊愈矣。"有一次宴会上，因为鄂尔泰远在云南，雍正特意将亲自尝过的食物寄往云南，说："这样就如同君臣对席了。"君臣互动，虽不免有矫情之嫌，亦真实显露出君臣连心的程度。

大臣们每每上报辖区出现祥瑞，其中鄂尔泰无论从数量、品种都堪称冠军。所谓祥瑞，就是出现了吉祥的征兆，寓意国富民康，皇帝仁德顺应天意。如出现彩云、风调雨顺、禾生双穗、地出甘泉、奇禽异兽等。

鄂尔泰几乎每月都上报。品种千奇百怪，有些东西确实难以求证，说有就有。比如彩云，等奏折到北京时，早已烟消云散，谁能指出曾有或无。

这是鄂尔泰极力让雍正高兴的一个手段。鄂尔泰也不糊涂，什么出现麒麟、圣龟、凤凰都是屁话。所以大理县令刘某奚落他时，他不但不记仇，反而嘉赞其公道正直，向雍正推荐刘某。但这并不妨碍鄂尔泰继续上报祥瑞。他上报祥瑞，不是像田文镜一样出于巴结、讨好雍正。

鄂尔泰的上报祥瑞，恰恰是政治斗争中对雍正新政的一种支持手段。通过大讲祥瑞，寓意雍正的所有作为得到天命认可，为当时雍正深陷各类舆论攻击做出了舆论解围。从心理上，雍正也愿意公开承认，这是上天全面承认他的所作所为，祥瑞是上天对他的"表彰"。

雍正并非痴人，自然也晓得其中奥妙。但这种默契，只可意会，不可言传。

这种互相打援的"说瞎话"手段，官场上屡见不鲜。若是不成熟的下属以为借此就抓住了上级的小辫子，展开反攻，上级绝对能找到巴不得出庭做证的甲乙丙丁，口口声声亲眼所见，将你辩驳得哑口无言，让抓小辫子的人以惨败收场。

4

皇帝是独裁时代的产物，所有大臣都必须遵循看皇帝脸色行事的原则，而且，为官之道的技巧需要自己不断总结。

鄂尔泰对此颇有体会，他曾说："大事不可糊涂，小事不可不糊涂；若小事不糊涂，则大事必至糊涂矣。"

这种大事小事自然转换的技巧拿捏得越纯熟，越容易引起其他受宠大臣的妒忌。

同僚间的妒忌，有个规律，必须是同样的层级才具备资格。倘若你本身就是不受皇帝待见的官员，则无资格对受宠幸的大臣心怀妒忌。因为，你与人家中间还差几个级别，盲目越级妒忌，换来的必定是更为严厉的斥责。

张廷玉与鄂尔泰当然在同一个级别上。他虽然对鄂尔泰腹诽已久，但却十分认同鄂尔泰的为官哲学，觉得他的大事小事论"最有味，宜静思之"。

这是因为两人同属深谙韬光养晦秘诀之人，不曾轻易动怒。尽管鄂尔泰有时言语犀利，但他却掌控着火候，从不轻易去招惹那些处事低调的官员，比如张廷玉。

而对有些人，鄂尔泰就不必那么忍耐。比如田文镜和李卫。

在雍正眼里，这三个自己最钟爱的督抚若能和谐共处，该是天下美谈。可惜，三人关系并不如雍正所愿。

因为李卫将办公地点安置在西湖中心，田文镜与他相互弹劾、相互谩骂已成常态。而鄂尔泰则对这两个"非读书人"都看不上眼。这种骨子里的蔑视，导致他与二人明争暗斗不断。

最终没有形成大的互殴，主要原因是各自管辖的区域不同，交集甚少。

很快，鄂尔泰便迎来了一次大家都盼望的“噩运”，一度让朝臣觉得“一个人的好运总有用罄之时”。

雍正晚年，鄂尔泰被调回京城，担任保和殿大学士，位居内阁首辅并获封伯爵爵位。

雍正十三年（1735），鄂尔泰再次被委以重任，负责平定贵州改土归流地区的土民叛乱。

这次平叛，雍正组织了最有力的班子，包括鄂尔泰、张廷玉、果亲王允礼。甚至，雍正还刻意安排了皇四子弘历、皇五子弘昼进入领导小组，锻炼政务处置能力。

雍正希望在有生之年，看到一场巨大的胜利。可事与愿违，即使领导小组如此强大，依然“苗患日炽，焚掠黄平、施秉诸地”，平乱工作迟迟难有斩获。

雍正大怒。

蹊跷的是，雍正大怒时，对所有小组成员网开一面，唯独对心腹鄂尔泰极为不满。

无奈之下，鄂尔泰找理由说，没有打胜仗，主要是因为自己从前布置不力，请求引咎辞职，并削去伯爵。

整个大清国的目光都看向雍正，推断他一定会包庇鄂尔泰。可这一次，出乎所有人意料的是，雍正做出最公正的裁决：“国家锡命之恩，有功则受，无功则辞，古今通义。”同意其辞职。

雍正的铁面无私，引起朝野震动。大家绝不会想到，炙手可热的鄂尔泰竟然也有今天。

改土归流成就了鄂尔泰，也拖累了鄂尔泰。之前获封的伯爵爵位，也被一并剥夺。

鄂尔泰一下成了退休老汉，赋闲在家。

官场上的世态炎凉是最明显的。荣耀不再的鄂尔泰，慢慢躲在众人遗忘的角落里，默默反省。

这时，宵衣旰食、殚精竭虑的雍正，在长期高强度工作状态下，身体状况已经大不如前。

众人还在观望，雍正却要撒手而去。这时，他留下遗诏，清楚地表明态度，虽未恢复鄂尔泰的爵位和名誉，但依然命其和允禄、允礼、张廷玉同列总理事务大臣，成为顾命辅政大臣。

这时，人们才醒悟过来：原来这是雍正的帝王心术——老臣保护计划，同意鄂尔泰退休，原来是早有安排。

封建社会时期，老皇帝临终前，总会将一些有意留给新皇帝的股肱之臣加以罢黜、贬斥。

这样做有两个目的：

第一，老皇帝对老臣做出惩罚，若是新皇帝起用之，则老臣会感恩戴德，重新焕发生机，潜心辅佐新皇帝。

第二，使被罢黜或贬斥的老臣不致陷入新皇帝登基的政治旋涡中，能够以“干净”之身，平稳过渡到新的政治格局中。

接替雍正的乾隆皇帝，领悟到了父皇的良苦用心，果然开始重用鄂尔泰。事实证明，有了鄂尔泰的制约和平衡，张廷玉始终未能对乾隆皇权形成有效威胁，为乾隆皇帝独掌朝政大权、打造“乾隆盛世”打下了坚实基础，并赢得了充分时间。

雍正在弥留之际，联手鄂尔泰共同完成“苦肉计”，换回了乾隆皇帝登基后最为宝贵的十年安稳期。

这才是君臣最默契的一出绝唱——君不言，臣自懂！

驭臣：打击朋党，所有大臣的后台是皇帝

特务的黄金期：奏折制度

1

雍正开启了特务的高光时刻。

奏折制度的建立，本不是雍正的首创，但在他手里，却闪耀出了最璀璨的光芒。

奏折制度，顺治朝已有，康熙朝初见端倪。

臣对君的报告，名目繁多，有章、奏、表、议、疏、启、书、记、札子、封事等多种样式。奏折属于后起之秀，所谓奏折，就是折叠的奏报。这种简单的折子，可以折叠多层，也可以折叠少量。

按照惯例，清代臣工的报告，主要有题本和奏本两种。关于钱粮、弹劾、兵马、命盗、刑名等需要公开的，多用题本。这种报告极其正规，有固定格式，也必须钤印，意思就是官员必须明确盖章。另外的奏本，涉及的不是国家正规法令，多是私人性质的，比如到任、升转、谢恩及个人私事，则不用正式的印鉴，等于是给皇帝汇报私下里的工作。题本一般首先经过内阁审核，然后交给皇帝。两种文体都经通政司转送给内阁，再直接转交给天子。

题本因为太正规，必须用正楷字，而且还要有摘要，等等，要求用满、汉两种文字书写，所以，这种文书写起来繁复而缓慢。奏本就可以省去这些琐碎的程序，让皇帝尽早得到信息。唯一的问题是，奏本要经过通政司，这样就难以保证保密。

慢的题本，虽然正式，常常得到时已是“旧闻”。奏本虽然快捷，却因为手续问题难以保密。

有没有一种更快捷却能够保密的报告形式呢？

奏折应运而生，这是深居皇宫内的皇帝获取秘密消息的最佳途径。皇帝居深宫，却是整个国家的独裁者，他希望得到最准确的秘闻，以便准确掌控官员的信息。

清朝皇帝都知道，明朝获取官员信息，多依赖宦官和身旁近侍，这种制度的危害是容易导致宦官乱政。为了清朝国祚永续，当然要找到一种更为合适且不易滋生乱政的方式。满清一入关，顺治皇帝就开始提出一种“密封奏折”的新方式——官员与皇帝可以直接“对话”，将所见所闻汇报给皇帝。但这种方式仅仅是个尝试，并没有形成固定的模式。康熙朝则巩固了这种方式，奏折范围及对象多了起来。康熙曾说：“密折之事，惟朕能行之耳，前朝皆用左右近侍，分行探听。此辈颠倒是非，妄行称引，偾事者甚多。”

但康熙朝运用这种制度，还停留在秘密进行。康熙觉得，不能让每个官员都感觉时时处处有一双眼睛在盯着自己，这样不利于朝政稳定。所谓的奏折，只是在最亲密的几个大臣与君主间往来，并未扩大到整个朝野。因此，康熙生怕密折泄露，一再叮嘱臣下：

> 但有所闻，可以亲手书折奏闻才好。此话断不可叫人知道，若有人知，尔即招祸矣。

他自己也小心翼翼地处理，曾说：

所批朱笔谕旨，皆出朕手，无代书之人。此番出巡，朕以右手病不能写字，用左手执笔批旨，断不假手于人。故凡所奏之事，惟朕及原奏人知之。

即使如此，康熙已经十分满足，觉得自己比父皇顺治操作这件事更游刃有余、更完善，所以才会发出“惟朕能行之”的感慨。

其实，这种鼓励告密的行为，早在商鞅主政时，就已经存在。商鞅是历史上第一个鼓励、奖励揭发的人。按照他的理念：“不告奸者腰斩，告奸者与斩敌首同赏，匿奸者与降敌同罚。”这就是说，获悉秘密而不揭发者同罪，判处腰斩。而一旦你积极揭发邻居，就如同战场上斩敌人首一样，可以获得赏赐。这项制度的落实，就是“民众编为什伍，实施连坐之法”。此办法的实施，让揭发者第一次光明磊落地走到了台前。如果知情不报，就施行连坐政策。

这是把人性的恶，激发到了极致。一旦发现某人有些小瑕疵，就必须揭发，否则你将受到“同罪”（连坐）的牵连。

雍正上台后，面临更为复杂的政治局面。他属于孤独的皇帝，很多结成集团的官员，围绕着八阿哥、九阿哥、十阿哥和十四阿哥，雍正要想获得机密的信息，就必须培养自己的情报队伍。

而他贵为皇上，当然不能也不屑与官员们结成联盟。雍正需要的是官员对他的忠心，并随时揭发身边的其他官员——官员们需要以这种情报的交换来赢得皇帝的信任。

雍正鼓励大臣当“特务”，其实并非专门的组织，而是他的每一个大臣。

2

雍正对待秘密的奏折，十分用心，每一件都亲自查看并批阅。皇帝批阅过的红色批语，称为“朱批谕旨”，批过的奏折，称作“朱批奏折”。

不是每一个官员都能享有上秘密奏折的权利，一般为各省督抚独有的特权，让封疆大吏能够心理上更为骄傲，愿意为皇帝出“正式制度”外的私人力气。后来，雍正又将这一制度进行了扩充，提督、总兵官、布政使、按察使和学政等官员，也具有了这种权利。只是，他们和督抚上交奏折的渠道有别。

为了确保秘密奏折真正保密，雍正完善了措施，采用了四种办法：

第一，朱批奏折必须收回。雍正登基后，就下令官员们将之前康熙朱批的奏折通通交回，保存在皇宫内。他在施行奏折制度后，同时下令：朕亲批的密旨，必须交回，不得私自抄写或存留，并规定了一定的时间内，大臣在收到皇上朱批奏折后，将原折和朱批一并上交，保存在皇宫内。朱批的内容是君臣秘密之言语，不得写入正式的题本中。这样就保证了皇帝说过的秘密话语，只能君臣私下里交流，不得公开泄密，更不能成为来日要挟或另有所图的证据，这样就确保了密折的私密性。

第二，运送有专用的奏匣。为了保证奏折的保密性，雍正专门定做了很多箱子，称为“奏匣”。匣外加铜锁，用盖有御押的黄纸当封条，最后用黄包袱裹着，交给专人运送。给某大臣的奏匣，皇宫特制的钥匙只有两把，一把在皇帝手上，一把在大臣手中——这就保证了奏折运送途中不会被泄密。每个具有资格的大臣一般发放四个奏匣，以保证大臣和皇帝交流不会因为奏匣不够而间隔时间太久。奏匣为皇宫独制，不得仿造。广州巡抚常赍的奏匣曾被盗去，只能借用广东将军石礼哈的奏匣，不敢私自仿造。

第三，奏折直送内廷。各省要员的奏折，不经过通政司，直接送到乾清门，交给奏事处的太监，亲自送给皇帝。若是级别不够的官员的奏折，不能直接送达，交给指定的王大臣转呈。这不仅仅是区分等级。虽然雍正说过，小臣的奏折直接送到乾清门，有失体统。这是冠冕堂皇的理由，并非真话。实质是，雍正通过这种转交制度，做到了一石二鸟。既让负责转交的大臣认为皇帝对自己无限信任而更为卖力，又保护了小臣，不至于让人知道除了封疆大员之外还有哪些人递送了奏折。

负责转交奏折的，都是最亲信的王大臣，如赵向奎、鄂昌的奏折送给怡亲王；潘体丰、王溯维的交给张廷玉；朱纲的交给隆科多；等等。有的地方官员还需要交给巡抚代呈。

第四，亲自查看。雍正对每一件奏折都要亲自查看，任何负责转交的大臣都不得私自拆开。他查看奏折时，不允许任何人走近。尽管有时候一天就达到二三十件甚至五六十件，他也从不允许别人分享这最为秘密的消息。这样既打消了揭发者的顾虑，又保证了天子独享的无上权力。这是君臣之间最私密的谏言通道，小到感冒发烧，大到人员品性优劣、处事方法、暗中行为等，多而繁杂。

第五，书写必须本人亲笔。这种奏折，必须为官员自己亲笔，除非有重大疾病或者确实年迈手颤者，经皇帝同意，可以让人代笔。雍正还在朱批里嘱咐大臣："实在忙碌时，让人代书可以。如果遇到十分机密的事，必须亲笔。哪怕字画稍大，略带潦草也无妨。意思表达清楚就行，对朕的尊敬不在这些小事上。"当然有些人，比如李卫，雍正是允许他找人代笔的，因为李卫识字不多，确实写不好。强调官员亲笔书写，也是为了保密，毕竟不能确保知情人不会乱传出去。

看似君臣远隔千里，但有了奏折，雍正往往比内阁大臣更为了解各地的实际情况。而且，通过平日里大臣之间互相的揭发、监督，皇上对事情有了提前的判断，做出的决定往往就具有了前瞻性。

总体来说，奏折制度有以下几个作用：

第一，官员之间互相牵制，彼此监视，人人担心皇帝掌握了自己的秘密，因而变得战战兢兢，存有戒心，行事不敢过于放任。

第二，督抚等大员不能擅专，会有所收敛，减少了大员犯大错的概率。

第三，给下级官员提供了诉说的机会。如果没有奏折制度，下级官员无法与皇帝直接沟通。在奏折里却可以实话实说，顾虑没有那么多，皇上会为他保密，这样皇上也容易获得实情。

第四，遇到大事，君臣可以事先商议，政策的出台不至于草率、不合民情。

第五，随时可以教育大臣。雍正用朱批随时调教官员，纠正小错误，防微杜渐，预防贪腐。另外，皇帝朱批赞赏官员，会起到激励作用。

第六，对人才的提前布置。通过秘密渠道，可以提前发现有用人才，也可以预先获知某些人的罪行，早做罢黜准备。

第七，从奏折里分析大臣。这一点，雍正很留心，往往从字里行间发现臣工的优劣，判断其性格，或者通过别人的揭发，分析臣工心理。

第八，扩大见闻，熟悉庶务。雍正并没有像康熙那样，为了掌握全国信息，进行多次巡视。他坐在皇宫内，通过奏折制度，获得了许多最真切的消息，从而变得“眼观六路，耳听八方”。

3

奏折制度的建立，本意上是要高效管理国家，不让大臣懈怠或者蒙骗皇帝，最终却成为保护皇帝独裁者地位的工具。皇帝以操纵手的角色，手牵数百条线，操纵着无数“木偶”（大臣）。他希望，这样的君臣联袂，能够舞出最美的舞蹈。

因为具有私密性，奏折里全是君臣的悄悄话。皇帝可以随时发火或者煽情，大臣则多以聆听教诲的方式，负责点头称是。

既然是悄悄话，就该永远保密。但在皇帝心里，天下是朕的天下，所有家国大事小事，都是朕说了算。

总有聪明的大臣，要来个标新立异。雍正五年，四川提督黄廷桂向雍正建议：“从前奉到上谕，刊版刷印。”他的意思，这样可以教诲民众。

雍正否定了他的建议，理由是，奏折数量太多，不可能全部印刷。还有一个重要的因素，要印刷奏折，如果不说明事情的来龙去脉，很容易让大家迷惑。可是要全部说明事情的前因，确实又不胜其烦。最后，雍正摇着头说：“无此体制。”一个改革者，以无先例体制为借口，委实牵强。但皇帝就是皇帝，他的态度是要大臣听，而不是让你反驳的，此事只好作罢。

但是，随着时间推移，雍正使用奏折多了，渐渐有了想法。如此精彩的君臣对话，如果仅仅秘密进行，对其他的臣民并无借鉴意义。而且，遇到雷同的事件，君臣还要重复一次。

有没有好的办法呢？

有！

雍正九年开始了尝试。先从清朝最核心的阶级“八旗”开始。编印了《上谕八旗》，里面附有《上谕旗务议覆》和《谕行旗务奏议》两种。前一种前半部分印谕旨，后面附有八旗大臣议论的内容；后一种则改变方式，前半部分先录八旗大臣的奏言，谕旨恭敬地录在后。

两种形式不一的印刷品，雍正以为这是“自己家”（八旗）的事。这样涉及的事情少，而且全部都将每件事的原委介绍清楚，读者容易看懂。

这两本谕批奏议印刷后，并未产生不良反应，给了雍正足够的信心。

于是，为了将自己夙夜匪懈、勤于政务的真相昭示天下，让官民均能体会皇帝管理国家的良苦用心，雍正最终还是选择了将君臣之间的秘密谈话（奏折）公布于世，名称定为《朱批谕旨》。

雍正这不是出尔反尔吗？前面大臣建议印刷，你不同意；没人建议了，你又要主动印刷？

雍正这样做是有原因的。

这中间，发生了曾静策反岳钟琪的事情，让雍正觉得，皇帝需要与天下对话。什么是天下？自然就是全国官民。通过刊印发行《朱批谕旨》，可以感化臣民，让他们了解当今皇帝是最体恤臣民的皇帝。公布真相，更让反对者无言以对。

雍正就不担心自己和大臣说的悄悄话公开后，在朝廷掀起轩然大波，引发朝政混乱吗？他当然考虑到了这一点：奏折保密是有一定的时效性的，时过境迁，早有定论，公开已无大碍。再者，不是全部公开。

雍正十年，《朱批谕旨》正式刊行。编纂工作执行几个原则：

第一，严格筛选。哪些可以公布，哪些不可以公布，是有严格规范的。涉及重大机密事件的，不公开。所谓的公开，是有选择地公开，而且是有序地公开。有利于朝廷的先公开，有警示意义的重点公开……不宜公开的，当然就不在公开之列。官场上的很多公开的公文，就是这样。你看到的，其实是过滤过的信息。

第二，重新编辑整理。公开的内容，是经过编辑整理后的，也即皇帝希望，公开后的作用是有利于国家、有利于朝廷、有利于皇帝的，而不是起反作用。因此，有些公开的内容，就不得照抄原稿。比如：署理云南巡抚杨名时雍正五年九月二十日第三折行批，原为："此皆杨名时所荐之科甲中人物。"刊本改为："恐未必如杨名时所荐之科甲中人物。"篡改的稿件，是遵照皇帝旨意进行的，必须是体现皇帝意志的。这也是诸多皇家正本史书里最常见的现象。虽然历朝历代规定，史官必须真实记录历史，但几乎每一本正史里，都多多少少记载有皇帝授意的内容——他们要以这种正规版本混淆历史真相。目的当然是要掩盖真相。

雍正执政初期，特别强调，提奏人不得私留底稿，不得抄录朱批奏折，看完原件后必须上缴，也不得随意宣扬朱批奏折的内容。可是，忽然就这么自我推翻本该的铁律，分析原因，大约有这么几条：

第一，树立皇帝形象，引导正确舆论方向。皇帝与天下臣民距离很远，如何能够让大家获得皇帝的信息，进而体谅皇帝、尊敬皇帝，就需要以公开皇帝"日常工作"的形式，让皇帝走进臣民心中。

第二，显示皇帝的能力。这是继承了清初诸帝好发议论的传统。皇帝向人民发表谈话，既能彰显渊博学识，又能教化民众。顺治于顺治九年（1652）二月颁布《六谕》，康熙于康熙九年（1670）十月公布《圣谕十六条》。这些书籍，每逢初一、十五，各地有专人宣讲。童生复试，必须默写其中一条。

第三，显示公正。雍正是个非常务实的皇帝，他希望依靠自己的励精图治，施行历代帝王没有几个人能做到的完美政治，建设中国历史上绝无仅有的公正社会，令万民幸福。他要通过这样的方式，让百姓感受到，皇帝管理国家，并无私心，完全出于公道、正道、天道。

第四，确定身后评价。雍正行事虽然风格强硬，却十分注重别人的评价。尤其是刊印《朱批谕旨》时，他已经五十四岁，身体已发出信号，像他如此强硬的皇帝，绝不允许自己去世后，留下任何不利于自己的“证据”，所以才一再告诫臣工，不得妄自将奏折收入个人文集。如果是面谕，要求臣工事后必须复述。也就是说，为杜绝以“皇帝亲口说过”的话为理由随便传播或收录，大臣必须把面谕时的“语音”转换成“文字”。一旦形成文字，就必须严格遵守“不可妄自收入文集”的铁律。这种防范不可谓不严，也透露出雍正过分在意后世的评价。在世时主动御览刊印《朱批谕旨》，就是希望一切尽在自己掌握中。

《朱批谕旨》是正规印刷的书籍，当然要确保正式。篡改的原因有很多，主要有两点：除了前述因忌讳而删改，还有就是对文字进行修饰。修饰文字约分三种情况：

第一，纠正错误。因为当初批改时，写得急或者其他原因，往往有白字，如“叛贼”写成了“判贼”，“防范”写成了“访范”，“沽名”写成了“姑名”；等等。这些白字必须修订才能体现皇家文件的规格。

第二，让格式整齐。私下的奏折里，自称“奴才”和“臣”的都有，比较乱。刊本时，统改为“臣”。有些职衔过长或者职衔不合，都做了规范。

第三，润色文字。对那些写得随意的文字进行润色，会让刊本更加具有可读性和知识性。如：“知道了。朕只据事而论。心在你腔内，朕从何察考，只在行。”修改为：“心在汝腹内，朕从何察究，亦惟据事论断耳。《鲁论》云：‘听其言而观其行’，朕深佩服此一语。”

奏折终究是奏折，它虽然不会开口，但有其原貌。历史人物书写历史的同时，也成为一段历史。判断其中的对错，不宜抛开当时的环境因素。

朕讨厌拉帮结派：打击朋党

1

朋党，就是集团、派别、圈子。

在官场上，你入了哪个集团，就是进入了这个圈子。每个圈子各有特色，但总体有一条，这个圈子不仅维护内部人，还负责对抗外部人，包括皇帝。

整个官场，由无数个集团组成。集团是封闭的，又是开放的。集团组成的圈儿，有时还套进别的圈儿里。环环相扣，乱而不乱。各自的圈里，都有各自的规矩。但所有的圈子，却又都遵循一个原则：利我！

官场上，如果你不进入圈子，就很难混下去，就会成为孤臣。孤臣，在平常看似与其他人并无不同，而一旦有事，其抵御风险的能力是很弱的。所以，为官之道，最忌讳成为孤臣。

官与官是有区别的。总体上看，约分为几类：

第一，寒窗苦读型。这类是最苦的，也是最不容易成功的。考取功名已经耗尽了家产，耗尽了岁月，一般为官时年岁已经不小，且多是很小的官职。一旦有机会成为官员，谨小慎微，处处小心却还难以晋升，很多人的心态就蜕变为“趁着还当官，捞个够”，孝敬上级，盘剥百姓。这样的人往往极容易就被钱财拖下水，也最不容易出大格局的高级官员。

第二，掏钱买官型。这类人多是富庶家庭，既想当官又不想苦熬，或者因为祖上有某种资格，或者身为八旗子弟，天生就有捐官的资格。这样上任的官员，常常被科举士子看不起，反倒常做些出人意料的事情来。他们属于没有经过读书流程走捷径的人，因而被看作官场里的少数派。他们往往只能自己形成小圈子，难以走进科举圈内。

第三，子承父业型。这类是官场里最显赫且地位最牢固的一群人。他们往往因为有显赫的家族支撑或者由有名望的家族协调，是在官场中最有可能获得提拔，仕途最可靠、稳妥的一拨人。他们上下相罩，左右帮衬，如鱼得水，是官场的中流砥柱，也最容易成为高级官员。因为，平日里只要有机会，他们就会早早成为后备力量。遇到时机，就会按部就班地得到擢升。

第四，互相提携型。这种类型的官员，多是同榜考生，或者拜在同一老师门下，他们也是官场主流。整个链条上，一个人提升了，就会趁机把腾出来的位置留给自己人，你帮助我、我帮助你，相处融洽，有资源也愿意共享。

第五，突击提拔型。这一类，往往就是那些最意想不到的人。要么靠着拍马屁功夫了得，要么是战争需要，再或者就是某类特殊技术人才，比如治水能手、防灾妙手等。或者遇到突发事件，被皇帝或者高官看上，从零基础当官，忽然就被越级提拔为官员。他们因缺少基层锻炼的过程，往往行事突兀，要么某件事出色得令人咂舌，要么做事出格，令人笑掉大牙。但这一点也不妨碍他们高升。

第六，祖坟冒青烟型。还有最蹊跷的一个途径，谁也说不清什么原因，事情三拐两拐，就将他变成了官员。这类人，只能解释为靠的是走了狗屎运的福气。他们做事往往也遵循无心插柳柳成荫的路子，洒脱而随意。

这种种为官类型，看似互不相干，但又千丝万缕地相互牵连着。

封建社会做官，是门学问。为官绝不是单单凭着一腔热血就能成为清官、好官，其中门道太多。如果不通晓为官之道，就极有可能此路不通，或者仕途坎坷。要通晓人情世故，还不能完全不顾国法律令，既要面子上过得去，还要关键时刻会“铁面无私”；既要会做事，还要会做人。

此中的技巧，有的靠个人领悟，有的靠上任传授，有的靠朋友间交流心得，还有的直接就是上级强摊派而不得不自己摸索……这种种奥妙，说来说去，还是靠各个圈子慢慢形成的惯例在运行。倘若不懂其中的玄机，莽撞行事，是要吃亏的。因此，要做官，先要学会为官之道。

官员与官员之间的这些勾当，和皇帝是挂不上钩的。皇帝是一切的主宰，臣下对待皇帝，必须仰视且永远尊敬，不招致皇帝的厌弃。皇帝内心里，是希望百官都对自己忠诚的，但他也心中有数，总有官员在和他耍心眼儿、斗法。

于是皇帝就千方百计地想破坏官员之间的各种圈子。

皇帝不需要圈子，但他也不希望官员们有一个没有皇帝存在的圈子。尤其是像雍正这样强势的皇帝，更不乐意在他之外，官员们另有“主子”（圈子的核心）。

雍正最务实，他希望臣下都能高效、快速地执行颁布的谕旨。这多少有些理想化，不符合几千年来形成的官场文化。

可是，他是皇帝，他当朝的时代，就是他的时代。一切官员，当始终以他为上，以他为准，向他看齐。这就导致，雍正朝一定会掀起一场君臣斗法。这是独裁者为保护自己的利益而做出的选择，也是臣下要经历的一场严峻考验。

谁胜谁负，都不能影响国家正常运转。

2

雍正为何要反对朋党？这是因为，早年间，他曾多次处理过民间的实际问题，洞晓官场的好多游戏规则，并非都如向皇帝汇报的那样光明磊落。

官员达成联盟的目的，是要保证联盟成员利益共享、有难互帮。只有这样的圈子才会吸引人不断加入，如果加入了圈子没有任何好处，谁还会进入呢？

皇位为何吸引人？就是因为登上这个宝座后，就成了天子。天子是天底下最尊贵的人，是这个国家的最高统治者。最高统治者拥有超越一切的权力和福利。

最初，大家都是穷人。渐渐地，富人从穷人中凸显出来，贵人又从富人中凸显出来，最终，最高统治者从贵人里凸显出来。所谓凸显出来，就是要享受施行权力时的酣畅和被别人敬仰时的愉悦。

主宰一切的皇帝，其代表的当然不仅仅是个人，他是国家的化身。国即是家，家即是国。而他是家、国主人。要管理好国家，就必须制定一些游戏规则。这样，法就诞生了。秦国重用商鞅，以法治国，最终使得秦国富强了，顺带让那些重臣富强了。所以，韩非子强调，君主要用“术”防奸，避免大权旁落。可申不害治理韩国的经验，又让韩非子认识到，如果仅仅重用“术”，却没有统一的“法”，就等于缺少准绳，“术”的使用就缺少了方向。

对君主而言，在“法”和“术”之外，还有一个“势”。“势”像云雾一样，龙、蛇“不托于云雾”，不能腾飞，就如同蚯蚓、蚂蚁一样。尧、舜有势，天下大治；桀、纣无势，天下大乱。

雍正对“法”“术”“势”是综合运用的。

改良法律的宗旨是寻找适合国家的法律，而不是墨守成规，不敢逾越。法是基础，有了健康的法律，国家就会稳固。法是可见的，“有形”的。

“术”是手段，是具体的做法。“术”既有形，比如奏折制度；又无形，比如通过奏折制度，大臣之间互相并不知道谁说了你的什么事，而皇帝已经掌握了你的什么秘密。

要领导人，“术”和“势”都要运用好。

雍正反对朋党的真实心态，就是要在全国建立“一管百”这样一条线，让他这个君主能随时洞悉所有官员的所作所为。而官员们形成的朋党，则是希望君主也能够遵守规则，要严格维系“皇帝—六部—督抚—州县官”这样的体系。如此一来，皇帝就不得任意作为，而要依赖部分高官才能推行所颁布的谕旨，皇帝的权力无形中得到限制。这是大臣们希望看到的，也是朋党的最大效用。但，这却是皇帝最不愿看到的、深恶痛绝的。尤其是雍正，独裁意识非常强烈，岂能容忍！

雍正的喜怒无常和多疑是十分明显的。对他而言，顺从是最好的选择。韩非子认为，龙也是一种虫，可以驯而骑之，“然其喉下有逆鳞径尺”，倘若有人触碰它的逆鳞，必定要被咬死。他提醒道：“人主也有逆鳞。”

作为真龙天子，雍正最见不得有人瞒着他暗中行事，这是对他最大的侮辱。为抵制这种行为，他要求臣子对他绝对忠诚，又在君臣之间有意互相牵制。他的这种想法，朋党中的领头者也有。雍正当然不能允许“天子”之外，再有“准天子”或者“二天子”存在。他要敲掉这些头头，不使任何大臣能够以他的方式管理下属、对抗朝廷。

雍正反对朋党，重用了两位干才：一是田文镜，一是李卫。田文镜文凭不高，监生出身，最初官阶低，县丞角色，却很有能力，深受雍正器重。雍正最看重的就是田文镜“每事秉公洁己，谢绝私交，实为巡抚之第一人”。

田文镜的个性决定了其行事方法，必定会成为孤臣。而孤臣，正符合雍正的胃口。田文镜就因为这个原因才会受到宠爱。不仅仅是因为其才干出众，更重要的是他的为官理念正好契合了雍正的驭臣之道。

田文镜孤立到不与其他官员热络，甚至声气不通，常遭他人背后说坏话。大将军年羹尧曾奏田文镜居官平常，隆科多亦曾奏过，雍正则为田文镜辩解：“你们说的都是轻信浮言，未得其实。”

李卫几乎是个文盲，但他通晓为官之道。雍正使用他的意义就在于，他是“文盲”。只要是文盲，就不会陷入科甲朋党圈子里。雍正是读书人，深谙读书人鄙视文盲的心理以及骨子里的傲气，大热天都会飕飕冒着凉气。雍正喜欢李卫，就是在宣示“以低压高”，用低文化的官员压倒读书人的自以为是，使读书人骄傲不再。

雍正是要让李卫、田文镜成为打击朋党的两面旗帜。这是皇帝亲自树立的，谁也扳不倒。这是两个人受宠爱的深层原因。掌权者需要下属中各种角色都齐全。有幸成为某方面“典型的角色”，升迁必定有望。

3

官员们一旦结成集团，就如身怀利器一样。这样那样的利器，不仅对准老百姓，也对准圈子外的其他官员。最严重的问题是，他们还有意对抗皇帝。皇帝无形中成为冤大头。

这种对抗，最主要的手段就是糊弄。如果皇帝没有清晰而准确的判断力，很容易就被糊弄过去。举个小小的例子。明朝万历时，军队将校升官、论功行赏，取决于杀敌获得的首级。杀死了多少敌人，几颗几级，有着严格的规定。

兵部有个小吏，故意把报告上的“一”字抹去，重新填上“一”字，然后拿着报告让上级看，声称有涂改，按规定应该严查。等到将校们的贿赂送上来，这个小吏又称，经过仔细核对，原本就是“一”字，并无作弊。这种明显的作弊和索贿行为，其实也存在于圈内圈外。如果是圈内人，按照潜规则送礼后，则可以晋升；如果是圈外人，不懂该圈的潜规则，则无缘升级。还有，明朝皇帝派太监到各地监督，太监们就利用手中的职权，拉拢、培养自己的圈子，用假情报糊弄皇帝。圈外的人如果不服，则会受到更为严厉的报复，对皇帝来说，还以为除掉了一个罪恶滔天的赃官。

雍正是十分熟悉这个套路的。官员们在位日久，阶层便易固化，升到哪一阶，看似都是皇帝授予和赏赐的，但其中却有着错综复杂的关系。其中有三条是十分明显的：

第一，论资排辈。这种规则甚至被看作是合理而公平的。你在副职的位置上坐久了，一旦正职高升，这个空出来的位置理所当然地就首选副职。殊不知，副职本来就是正职提拔上来的，所以，正职升迁后，无形中还掌控着原来的部门。这种选拔人才的规则，看起来蛮有道理却并不公平。皇帝虽然不情愿，但也只能默默听任这种规则延续。因为一旦打破这种规则，会引起众多集团争抢这个位置，反而更不利于官场稳定。

第二，互相推荐。需要增补一些官员时，皇帝有时并不清楚谁更合适，这就需要上级或者吏部负责推荐。一有这种机会，就成为推荐者或者吏部大肆笼络人才或者受贿的最佳机会。他们推荐的，多是同榜相识，再或者就是之前已经加入圈子的人，所推荐的人，其实已经和朝廷选拔人才的初衷相距甚远。但对他们来说，这并不重要，重要的是推荐熟人、自己人。

第三，揭发、打击。如果皇上想提拔谁，都不听从推荐者的推荐，不论资排辈，那么，为了得到这个位置，圈子里的高层人士就会发出指令，让合适的人站出来，揭发皇帝想提拔的人，打乱皇帝的节奏，让皇帝失去清晰的评判，最终屈服于官员集团。

最叫人无奈的是，这三种情况谁心里都明白，却无法打破。

官员们理直气壮：要么论资排辈，要么让我推荐。两项都不听，就发动人员揭发、打击，搞乱皇帝的思维。

叫皇帝有苦难言的是：表面上看，所有的事情官员们都是一副出于国家政务需要，我等并无私心的派头。

这种朋党顽症，清朝自顺治至康熙，几十年间，越来越固化。康熙无比头疼地说："朕听政四十余年，观尔诸臣保奏，皆各为其党。"只有同学才推荐，只有老乡才提拔，只有亲属才列入后备干部名单，其他人统统免谈！

就是如此严重的问题，还有人为朋党歌功颂德。欧阳修曾作《朋党论》为之正名，弄出"小人朋"与"君子党"概念。称，只要排除了"小人朋"，大可行"君子党"。

可是，谁是"君子"？谁是"小人"？君子固然自称"君子"，小人却从不自认"小人"，演变到后来，便是：在位的我们，都是君子；不在位的你们，都是小人。

这样一来，现实中掌权者就是"君子"，失势者就是"小人"。朋党，反而成为政治斗争的保护伞，让顽症越来越难以治愈。

朋党还有一个最大的弊病，那就是：越是重要的位置，越要争斗出个一二三来。本来团结协作、为国效力是所有成员的使命，但分出这个圈、那个圈后，甲圈提出问题，乙圈就奋力给予否定，以显示本圈的权力和判断力。于是，部门内，表面上一团和气，暗地里互为仇雠。遇事便相互掣肘，什么事都推不动、做不成。你拖我拖，拖得王朝败落，还各自数说对方的罪责。

因朋党的斗争，轰然倒塌的封建王朝，反复更替，换了主家！

康熙朝后期，朋党现象已是坚冰一块。不但在官员推荐与提拔中非朋党不行，即便在监察与弹劾这件事上，也是同党相庇、异党相斥。

监督者卷起舌头说话，是非曲直怎还有尺度！

顺治对朋党也很警惕，甚至提高到亡国之高度："历代人臣植党，因之遂致乱亡。”“朕观宋、明亡国，悉由朋党。”

雍正登基，誓要建立一个“政治一新，振数百年颓风”的崭新王朝，所以，他绝不允许这样的圈子在他眼皮底下行事。

谁挡道就处理谁！誓要还官场本来面貌。

第一，敲重点。雍正元年，召集大臣，在朝会上发表重要讲话：“朋党最为恶习。明季各立门户，互相陷害，此风至今未息……尔诸大臣内不无立党营私者，即宗室中亦或有之。”这就告诉大家，谁也不要心存侥幸，这场改革是前所未有的，即便是满族宗室也不例外。这种拿自家人开刀的勇气，雍正说到做到。

第二，心理战。雍正二年，他亲自主笔，写了一篇《朋党论》，亮明观点，就是要驳斥欧阳修的歪理邪说，让群臣再难以为自己辩解，从心理上抛弃朋党。

第三，举例子。雍正五年二月初四，他就河南参官案谈及科甲朋党，谕内阁、九卿等：按从前田文镜参劾之案，黄振国之罪本不至于死。“及被参之后，蔡珽为之党援，李绂为之陈奏，谢济世又为之翻案，勾结党援，造作蜚语，扰乱国政，诬陷大臣，为世道人心之害，所关甚大。是黄振国之罪虽服极刑而有余，尚得谓之罪不至死乎？但其所以致此不可赦之死罪者，实由蔡珽、李绂、谢济世三人成之也。着并谕黄振国知之。”按照雍正的本意，黄振国本不该是死罪，蔡珽、李绂、谢济世却为他翻案，如果你们三人不翻案，或许他还不至于罪不可赦，言外之意，朕可以宽恕。可是，就是你们三个人为他翻案，互相包庇，才促使黄振国走上了这条不归路。黄振国速死，就是你们促成的！并且，雍正还让人把这个消息告诉黄振国，让他临死也怀着对三个人的仇恨。这三个人都是赫赫有名的大官，蔡珽是兵部尚书兼左都御史、代理直隶总督，李绂曾是广西巡抚、现任直隶总督，谢济世被任职为浙江道监察御史，如此要员，雍正丝毫不顾及情面，可见打击朋党的决心之大。

第四，多头推荐。雍正五年闰三月初九，雍正命九卿等将会试举人中“有猷、有为、有守”者举出。众举人亦可公举素日推服之人，或数人，或十数人举一人。本日，吏部会同九卿等将拣选举人引见。命分发各省以州县官委署试用。谕以“刚柔相济，教养兼施，化浇薄而为醇良，惩佥邪以安善类”。通过这种多人推荐的方式，试图打破举人加入某圈的可能性，以多人推荐方式避免举人因感激某一人而钻入该圈的可能性。皇帝通过亲自接见的方式，让准备到各地赴任的这些人心中存有一个观念：这是皇帝亲自挑选的，不是任何一个官员推荐的结果，应该心存感激，努力做出成绩报效朝廷。

第五，破格选拔。雍正五年四月初三，下令将会试下第举人落卷取出再阅，择文理明顺者交吏部带领引见，候简用。本日，任以各省教职，谕以勉力供职，六年内如卓有成效，督抚提荐，将格外加恩。

雍正也知道，全凭一张试卷不能证明一个人的全部才能。给落第文人制造机会，就撕开了科甲互援的网，让这些本来升迁无望的读书人归入“皇家”圈子，成为皇帝提拔的人，他们会格外卖力。

第六，综合使用。雍正五年六月十四，雍正又发出上谕，让捐纳人员与科目人员并用。他说：“近见科目出身之员，不但多有苟且因循之人，而贪赃坏法者亦复不少。至于师友同年夤缘请托之风，比比皆是，牢不可破。假若仕途尽系科目，则彼此固结，背公营私，于国计民生为患甚巨。古圣人立贤无方，各途皆有可用之才。”“使富厚有力之家叩受官职，便不希冀科名、萌营求奔竞之妄念，亦是肃清科场之道。”除道、府、同知大员不准捐纳外，通判、知州、知县及州同、县丞等官应准其捐纳。

这种混合所有制选拔人才的办法，也是为了杜绝科甲人员，尤其是同榜同学互相勾结并且拥立本届考官为师的弊端。雍正认为，让那些富家子弟捐官，他们便放弃了功名，不再追求科甲虚名，这也是肃清官场朋党的一条道。这种多元化的官场，能让各种人才为国效力。

仅仅雍正五年二月到六月，一百多天时间，雍正就做出了这么多遏制朋党发展的举措，可见他对朋党是深恶痛绝的。

而且，他还专门改了定例，让已经退休的官员恢复职务。原来的定例，外任官员一经告病就要命其退休。雍正感觉到这可能导致人才损失，于是就修改为，以后如果外任官员告病，督抚需要查明情况，批准其回原籍修养。等到病情好转，恢复健康，就可以从原籍提出申请，赴吏部引见，仍以原来职务补用。这样做，既可以杜绝有人趁机打击、压制，也不至于使人才流失。

雍正不许官员结成朋党，是出于国家考虑，更是出于皇帝作为独裁者考虑的。他希望在他的治理下，所有官员都能尽心竭力，为官一任，除了为民造福，就是忠于朝廷，除此之外，不得再有他心。

一番痛下狠手的治理后，官场朋党确实有所收敛。但这毕竟是几千年形成的恶习，绝难一次性根除。大刀阔斧如雍正，也做不到。

而雍正自己，在惩罚年羹尧等人时，却又极力撺掇大臣形成合力，参劾年羹尧，这不能不说是独特的皇家权力的悲哀。

傲人遇到傲人：情商极低的年羹尧

1

有一句话不得不说：年羹尧离开雍正，就不是年羹尧了。而雍正离开谁，他都是雍正！

这是封建王朝帝王的特权决定的，也是强势的雍正必定要达到的目的。

年羹尧出生于康熙十八年，比雍正小一岁，两人是真正的同龄人。同龄人往往具有相似的判断力和相同的兴趣点，这也就是为何有“代沟”之说。雍正对年羹尧超常规地宠信，虽有登基初期需要重臣、年羹尧全力辅佐等原因，最重要的一点，雍正是个骄傲的人，年羹尧的性格亦是如此。

年羹尧，字亮工，号双峰。名与字都取自《尚书》，其中“尧”是辈分，“羹”取“调羹”之意。《尚书》记载，商朝的天子武丁曾经对宰相傅说说：

“若作和羹，尔惟盐梅。”意思是说，如果要煮羹汤，你就是那调和味道的盐和梅，酸度和咸度要适中。治理国家，也像调和汤水的味道一样，需要高超的协调艺术。后即用“调羹”借称宰相。“亮工”出自《尚书·舜典》：“钦哉，惟时亮天工！”意思是能辅佐天子以立天下之功。由此可见，年羹尧的名和字都是位极人臣、建功立业的意思，非常霸气。

年羹尧祖上本不姓“年”，而姓“严”，祖籍安徽怀远，后来误传“严”为“年”，遂以年为姓。明朝成化年间的户部尚书年书富，就是他们家族的人。明朝后期，年家迁居辽东广宁。明清之际，年羹尧的曾祖年有升一家投靠清军入旗，隶属于汉军镶白旗，这时的年家是和清军入关后投降的汉人不一样的，他们很早就是清朝的奴仆，也是区别于汉人的“自己人”，俗称“包衣奴才”。

年羹尧青年时期的仕途，运气要比雍正好一些。

这要得益于年羹尧高超的文采。少年时期，他在乡试、会试中均取得良好的成绩。康熙三十八年（1699）中举，康熙三十九年（1700）成为进士。最重要的，他赶上了“响榜”。

什么是“响榜”？清代科举考试中，某一年的科举考试人才辈出，同一年考中的考生在后来成为大人物的很多，这就是“响榜”。现在社会也有这样的现象，某一届同学中，特别能出大人物。和年羹尧同年参加在北京顺天府举行的乡试，考中举人的有鄂尔泰、蒋廷锡、史贻直、励廷仪、唐执玉、杨永斌、伊都立、刘师恕、王景曾、黄叔璥、赵熊诏等。其中，蒋廷锡、史贻直是雍正、乾隆两朝重臣，均官至大学士，蒋廷锡还是首任军机大臣；励廷仪官至刑部尚书；唐执玉、杨永斌、伊都立任总督；刘师恕任侍郎。以上人物，《清史稿》俱有传。此外，王景曾亦官至侍郎，黄叔璥为首任巡台御史，著作颇多，赵熊诏则康熙四十八年高中状元。

这一年考试中，发生了一起学潮。因为一发榜，有人发现，中举的考生中高官子弟比例特别高，于是落榜考生聚在一起，揭发他们受贿等丑陋行径。最后事件得到平息，年羹尧第二年以举人身份再次参加考试，依靠扎实的功底最终高中进士。而且，这一年也是个“响榜”，张廷玉就是这一年考中的。

康熙四十八年，年羹尧先荣升礼部侍郎，又出使朝鲜，再外任封疆。同年，胤禛被晋封为雍亲王，爵位提高，待遇、配置相应提高，隶属汉军镶白旗的年羹尧一家随着所在的旗分佐领，被拨到雍亲王属下，与雍亲王形成主属关系。

雍正登基时，任川陕总督的年羹尧受命与接替了允禵的抚远大将军印务的延信共同执掌军务。半年后，雍正发出上谕：所有降旨都交给年羹尧办理，有差遣军务、动用粮饷，所有负责办理的大臣和川陕总督、云南督抚都按照年羹尧的命令办理。捎带着，雍正说：“边疆事务，断不可贻误，并传谕大将军延信知之。”这样的话，傻子也听懂了：抚远大将军延信已经被架空，年羹尧成为掌控西北军事指挥权的实权派。

雍正如此信任年羹尧，一是因为年羹尧是包衣奴才，信得过。还有一个原因，年羹尧的妹妹年氏此时是雍正的贵妃，且生育了子女。年羹尧成为雍正的大舅哥。两层关系上了双保险，使年羹尧迅速成为登基不久、急需用人的雍正的柱石之臣。

很多人都传，雍正登基时，年羹尧在控制允禵起兵造反时起到了稳定作用。但并无确切的史料记载证明确实是年羹尧阻止或迟滞了允禵的行为，也无证据证明允禵有过起兵造反的迹象。清朝还在关外的时候，实行多王共同管理朝政，他们并无继承王位非嫡长子不可的传统。有个现象特别值得注意，满族朝廷，即使政见不同，也并无起兵造反的先例。也就是说，他们反对的是某人，而不会起兵造反，做满族的罪人。

允禵或许也受这种思想支配，当听到康熙驾崩的消息时，并不是第一时间决定带兵反叛朝廷，而是急匆匆赶回北京要理论一番。

按照清朝的惯例，宗室王公纳娶侧室，一般在自己所管佐领之内。年羹尧的小妹在此后的秀女选拔中，被康熙指婚给雍亲王为侧妃，很大程度上也是基于这次佐领拨换。

说雍正登基是靠年羹尧拥兵保护的，与事实不符。年羹尧无论是作为雍正的包衣奴才，还是妹妹嫁给雍正，都并非自愿结合，而是被制度、被形势拉到一起的，不存在个人感情基础。另外，年羹尧从康熙四十八年起，一直在四川、陕西外任，中间只回京述职了一次，可知二人见面的次数非常有限。

但雍正登基后，任用年羹尧这个亲信兼大舅哥，稳步接替抚远大将军一职，确实是当时的最佳人选。尤其是，年羹尧很快打败了罗卜藏丹津，实至名归，将抚远大将军印稳稳抓在手中。

这在雍正登基前两年，是个最利好的消息，也是最给雍正长脸的事情——自己的奴才，一样可以当大将军王！一样可以打胜仗！

雍正等于用事实证明：大将军王只是皇帝赐封的众多官员中的一个，我的一个奴才就可以胜任！允禩、允禵等人还有什么鬼话狡辩！

同时，通过这样一个胜仗，也显示出：父皇能够掌控西北军事，朕一样可以稳操胜券！

多重因素促使下，雍正开始对年羹尧言听计从，就是要昭告天下：新皇帝的嫡系正在形成，撼山岳易，撼君臣铁关系难！

2

雍正对年羹尧信任到了极致，也源于他之前没有当过皇帝。

第一次担任天子，多少有些处事轻率。当然，这更是因为当时朝政危急，形势错综复杂，内有允禩党暗中作祟，外有众百官左右观望。

他处理事情又容易感性，感性做事的结果是，喜欢就捧上天，讨厌就唾弃再踏上一只脚。

雍正信任年羹尧，开始了无限制的喜爱。他在给云贵总督高其倬的奏折上批道："年羹尧近年来于军旅事务、边地情形甚为熟谙，且其才情实属出类拔萃。""兵马粮饷一切筹备机宜，如及与年羹尧商酌者，与之会商而行。"

这种格外的关照，为年羹尧扫清了一切障碍。

等到年羹尧大败罗卜藏丹津暴乱，取得抚远大将军印信，遂成为雍正当朝时最显赫的军事将领。

本来这种军事将领，只需管好军事事务即可，可此时雍正已经对年羹尧的“争气”爱到极致，于是就将朝中的许多事务与他商议。雍正甚至把年羹尧当作“政务知己”，杂事不分大小，统统让他知道。

雍正对年羹尧说：“陕西光景似少些雨，麦田如何？近来京城少旱，闻得直隶四外雨皆沾足，其余他省颇好。闻得江南、河南、山东三省搭界处有十数州县，去岁蝗蝻复发，随便写来你知道。再先因边事急，要尔所办之事外，实不忍劳你心神。今既上天成全，大局已定，凡尔之所见所闻，与天下国家吏治民生有兴利除弊，内外大小官员之臧否，随便徐徐奏来，朕酌量而行。特谕。”

这样掏心掏肺地征求年羹尧的意见，不难看出，在紫禁城内熬夜的雍正，想把心事全都讲给年羹尧听。

年羹尧是个少年得志的官员，性格又傲气，见皇帝如此信任，自然生出挡不住的骄矜之心。又因“皇帝既要听，何须再设防”心理作祟，不知深浅地将所思所想，统统一股脑倒出来。

当山西巡抚诺岷提出火耗归公后，雍正认为非常合适，没想到却遭到朝臣反对。为了寻求精神上的外援，雍正就千里迢迢给年羹尧写信，征求他的意见：“此事朕不洞彻，难定是非，和你商量。你意如何？”

这种商量的口气，完全是雍正私下里的个人口气，并不是作为大清国皇帝的口气。年羹尧看后，认为这是皇帝要自己拿主意，也就毫不客气地说出了自己的意见。

一旦年羹尧拿出意见来，雍正就把脸扭向九卿，对他们说：“年羹尧读书明理，持论秉公，大家要细心参考他的意见。”

有一次考庶常，翰林院本来已经分出了三等，定了名次，雍正又将试卷秘密送给年羹尧阅视，还特意交代：“你觉得前几名，谁应该往下移动，就放到下面的封函内。然后谁该名次靠前，写上你的意见。不要叫别人知道，二等者很多，如果觉得怕委屈了人才，做第四等也可，你速速看来。”

年羹尧可不是省油的灯，更不懂得韬光养晦，他见皇帝如此诚恳地征询自己的意见，就直截了当地“移动”了几名，然后又借机推荐了几名他认为合适的人选。

年羹尧趁机安排了自己人，可雍正反而觉得他是为国举贤，愈加对他信任，觉得年羹尧这个人不作假，真实可靠。

最叫人不可理解的是，雍正让年羹尧这个督抚来评判同级别的督抚。

雍正二年冬，雍正准备让年羹尧来京陛见。同时考虑到趁着这个机会，让各省大员都来京城聚会一次，索性商量一下各省大事。四川巡抚蔡珽说：“我省并无可以会商事务，建议无须进京。”

这本是向雍正做出的汇报，不想雍正却将这个信息传达给年羹尧，征求他的看法。年羹尧的肩膀本身与蔡珽一般高，可雍正无意中的做法，让年羹尧再次生出跋扈心理，以为皇上是“苦无主意”，寻求良策。于是，年羹尧再次以“智慧军师”的角色提出自己的意见。

至此，很多“年羹尧的意见”改头换面，以“雍正的谕旨”发布。雍正以为，这是两人商量后的办法，显得“更好、更合理”。而在年羹尧看来，皇上是一步也离不开他了，内心里生出“国之大事都需我操心”的狂妄来——雍正离不开我！又因为封为大将军王，愈加觉得——国更离不开我！

人的狂妄之心都不是一天之内滋生出来的。上级的纵容和宠爱，是下级难辨分寸、开始迷失的源头。这种情感上的重用，使得下级有如吸毒一样，胃口逐渐就增加了，变得肆无忌惮，以为随时伸手随时可以无限量供应。

《吕氏春秋 · 博志》说：“全则必缺，极则必反。”事物发展到极端，会向相反方向转化。

雍正对年羹尧的过度骄纵，正一步步将他推向深渊。两个男人间毫无隐私，最终往往会发展成为仇雠，这是颠扑不破的规律，更何况是封建君臣之间。只不过，此时君臣均浑然不觉。

3

雍正确实给了年羹尧超出他范围的太多的权力，尤其是在用人和吏治方面，更是对年羹尧提出的人选一一满足。在年羹尧辖区内一度达到“文官自督抚以至州县，武官自提镇以至千把”，全部听年羹尧的推荐意见的程度。

百官是皇帝使用的人才，现在变成了年羹尧在选拔人才。雍正元年四月，雍正让范时捷代理陕西巡抚，过了不久想把他升为正职，将原任巡抚噶世图调为兵部侍郎。像这种调换国家重臣的事情，本该同内阁或者吏部大员商量，但雍正此时极度信任年羹尧，就同他商量。

类似的事件还有：京口将军何天培的为人，雍正听到了不同的议论，扭过头来问年羹尧可曾听到什么，希望他“据实奏来，朕以定去留”。话是这样说，事情却几乎是顺着年羹尧的意思进展。年羹尧密参何天培不能担任巡抚重任，雍正便将其直接革职。这个职位空缺后，朝廷原本拟用宋可进，但在年羹尧的推荐下，雍正便任用了黄起宪。葛继孔原任江苏按察使、内阁侍读学士，被年羹尧参奏后，降为鸿胪寺少卿。长芦巡盐御史宋师曾，则因为年羹尧的保荐得以高升。安徽官员朱作鼎，年羹尧奏请后，将他罢职。康熙末，赵之垣署理直隶巡抚，年羹尧密参他是庸劣纨绔之才，雍正听了年羹尧的话，将赵之垣撤职改用李维钧。李维钧由妾扶正的妻子，是年羹尧家人魏之耀的干女儿，雍正还特地叫李维钧和年羹尧亲近。

川陕境外官员的使用，雍正也常让年羹尧参谋意见。

雍正对年羹尧的话笃信不疑，渐渐地，这些封疆大吏，俨然成了年羹尧的“奴才”。本来雍正最讨厌朋党，却因为自己对年羹尧的过度宠信、优渥，给众人造成了错觉，也给年羹尧造成了错觉。

年少得意的年羹尧，进入官场以来一顺百顺，深得康熙喜爱。在新皇帝雍正登基后，一时成为炙手可热的新朝显贵，他自然也就难以把持自己了。他心底里的狂妄渐渐抬头，行为变得越来越不可理喻。

他开始大肆摆谱，以至高无上的“年大将军”为荣，给同级的将军督抚的函件不用咨文（平行文），而用令谕，一点也不掩饰粗野、骄横的气势。年羹尧是进士出身，他绝不是不懂其中的规矩，而是故意要用这种居高临下的姿态昭告同级别的官员：咱们虽然级别相同，但身份不可相提并论。你们应该孝敬我、尊敬我！要不然，小心年大将军参劾你！

而且，他还制定了一套专属于自己的礼仪用语：属员送礼称“恭进”，予人物品曰“赐”，属下禀谢称“谢恩”，接见新属员称“引见”，这就犯了皇家大忌，是不折不扣的僭越。可惜，年大将军正鸿运当头，谁敢劝说他？人在走鸿运的时候，很难听到诚恳的劝谏，即使听到了，也多当成耳旁风。这时，危险的旋涡已经形成，嫉妒的人盼着你多行不义、自寻死路；被欺压者希望你忽然霉运降临，好借机出一口恶气。

更为嚣张的是，年羹尧凭借自己远在西北，天高皇帝远，已经完全忘记了他还是大清国的臣子。雍正下发的诏书，臣子是要恭跪宣读的，他故意显示恩宠，直接拿起来就看；雍正派到陕西的侍卫，被他充作仪仗队，当作下人使唤；雍正二年十月他进京时，让直隶总督李维钧沿途跪迎，他入朝时“公卿跪接于广宁门外，年策马过，毫不动容；王公有下马问候者，年颔之而已。世宗前，亦箕坐无人臣礼”。

雍正爱惜的是年羹尧的才能，更注重的是自己培养的嫡系，他不想自毁形象，所以对年羹尧的有些行为，听到了也装作无所谓，并且以此显示皇帝的雍容大度，誓要和年羹尧成为“千古君臣知遇榜样”，称呼年羹尧是自己的“恩人”。

雍正的良苦用心，却被年羹尧当作可以为所欲为的资本。他凭着自己的喜好，随意任用属员。遇到文武官员实缺，不论大小，必定选用他看好的人。有时候一个奏疏就题补数人甚至数十人，吏部和兵部给予年羹尧特殊待遇，凡是他报功请封名单，一律批准，审议形同虚设。至于巡抚、提督、按察使等重要官员，年羹尧也想法替换成他中意的人选。有时候某个职位并不空缺，但提前就传出要任用某人，连当事人也半信半疑，可过不了几天，此人就真的任职了。清朝规定，奴仆没有出籍不能做官。可年羹尧的家仆桑成鼎却以军功议叙，先任西安知府，后又升为直隶道员。另外一个仆人魏之耀也叙功，官至署理副将。年羹尧的幕客赵士河的弟弟赵�，因军前效力得知县职衔，但后来亡故，年羹尧就私下里擅自让刘以堂顶替。

年羹尧牢牢掌控这些用人权，不是图心理满足，而是可以从中捞取实利。捐官制度，清朝是公开的。可在年羹尧这里，这项制度成为他受贿的筹码，官帽和钱财互相交易。当大家都知道年羹尧可以随意提拔官员时，就纷纷前来投奔。曾经有人为得到年羹尧的保举，动辄数万银钱奉送。年羹尧则来者不拒。有些官员为了保住官帽，主动向年羹尧打点。曾被年羹尧参过的葛继孔，就两次向年羹尧送去铜器、瓷器、玉器、字画等物什，希望年羹尧能够给予关照，年羹尧答应下来。曾被年羹尧密参而罢官的赵之垣，给年羹尧赠送了价值十万两的珠宝后，年羹尧后来就推举继续起用赵之垣。一段时间，妄图幸进的官员在年府门前排成长龙，年府的荐官在分派时，竟排在吏部诠选之前，号称“年选”。

种种翻云覆雨和贪婪无度，已经超越了抚远大将军的职权。可年羹尧不但不知收敛，反而变本加厉地在冒销军需、侵吞税款等方面也做了手脚，俨然成了名副其实的“西北王”。但即使这样，雍正也还没有对他怀有戒心，依旧真诚地希望年羹尧能够争气，做新朝最值得夸赞的柱石之臣，让别有用心的人看看：给雍正出力的大臣，是可以受到厚爱的。

4

在雍正朝任职时，年羹尧曾两次进京觐见。第一次，开启了人生职场的高速通道，从此宠信日增，升官晋爵，扶摇直上。第二次进京，滞留京城三十余日，刚刚返抵任所，忽然天气突变，龙颜震怒，一封接着一封的斥责信频频而至，一年之间，被削尽所有官职，赐自裁了结。

大红大紫的年羹尧在这一年间经历了冰火两重天，从人臣顶峰滚落至人生低谷，成败之速，令人咋舌。

这其中，有着怎样的跌宕起伏呢？

事情还要从年羹尧第二次进京说起。

雍正召年羹尧进京，是满心欢喜的。雍正二年九月，年羹尧上奏报起程日期折，雍正在年羹尧的奏报启程折上朱批："览奏，朕实欣悦之至。一路平安到来，君臣庆会，何快如之！十一日欢喜相见。"可见，雍正已经提前约定了十月十一日的相见——对一个君王来说，如此热烈地期待着与最宠信且最争气的大臣相见，已经很不冷静了。但可以看出，雍正是真心要再高抬年羹尧一步的。

此时，年羹尧打了大胜仗，稳定了西北，这是父皇康熙都一直头疼的事情，雍正怎能不兴奋？他要用这个汉人来证明，雍正朝是有人才的，汉人是值得信任的，树立这个标杆给你们看看！

甚至，此时雍正心中已经差不多决定，通过这次年羹尧在京期间，好好观察一番，或许就将他留在身边，辅佐自己治理国家。

但年羹尧还未进宫陛见，已经开始有了传闻。

沿途礼仪铺张浪费：年羹尧凡出衙署，让百姓提前填道，临时戒严；路过之处，所有店铺全部关闭；来到京城，接受陕西巡抚范时捷、直隶总督李维钧跪迎之礼，并不辞让；在京时遇到王公下马问候，竟然只是点头示意；等等。

年羹尧还未进宫，雍正已经得到了这些不好的消息，眉头开始紧锁。

在雍正心里，我需要的是拿得起、放得下的第一重臣形象，不是需要这种狂妄傲慢的狂徒。但他还是忍着，不打乱既定的计划。

十月十一日，年羹尧进宫陛见。叫雍正完全没有想到的是，年羹尧见了他这个天子，竟然"箕坐"在对面——大大咧咧地张开双腿坐着。这种与君王面对面的姿态，当即就让雍正极为生气，心中暗骂：你不过是个包衣奴才，如今见了主子，非但没有感激涕零地表达"思念之情"，竟然一点礼数都不讲究了！

这一刻，雍正亲身感受到，年羹尧的问题，远远比奏折里大家反映的更为严重。可他此时不能发作，此时年羹尧是为国效力、打了胜仗的功臣，如果此时对年羹尧发怒，必定让允禩等人借机发难，说自己心眼儿小、无度量，尽做些“鸟尽弓藏”、杀戮功臣的事，这反而等于自毁刚刚树立的良好帝王形象。

雍正以极高的涵养，决定对年羹尧继续观察。于是委派他在京期间，负责传递上谕，与总理王大臣等一起参与政务。这说明雍正是想留年羹尧在京辅助自己的。

而年羹尧自从回到京城后，确实没有闲着。他忙着接见各级官员，行走于酒肉场上，大摇大摆，无所顾忌。这些，雍正当然都会通过各种渠道听到耳朵里，渐渐对年羹尧生了疑心。

而让雍正对年羹尧生出“畏惧”之心的，则是两件事。

第一件，年羹尧揭发工部郎中岳周拿现银两万两行贿，请托年羹尧推荐他为西安布政使。这虽然是年羹尧据实参奏的，却在雍正心里引起巨大震动。年羹尧随时可以拒收两万两银子，当然也能随时接受两万两，可见他的权力已经到了让人不放心的地步。调查的结果更让雍正心头凛然：岳周是允禩的亲信，这两万两银子是允禩替他拿出来的。这样一想，雍正的后脖梗子发冷——年羹尧若是不揭发岳周呢?

就在雍正对年羹尧由疑心转为“畏惧”之时，又听到了一则消息：雍正下令赏军，京都竟然传言，这是年羹尧为将士们请求的，大家应该感激年羹尧。这则消息虽说是小道消息，却在雍正心里掀起了惊涛骇浪：如果连皇帝的恩赏都要被看作是年大将军的恩情，这个国家究竟谁是天子？堂堂大清国天子，不能如此被年羹尧玩弄于股掌之中!

雍正坐不住了，决定速战速决。此时，总兵王安国提议“夺其权，调之内地”，以为这样便于控制。

雍正左右不定时，找到密参帷幄的禅僧文觉，这是他在潜邸静修时最靠得住的人。文觉建议：暂时不动。放虎归山不可怕；若杀之，引来非议寒人心。

雍正点点头，颇为自信地说：“山是天下山，岂怕一只虎！”这件事，从萧奭的记载中可推测：“传闻隆、年之狱，阿、塞之死，皆文觉赞成。”很可能，雍正与文觉和尚为了稳定大局，暂时故意放年羹尧回任。敢于使用这种障眼法，是雍正有足够的自信，判定年羹尧不敢率军反叛。

当然，对自己一手培养的亲信大臣，雍正还是希望敲打一番，能够继续使用，这远远比重新培养一个人要划算得多。

雍正一向赏罚分明，爱你是真爱，罚你也是真罚。

他专门就赏军事宜做出解释：

> 朕岂幼冲之君，必待年羹尧为之指点？又岂年羹尧强为陈奏，而有是举乎？此不过欲设计以陷年羹尧耳。

这是十一月十五上谕中说的话。同日还说了其他两项：

> 凡有保举，不过各就其平日所知，岂能尽保其将来？如广西布政使刘廷琛，原系年羹尧所举，今行罢斥矣……在年羹尧……不过一时误举，无大关系；而朕任使不得其人，费无数焦劳。
>
> 前朕所颁谕旨，发阿灵阿、揆叙之奸，乃朕数十年来真知灼见，定成爰书。闻亦有疑为年羹尧所为者……年羹尧之才为大将军、总督则有余，安能具天子之聪明才智乎？朕因年羹尧为藩邸旧人，记性甚好，能宣朕言……故朕早有此意，待其来京陛见，令其传达旨意，书写上谕耳。而外人遂造作浮言，加年羹尧以断不可受之名，一似恩威、赏罚，非自朕出者。妄谬悖乱，一至于此，深可痛恨！

这道上谕里，处处提到年羹尧，但却含糊其辞，吞吞吐吐，既像切责年羹尧，又像给年辩解，可却态度清晰地提道：年羹尧夺君主恩威、赏罚之权。

国家的赏罚之权，只能在君主手中。“赏罚者，邦之利器也”“邦之利器不能示人”赏罚之权不可以示人，不可与臣共享，君主只能“使赏罚之威利出于己”。若是君主听任臣下行赏罚之权，“则一国之人皆畏其臣而易（轻视）其君”。

年羹尧若是情商高，这时就当意识到：封建专制制度下，怀疑臣子是君主的特权，而臣子对君主却不能有怀疑、不满、怨愤、反抗，只有遭疑不怨、以诚释疑的权利。君主愈是怀疑，臣子愈要示之以诚，示之无怨；君主愈要虎威，臣子愈要拿出听任被吃的奴性。

可惜，骄矜的年羹尧把雍正的谕令不是当作了耳旁风，就是没有听懂其中的含意，表现得无动于衷，依旧我行我素。

雍正本来以为，这样含沙射影地说一说年羹尧，他就该履行“包衣奴才”的义务，恢复角色，来奴颜媚骨、低声下气地承认错误，求得皇上的宽恕。可左等不来，右等不来，雍正就真的愈加发怒了——这个不知轻重的奴才，看来不给你来点硬的，你还真不惧怕皇帝！

一方面，雍正迅速给岳周定罪，判斩监候；另一方面，雍正开始调查十月二十一日刚刚由西安布政使升迁为甘肃巡抚的胡期恒。这两件事是连贯的，只有胡期恒升迁了，岳周才能顺利当上西安布政使，而胡期恒是年羹尧的心腹。雍正瞅准这个“七寸”，要狠狠敲打年羹尧。

年羹尧十月十一日入宫陛见，十一月十九日前后离京，十二月初九返回西安的总督府，在京城一共待了三十多天。到衙门后，年羹尧就递上奏折，第一次以谦虚的口吻说：“奔走御座之前三十余日，毫无裨益于高深，只自增其愆谬（错误），返己扪心，惶汗交集。”这或许是返回西安后幕僚出的主意，年羹尧以为这样轻巧地道一句歉就会蒙混过关。不料，这一次，雍正不再宽恕，直截了当地朱批：

> 据此不足以报君恩父德。必能保全始终，不令一身致于危险，方可谓忠臣孝子也。凡人臣图功易，成功难；成功易，守功难；守功易，终功难……若倚功造过，必致返恩为仇。

年羹尧之前的奏折中，一直享受着皇上的嘉奖、恩赏、亲昵的词语，这是第一次碰到如此严厉的斥责，硬邦邦的话让年羹尧难以接受。

可年羹尧也真是太狂傲了，即使这样受到皇帝训斥，依旧不以为意，总认为雍正不会对他痛下狠手，因为他自恃西北军事离不开他。

雍正这时已经对年羹尧产生了厌恶情绪。本来在京城时已经敲打过他，可他返回西安后，只是隔靴搔痒地递上这么一个含糊的奏折，可见心里有多么不情愿。如若此时年羹尧能够痛哭流涕地忏悔自己的罪过，重新赢得雍正的青睐，不是没有可能。

可接下来，年羹尧在雍正种种做法逼迫下，牛脾气上来了，到死也要维持虚荣的脸面，最终加速了自己的灭亡。

5

雍正对年羹尧百般宠信，是有意要培养几个在新朝值得“骄傲”的官员，做样子给允禩等人看，也给天下人看。更是希望通过这种行为，尽快扭转康熙老臣把持朝政的局面。

但是，允许你骄傲，并不允许你欺主！这是雍正的底线，也是一条生死红线。

雍正对年羹尧从生出疑、畏、厌之心，逐渐转为震怒、暴怒、狂怒。你年羹尧再骄横，毕竟是我大清朝的一个奴才，现在你不肯主动屈服，我就来制服你！

寻找一个机会，雍正接见了胡期恒。一见此人，顿生厌恶，张口就骂：此人甚属卑鄙，立即革职！

扇胡期恒的耳光，其实打的是年羹尧的脸。在年羹尧的奏折上，雍正朱批做出严厉抨击：“你实在是昏聩了！胡期恒这样东西，岂是年羹尧在朕前保举巡抚的人，岂有此理！”

这种痛骂，对骄傲的年羹尧来说，简直无法容忍。他已经忘记了自己是雍正的大臣，直到此时，还不肯低下头认罪，偏偏非要过瘾地当“年大将军”，坚决不递认罪的奏折。你要我低头，我偏不弯腰！皇帝总不会不顾西北战事吧？年羹尧以为，除了他，当朝之中，还有谁能胜任西北？康熙厉害，不也被西北战事拖垮了吗？

傲人遇见傲人，谁也不肯服输。

在此前，雍正就开始暗中鼓励大臣揭发年羹尧的劣迹。在给直隶总督李维钧的折上朱批：“为宋师曾乞恩，系尔之意见，抑或出于年羹尧之意见？若系尔意，朕即施恩；若出于年羹尧之意，朕则不施此恩也。近日年羹尧陈奏数事，朕甚疑其居心不纯，大有舞智弄巧、潜蓄揽权之意……今年羹尧既见疑于朕，故明白谕卿，以便与之疏淡；宜渐渐远之，不必令伊知觉。”在给四川巡抚王景灏的折上朱批：“凡尔四川省属员，须尔自出藻鉴，甄别优劣，不可全听年羹尧之指挥，以定去留也。”又在王景灏的另一折上再次朱批：“年羹尧今来陛见，甚觉乖张，朕有许多不取处。不知其精神颓败所致，抑或功高志满而然。”

诸多话里话外，暗示年羹尧确实做事行为乖张，大有功高盖主的势头。这并不是因为年羹尧已经做出对朝廷有威胁的事情，而是雍正从心理上感觉到了不舒服，怕年羹尧继续这样发展下去，会影响皇帝的威信，也怕因延缓、纵容而使之变得更加势力强大，到时候尾大不掉，难以控制。

处理年羹尧，雍正是有足够自信的。否则，即便他秘密安排岳钟琪接管西北大印，如果年羹尧真有反叛心，这个谕旨也不会起作用。远在西北的年羹尧真要造反，不是一道圣旨就能制止的。

上下级相处久了，就会互相摸准对方的底细和脾气。雍正深知年羹尧只是狂妄，并无篡位之心。年羹尧是烈犬，不咬主人。有的下属平时不声不响，却容易有反心，自立门户。

大决策者，主要在于下决心的气魄和胆量，至于再复杂的事情，下面有的是能人来主动执行。即使已经下定了决心，但这时雍正并无杀年羹尧的心，还是以教训他为主。雍正在年羹尧的折子上朱批：看了你的这个奏折，朕的心稍微高兴点，过而能改，就是无过。只恐怕你不能心悦诚服，勉之。雍正还私下里在云贵总督高其倬的折子上朱批：朕是爱惜年羹尧的才华的，还准备用他，已经想好了保全他的办法，他最近也深知悔悟了……

可是，骄傲的年羹尧不知此时脑子进水还是有意为之，突然在雍正情绪有所缓和时，做了一件大蠢事，让雍正对他彻底失望，正式向朝野发出“朕要惩治年羹尧”的信号。

问题出在四个字上。

雍正三年二月，天空出现“日月合璧，五星联珠”的祥瑞，其实就是大白天看见了月亮和星星。但封建帝王非常重视这种天象，于是，内外臣工纷纷上贺表，年羹尧也跟风地适时上表祝贺。他本来要赞扬皇帝“朝乾夕惕”，励精图治，却把这四个字写成了“夕惕朝乾”。雍正看后，勃然大怒，火冒三丈，说：年羹尧不是粗心的人，他是“自恃已功，显露不敬之意”。既然你年羹尧不认可朕的功绩，那么你青海的功劳，朕也在认可与不认可之间。

此言一出，朝野震惊。

众多平日里受年羹尧欺压，或者看不惯其飞扬跋扈小人模样的大臣们出手了，一封接着一封的奏折飞进紫禁城，摆到雍正的书案上。

雍正也迅速做出各种调整：

拉拢岳钟琪，立刻要求其选择：是继续追随年羹尧还是倒向皇帝。年羹尧并未明确造反，岳钟琪当然只能站在皇帝这边。

将胡期恒撤职后留出的甘肃巡抚一职，由岳钟琪代理。

将年羹尧亲信、四川提督纳泰调回北京，派銮仪使赵坤前去署理。

将陕西巡抚范时捷调回北京，改任汉军镶白旗都统。范时捷本是年羹尧极力推荐的，他一到京城，和皇帝一见面，看清“倒年”形势后，立刻毫不犹豫地参奏年羹尧冒滥、挪用军需，错举官员，欺凌文武大臣等五款罪状。平日里在年羹尧身边的“摆设”——陕西巡抚范时捷，一时成为“倒年”先锋。同时，他还揭发年羹尧的亲信、河东盐运使金启勋用兵郃阳县，致死大批无辜百姓，这件大案成为年羹尧欺妄贪婪的铁证之一……

经过一系列调整，军事、政治各方面雍正都做出了严密的保障措施，确保了能够将年羹尧一举拿下，毫无闪失。

雍正的风格是，只要决定惩治你，就绝不给你翻身的机会。下一步，雍正开始在精神上打垮年羹尧。年羹尧为了保住“虚面子”，开始了垂死挣扎，要做坚决不低头的二杆子！

6

雍正三年四月十二日，吏部发出咨文，免去年羹尧川陕总督、抚远大将军一职，改调杭州将军。

五六天后，年羹尧接到吏部咨文，脑子一下空了。他傻了，一旦被剥夺兵权，自己就彻底失去了和皇帝讨价还价的条件。他极不甘心，希图最后一搏，一面上奏折承认自己资质平庸，担任封疆大吏日久，又有严重的心脏病，办事常常出错，现在皇帝将自己调动到杭州将军这个“简缺”（清闲）任上，实际上是出于保护、保全，是让他有机会调养身体，对此非常感激。同时，又暗示西安地方官员组织了一个规模不小的“留年”活动，这样一面拍雍正的马屁，一面打感情牌，幻想着能够重新感动皇帝。

官员离任，弄什么百姓泣泪挽留的花招，自古令人讨厌，何况洞若观火的雍正。他直接就戳穿了年羹尧的把戏，冷冰冰地教训：“明白回奏二本，朕览之实在寒心之极。看这样的情况，你并不知道悔过。上苍在上，朕若负你，天诛地灭。你若负朕，不知上苍如何发落你。你现在的光景是照顾你的脸面，到现在了行事还是做假象，处处讽刺，口是心非，好像怪朕听信谗言，责怪功臣。好像朕只顾君道，不顾你的臣节。朕做事无非是先占一个‘是’字。你简直是悖论，大谬。”总之洋洋洒洒说了很多，就是告诉年羹尧：不要再心存幻想了，我已经对你彻底失望。

最主要的，在这次的教训中，雍正提出："早就听闻有谣言说'帝出三江口，嘉湖作战场'。我现在叫你去杭州，就是看看你的居心。你若是想称帝，那是天数。你若不肯称帝，有你给我率领数千兵守着三江口，别人也不会称帝。"

杀人诛心，雍正直接捅破了君臣俩一直讳莫如深的窗户纸，明明白白告诉年羹尧：你敢反一个试试！

至于这个谣言是如何传出来的，不用太费脑子也能猜出来是雍正故意为之。有了这个所谓的"传言"，年羹尧不死，老天都容不下。天无二日，这是妇孺皆知的道理。雍正把年羹尧描述成"怀有异心"、想做皇帝的样子，这就谁也救不了他了。

另外一件事，更为离奇——虎入年家！

雍正在直隶总督蔡珽的奏折朱批上说：

> 一件大奇事！年羹尧之诛否，朕意实未决。四五日前，朕宽意已定。不料初三白日，一虎来齐化门外土城关内地方，报知提督，带新满洲，虎已出城外河内苇草中。新满洲到已晚，伊等周围执枪把火看守。半夜忽然突出，往南去，从东便门上城，直从城上到前门下马道，入大城，并未伤一人，立入年羹尧家，上房。至天明，新满洲、九门等至其家，放鸟枪，虎跳下房，入年遐龄后花园中，被新满洲追进，用枪扎死。有此奇事乎！年羹尧，朕正法意决矣。如此彰明显示，实令朕愈加凛畏也。朕实惊喜之至！奇！从古罕闻之事也。朕元年得一梦景，不知可向你言过否？白日未得一点暇，将二鼓，灯下书，字不成字，莫笑话。

按照雍正的描述：在雍正三年下半年的某月初三，一只不请自来的老虎云游到了齐化门（今北京市朝阳门）外。百姓发现老虎后，向步军统领衙门报告。步军统领衙门长官亲自率领长枪队赶到现场。可老虎却忽然藏进芦苇丛中。谁知这只老虎智勇双全，白天在芦苇荡藏身，晚上却趁着夜色，突出包围圈，向南奔去，取道东便门，蹿上城墙。一路谁也不伤害，却直奔年府。而后，九门士兵和新满洲兵来到年府，鸣枪警示。老虎从房顶跳下，跑到年羹尧父亲年遐龄的后花园，众官兵一拥而上，这才刺死老虎。

这件事若是真的，依照雍正的脾气，一定会揪住不放大做文章，但却只是私下里同蔡珽和几个人说过。说明此时，雍正已经下定决心要处死年羹尧。

至于雍正在朱批中提到的“元年得一梦景，不知可向你言过否”这件事，蔡珽在回复的奏折中解释道，是说过的，皇上于雍正元年梦到一只虎。

民间早有传说，年羹尧出生时有白虎之兆。联想到此时的“虎入年家”，或许是雍正再一次梦到老虎，不想承认，故意编造出来的“虎入年家”。也或者是雍正和其他封建皇帝一样，真的相信命运论，生怕年羹尧确有“帝王之命”，故而一杀了之，以绝后患。

还有一种说法，说年羹尧的妹妹年贵妃所生的皇子福惠当时尚在（后夭折），雍正此时已经四十八岁，年羹尧四十七岁，而雍正暗定的储君弘历已经十二岁，他生怕年羹尧若不除去，一旦自己在年羹尧前面去世，年羹尧以亲舅舅的身份很有可能立福惠为帝——那时，年羹尧就和真正的皇帝一个样！这是最不能容忍的，也是雍正在康熙晚年九子夺嫡中总结出的一个血腥规则——我这一朝的储君绝不能重蹈父皇后辙，所有的一切都要在我去世前布置妥当。

总之，说年羹尧咎由自取，是人们的共识。他被调任杭州将军时，还是不肯服帖的。六月十七日从西安起程赴浙时，只一车两马，仆从数人。雍正看到他这种做派，说他是故意做出“困苦怨望之状”，心里说：“年羹尧，你做出这样的苦寒样子，给谁看呢？”雍正也是睚眦必报，一点儿都容不得他。年羹尧其实还是摆足了面子的：六月二十日渡江过京口前往丹阳，先后船只甚多，陆续而行，不知其数。船窗皆闭，船中人等故为藏匿，并无一人出面，甚属诡秘。

岳钟琪奏报：自本年正月至五月，年羹尧用骑、驮、轿之骡子两千两百二十二头，骡车二百三十三辆，运送物资前往京师、直隶、湖广、江南、四川、宁夏、山西、兰州、甘肃、山东等地。骡车每辆载重一千三百斤，进京者五十九辆，往保定者一百三十四辆。另有四十辆，声言进京，后去襄阳。

到此，年羹尧还惦记着他的金银财宝。

年羹尧于七月初二日到任杭州时还在摆以前大将军的排场：他所坐的船，先到者已三十余艘，还在路上的有四十余艘。先期抵达杭州的已经不下千人，之后在路上的数目不明，所住衙门人满为患。

即便到这时候，雍正还在顾忌，自古帝王之不能保全功臣者，多被人讽刺“鸟尽弓藏”，他仍然不想杀年羹尧。

这时，年羹尧上了最可怜的一封奏折：“臣今日一万分知道自己的罪了。若是主子天恩，怜臣悔罪，求主子饶了臣。臣年纪不老，留下这一个犬马，慢慢地给主子效力。若是主子必欲执法，臣的罪过不论哪一条哪一件皆可问死罪而有余，臣如何回奏得来。除了皈命竭诚恳求主子，臣再无一线生路。伏地哀鸣，望主子施恩，臣实不胜呜咽，谨冒死奏闻。”

这是因为，雍正把所有大臣奏年羹尧罪过的奏折统统发给他看，并且要他作出回答。在这种情况下，年羹尧才知道事情已经到了无可挽回的地步，第一次可怜巴巴地哀求雍正手下留情，保其性命。

随着各级官员一封封揭发信，年羹尧被连降十八级，从一等公爵到庶民，直至性命不保，只用了六十二天。

到最后年羹尧醒悟过来时，哀求雍正保住他的性命，雍正冷冰冰地说：“尔既不肯自尽谢罪，朕只得赐你自尽……朕待尔之恩如天高地厚，且待尔父兄及汝子汝合家之恩，俱不啻天高地厚。朕以尔实心为国，断不欺罔，故尽去嫌疑，一心任用。尔作威福，植党营私，如此辜恩负德，于心忍为乎？尔自尽后，稍有含怨之意，则佛书所谓永堕地狱矣，万劫亦不能消汝罪孽也！”

雍正的话等于明示年羹尧：你若死后还不服，就永远坠入地狱，万劫不复！

年羹尧连死都带着深重的罪孽，最后只能听话地自尽。

处死年羹尧，雍正并不想落下处理功臣的骂名，于是找出他的九十二条罪证。

非常有意思的是，清朝皇帝处置功臣，总能找到合适的罪状，看似更讲理、更法制化，实则更狡黠，玩文字游戏，显示出君主的高超政治手腕。

年羹尧在白绫上摇晃着身体再也说不出话来时，雍正才露出欣慰的笑容。但旋即，他就扭过头去，落下了两行惋惜的泪水。

若是年羹尧识趣，君臣何必闹到这种地步？

韩非子认为，“人臣有五奸”：一是滥用“财货”收买人心以取得声誉；二是广为“赏赐”，将君王身边的人拉拢过来；三是潜心结党以扩大势力；四是任意赦免罪犯，表示有生杀予夺之威；五是身穿华艳的服装，口发狂言怪论，受人财货评论是非，以“眩民耳目”。这“五奸”，为明君所疑，为圣主所禁。

皇上虽怕“五奸”，最怕的却是由于人臣玩弄了权术，而使“主不知”。年羹尧若是真读懂了韩非子的理论，断不至于死得如此迅速。

年羹尧是错误估计了职位与个人的关系，他以为大将军非他莫属，大家敬畏的其实是“大将军”这个位置，离开这个位子，谁都是凡人。

查抄江宁曹家：铲除没落官僚恶习

1

曹頫被抄家的导火线是骚扰驿站。

雍正五年冬天，江宁织造监督曹頫运送织造缎匹进京。他是代表江南织造负责运送龙衣等物品的。

江宁织造、苏州织造与杭州织造并称“江南三织造”。这三家织造分别设立于江宁（今南京）、苏州和杭州，是专办宫廷御用和官用各类纺织品的皇商。三家织造每年都轮流坐庄，前往京城送物品。

按照惯例，曹頫在沿途，除了勘合规定的经费外，还向驿站索要车夫和马匹、程仪、骡价等费用，这是多年形成的规矩。因为曹頫办的是皇差，大家按照潜规则，都乐意识趣地奉送资财。

可这一次，却碰到一个愣头青——山东巡抚塞楞额。

塞楞额见曹頫做出这种贪腐之事，忍不住就向雍正打了小报告。雍正看到奏折后，极为恼火，十二月初四，发出上谕："朕屡降谕旨，不许钦差官员、人役骚扰驿站。今三织造差人进京，俱于勘合之外，多加夫马、苛索繁费，苦累驿站，甚属可恶！"

这真应验了那句话："久在河边走，哪能不湿鞋。"

胆小、懦弱的曹頫，怎么也想不到，临近年关，自己兴冲冲给皇宫送龙衣，却把自己送进了万劫不复的深渊。

春节前的雍正完全不顾忌父亲昔日最体面的奴才——曹家——的面子，要亲自过问此事，下令立案审理："织造差员现在京城，着内务府、吏部，将塞楞额所参各项，严审定拟具奏。"[1]

扣留在北京的曹頫此时心灰意懒，他预感不祥，但没想到噩运来得却如此之快。十多天后，十二月十五，雍正对三织造骚扰驿站的奏折给出答复：杭州织造孙文成"年已老迈"，罢其职务。这分明是将孙文成从轻处理。

这一年，本该轮到苏州织造高斌进京，但他请示后遭到雍正拒绝，所以雍正才命江宁织造曹頫将该进贡的缎匹送来。这时，雍正也未对高斌做出处理。

而对于曹頫，则称"审理未结"，让内务府郎中绥赫德接替他的差事。

曹頫还盼望着皇帝能网开一面，念在曹家多年服务皇家，能从轻发落。不想在二十四日却接到了塌天的消息，雍正命江南总督范时绎查封曹頫家产：

> 将曹頫家中财物，固封看守。并将重要家人，立即严拿。家人之

1　故宫博物馆. 关于江宁织造曹家档案史料［M］. 北京：中华书局，1975，182-183.

财产，亦着固封看守，俟新任织造官员绥赫德到彼之后办理。伊闻知织造官员易人时，说不定要暗派家人到江南送信，转移家财。倘有差遣之人到彼处，着范时绎严拿，审问该人前去的缘故，不得怠忽！

很显然，雍正这一次，是要将曹頫置于死地，彻底结束江宁织造服务皇家的历史。

查抄曹頫家产，并无多少。房屋及家人住房十三处，共计四百八十三间；田地八处，共一万九千零六十七亩；家人一百一十四口；他人欠曹頫债务，连本带利共计三万二千余两；此外还有家具、旧衣及当票百余张。

雍正把曹頫“所有田产房屋人口等项”赏给了接任者绥赫德，命他在北京给曹頫酌量留些住房，以便其家属回京居住。这就是曹家几代人服务皇室最后所得的恩赐。

真正让雍正下决心查抄曹家的原因，是惩治曹頫的亏空之罪。雍正在给范时绎的上谕中说：

“曹頫行为不端，织造款项亏空甚多。朕屡次施恩宽限，令其赔补。伊倘感激朕成全之恩，理应尽心效力，然伊不但不感恩图报，反而将家中财产暗移他处，企图隐蔽，有违朕恩，甚属可恶！”

这才是雍正要治罪曹頫的真正理由：他有亏空却不积极偿还，还要小聪明，转移家产，侥幸地希望靠着以往“皇家照顾”的惯例，能够免除亏空。雍正才不会给他这个机会。

其实在这之前，雍正对曹頫已显不满。

雍正四年，雍正发现最近新进的缎子质量不好，调查的结果是：江宁所织的部分，上用缎、官缎粗糙轻薄，质量远远比不上往年。

内务府借机奏劾说：“查此项绸缎，皆系内廷用品，理应依照旧式，敬谨细织进呈，今粗糙轻薄者，深为不合。”

雍正做出裁决，命将不合格的绸缎挑出，让曹頫重新织造补齐，又将他罚俸一年。

这就怨不得雍正了。对于这种皇家贡品，本应选用上等物料，工艺上精益求精，可曹𫖯却马马虎虎，以为可以蒙混过关。殊不知，此时他和雍正已经不是康熙时代祖上建立的非同寻常的君臣关系了。

所进贡品出现质量问题，皇上也做出了惩罚，这本是非常严重的“对上不敬”，是不可饶恕的臣对君的忠诚问题，如果能够及时认识到问题的严重性，曹𫖯就该深度忏悔，或者用其他更为珍贵的礼品来孝敬皇帝，弥合君臣之间的罅隙。可他的政治敏锐性不高，只认为这是质量问题，当年补上挑出的绸缎，又画蛇添足地解释道：“奴才等系特命办理织造之人，所织绸缎轻薄粗糙，实属罪过。此后定要倍加谨慎，细密纺织。”

看到此人如此愚钝，雍正开始生出放弃培养的念头。

同样的错误，曹𫖯又犯了一次。雍正五年闰三月的一天，雍正穿上石青缎褂面，无意中发现掉色。这等于是轻视皇上的大罪过，查来查去，又是江宁生产的，这当然不能饶恕！于是以不敬谨织染，将曹𫖯罚俸一年。

人在运气差的时候，别人可能用一句话就给你定性。

这时，两淮盐政噶尔泰密奏：“访得曹𫖯年少无才，遇事畏缩，织造事务交与管家丁汉臣料理。臣在京见过数次，人亦平常。”

噶尔泰的话并不重，但在关键时刻却起到了推波助澜的作用。雍正这才明白，曹𫖯之所以一再犯错，把皇差办得稀里糊涂，原来都是他不重视造成的。个人缺乏才能还可以原谅，可办事不负责，竟然全部交给平庸的管家去办，雍正自然会想：“这样的官员，留他何用？”于是，雍正在这段文字的两处进行批示：在曹𫖯的名字旁边写道：“原不成器”；在“人亦平常”旁写道：“岂止平常而已！”

人无才干不怕，怕的是既无才干又不用心做事，让上级生出放弃之心。曹𫖯的命运，此时大局已定，出事，只是时间早晚而已。

2

曹家的没落，其实从康熙晚年已经开始了。

江宁织造这个差事，是个肥差。康熙使用曹玺时，是怀有极大的感情的。曹玺是康熙的奶公，自康熙二年（1663）任江宁织造监督，历二十二年，最后死在了任所上。他的儿子曹寅继任时，康熙已到中年，朝政趋于稳定，康熙也更加懂得皇恩该如何布施，于是命曹寅接替其父职位外，让他和内兄李煦轮流担任两淮巡盐御史，与官商王纲明等人包揽收购浒墅等十四关铜斤，为皇家采办各种物品，代内务府出卖人参等业务。

织造本就是皇商，再加上盐务管理等肥差，曹寅的收入不菲。但是，在曹寅任内，康熙六次南巡，曹寅就接待了四次，迎奉康熙驻跸江宁织造署，还奉命率领商人捐银修建行宫和寺院，供康熙休息和游览。

曹寅承担的迎驾任务，是多少人盼望已久、可望而不可即的皇差，荣耀无比，这桩事给曹氏家族带来的影响震动了江南。可凡事总有其两面性。曹寅在接待中，欠下了巨大的债务。

这一点，康熙是清楚的。为此，康熙曾几次要曹寅汇报亏空数目，并多次为他减免。但是，曹家花钱如流水，整个家族已经习惯了各种排场和维持脸面的活动，曹寅要维持排面，就必须忘记亏空，他心里想着，皇上总会网开一面。

一方面不肯将实情全部汇报给康熙，另一方面曹寅还要死撑着“家族兴旺”的门面，导致亏空越还越多。康熙曾让李煦协助帮忙还款，但曹寅始终是未还清旧账又欠下新账。曹寅采用的办法是，挪用巡盐经手的大量钱银。

康熙了解曹寅亏空大，私下里给曹寅、李煦打招呼。他在康熙四十九年（1710）八月二十二日李煦的奏折上朱批：

> 风闻库帑亏空者甚多，却不知尔等作何法补完？留心，留心，留心，留心，留心！

又在同年九月初二曹寅的折子上朱批：

> 两淮情弊多端，亏空甚多，必要设法补完，任内无事方好，不可疏忽。千万小心，小心，小心，小心！

这样连续五个“留心”和四个“小心”，足以看出康熙对二人的亏空十分在意，希望引起他们重视，尽快想办法还完亏空。这既是担心，更是焦虑，生怕他们补不完亏空，到时候受起处罚来，就破坏了多年的友谊。

康熙是不愿意打破情面的。他知道两人亏空多是自己造成的，因此心里多少有些歉疚。毕竟，曹寅是康熙早年的伴读。

等到曹寅故去，亏空也没有还上。其子曹颙继任，康熙与曹颙的感情已经淡了很多。尤其是曹颙去世后，康熙为怜悯曹寅之妻，让曹寅侄子曹頫过继当嗣子，曹頫才接替了曹颙的职务。

曹頫承袭职务时还年轻，对业务也不熟悉，何况他这个人本就胆小怕事，谨慎有余，开拓不力，所以到他接任时，康熙几乎已经完全没有了什么恩情可讲。

胆战心惊的曹頫不敢多说话，办事能力很差，明知圣恩明显淡薄，却还慢悠悠地按着之前的规律做事。有一次，曹頫为皇室办差，要将包括烧珐琅之类的器物运送至京城，但瓷器不翼而飞。康熙在批语里面严厉苛责，表明对曹家的容忍已经到尽头。

雍正上位后，立即免去李煦苏州织造的职位。李煦是曹頫的舅舅，他的去职对曹家是一个不祥的预兆。雍正纪律严明，办事不留情面，认为织造“不过采听风闻入告”，这样的用人策略与处事风格表明了旧秩序将会发生改变。三大织造在雍正初年的多灾多难，就是新皇帝除旧布新的例子。

但雍正对曹頫还是格外开恩的。最初的那几年，雍正一直让曹頫保持和怡亲王的亲密关系，告诉他只管亲近怡亲王，不要去费别的心思巴结、靠拢他人当靠山，这说明，雍正一直是有意培养曹頫的。

雍正二年，曹頫上过一个请安折，雍正仔仔细细地告诉他应该如何做事：

> 你是奉旨交与怡亲王传奏你的事的，诸事听王子教导而行。你若自己不为非，诸事王子照看得你来；你若作不法，凭谁不能与你作福。不要乱跑门路，瞎费心思力量买祸受；除怡亲王之外，竟可不用再求一人拖累自己。为什么不拣省事有益的做，做费事有害的事？因为你们向来混账风俗贯（惯）了，恐人指称朕意撞你，若不懂不解，错会朕意，故特谕你。若有人恐吓诈你，不妨你就求问怡亲王，况王子甚疼怜你，所以朕将你交与王子。主意要拿定，少乱一点。坏朕声名，朕就要重重处分，王子也救你不下了。特谕。

从这封朱批中，完全可以看出来，雍正对曹頫是亲近的，让他凡事与怡亲王说，这就是信任。这是因为，曹寅接驾的那四次，允祥是皇子中唯一一个次次都在场的人，他与曹家有着很深的感情。允祥曾对雍正说，他甚可怜曹頫。雍正为了照顾允祥的面子，这才特意交代曹頫有事，可让允祥代奏。

可惜，尽管曹頫小心翼翼，但他面临的两种危险，早已流露出曹家衰败的迹象：一是皇恩不再独特，二是经济问题严重。

雍正对曹頫的使用，完全是按照正常君臣之间进行的。出了纰漏，雍正的眼里可揉不得沙子。

3

曹家被抄，本不是什么大事，但却引起很多人的兴趣，究其原因，主要是曹雪芹后来写出《红楼梦》的缘故。

《红楼梦》是小说，却被后世赋予太多的期待，甚至专门诞生了一门“红学”，大家希望通过研读《红楼梦》，找出更多隐藏在背后的历史真相。

这样，随着《红楼梦》流传愈广，各种对于曹家的猜测、推理也越来越多。很多人出于同情弱者的心理，开始有意贬低雍正。比较流行的一种说法是，雍正因为篡位，所以要除掉允禩集团。允禟曾于康熙五十五年在江宁打造了镀金狮子一对，因为感觉质量太差，就交给曹頫，寄存在织造署附近的万寿庵中。其实曹頫作为皇帝家奴，为皇子办这件事也算是分内之事，不能因为单独接触过允禟就划定为允禩集团的人。何况，如果真是允禩集团的人，依照雍正的脾气，是没必要隐藏曹頫的这个罪状的，他更应该大张旗鼓地趁机打击允禩集团，也更能证明曹頫的罪过很大。还有一点可以证明，曹頫虽然被抄家，但其家人并未受到牵连。雍正十三年七月，曹宜负责巡察圈禁允禵的地方，发现允禵的太监跳墙逃跑，当即上报。雍正为此责怪了管理内务府的庄亲王允禄。如果曹家是允禩、允禵集团的人，绝不会让他来负责监视允禩党人的。

雍正处理曹家，是清查亏欠的大政导致的，采取强制措施追索曹寅、曹頫的钱粮亏空，合理合法。尤其是曹頫还不上亏空，还偷偷转移财产，这就是不忠和欺瞒，这种为臣之道，是雍正所不齿和憎恨的。

曹家兴盛了七十多年，靠着经营皇家用物的肥差，也确实赢得了世人羡慕的目光，但后期在庞大的家族开销和巨大的亏空债务双重重压下，却并没有改变策略，而是沿着多年形成的习惯，继续维持面子和名声。

名声是一种资本，面子是一种尊严。官员们知道，名声连着面子，和利益、兴衰紧密相连。名声和面子是主干，其余则为枝叶。主干受损，枝叶必枯。因此，官场人员会全力以赴维持名声或面子。

《吕氏春秋 · 仲春纪 · 当染》载，墨子见染素丝者而叹曰："染于苍则苍，染于黄则黄。所以入者变，其色亦变，五入而以为五色矣。"故染不可不慎也。

墨子说的看似是染素丝的情况："放入青色染料，素丝就变成青色；放入黄色染料，素丝就变成黄色。染料变了，素丝的颜色也随着变化，染五次就会变出五种颜色了。"染色不可不慎重啊！

官场更是个染缸，最终染出什么官风官德，全赖平日里放入了什么“颜料”。曹家的兴衰，便是例证。奢侈无度的靡费，迎来送往的交际，豪门大户的阔绰，这些都是表象。深究原因，封建社会官员只不过是皇家的奴才，生杀予夺，全部掌控在皇帝手中。皇帝对一个人的好恶，早为其政治生命定下了基调。

纵与止的平衡：专擅权臣隆科多的失势

1

隆科多是雍正即位的关键人物，他做出的功绩也深得雍正赞许。雍正为表亲近，专门给隆科多戴了一顶“舅舅隆科多”的帽子。皇家联姻一般是不会公开表态的，目的是防止后宫乱政。尤其是至高无上的皇帝，很少主动承认这种姻亲关系。这是封建社会皇家保持“天子独一个”的尊崇地位而必要的姿态，谁也不可能比天子更高。

雍正公开称呼隆科多“舅舅”，目的就是要稳定登基初期的政局，是政治的需要，并非出于姻亲的浓情。雍正知道这一点，隆科多也知道。雍正的本意是通过这种唯一的方式，让隆科多感受皇恩。隆科多却利用这份尊荣，做起了其他文章。

隆科多，满洲镶黄旗人，清康熙孝懿仁皇后之弟，一等公领侍卫内大臣佟国维第三子。

康熙晚年，隆科多担任步军统领，掌握京师卫戍部队，负责京师的门禁与警卫。因助雍正继位有功，雍正统治初期，被任命为吏部尚书。

隆科多家族是显赫的，父亲和兄弟等人各自支持待定的皇子为太子，唯有隆科多隐忍不发，时刻关注康熙的动向，并最终成为康熙最信任的人。选择了康熙的选择，而后以绝不打折扣的态度拥立雍正继位，并同时封锁九门，防止有人趁机作乱——对于乱局中登基的雍正来说，这些确实非常值得感激。为此，雍正还专门对年羹尧夸赞："隆科多此人，朕与尔先前不但不深知他，真正大错了。此人真圣祖皇考忠臣，朕之功臣，国家良臣，真正当代第一超群拔萃之稀有大臣也。"

与年羹尧谈论隆科多，可见雍正认为年羹尧是第一亲密之人。这也看出，雍正此前与隆科多并不亲密，并非与隆科多合谋篡夺皇位。

隆科多在雍正朝一亮相，就成为总理王大臣。这时他仅仅是步军统领，二品武官，却担此重任。雍正的简拔，让隆科多心理上有了变化。最主要的，康熙六十一年十一月二十三日，雍正谕内阁："佟国维袭公奏折，蒙皇考收贮，此公爵着隆科多承袭。"佟国维曾因保举八阿哥允禩为太子而触怒康熙，其死后爵位一直无人承袭，雍正继位后便命隆科多承袭佟国维的爵位，恩上加恩。二十五日，又谕："隆科多应称呼舅舅，嗣后启奏书写'舅舅隆科多'。"

皇上可以这么说，隆科多应该懂得官场的谦逊潜规则，可他偏偏要显露尊贵，之后真的就在日常的奏请中，称自己为"总理事务吏部尚书兼总管舅舅隆科多"。这就犯了天子大忌。"舅舅"这个称呼，雍正可以叫，隆科多在奏折中确实不该如此"狂妄"。皇上说的话，尤其是自降身价的称呼，完全不应该当真。隆科多这种骄矜的本性为最后带来杀身之祸埋下了伏笔。

雍正惩治隆科多，与年羹尧不同。雍正是突然发现年羹尧骄横跋扈的，有"恨铁不成钢"的心理；而对于隆科多，雍正则是有意主动打击的。不少人觉得，雍正是为了防止隆科多说出继位秘密而"卸磨杀驴"，其实不然。雍正在继位之初，需要隆科多和年羹尧，是因为政局还不稳定。在政局稳定后，完全没必要如此做，除非隆科多要造反，才会揭皇上的短。而此时，隆科多已经没有可以依靠的后台：允禩集团被控制，允禵被软禁，他断然不会自己撑起造反大旗，所以也肯定不会生出揭发皇帝秘密的念头——这等于自扇耳光。

2

隆科多引起雍正怀疑，是从他转移财产开始的。

隆科多被怀疑，早于年羹尧，但处理却晚于年羹尧。

对隆科多的处理，是温水煮青蛙式的，循序渐进的。因为尽管隆科多也是骄横不法，但他懂得隐忍，不像年羹尧，丝毫不肯收敛。

隆科多收受的财产数目惊人。纵容家人勒索财物，包揽招摇，肆行无忌，索诈安图银三十八万两。收受满保、苏克济、赵世显、甘国璧等银十二万余两，金八百两。就连声名显赫的总督满保、都统甘国璧，都要向隆科多行贿，可见其贪婪已经无所顾忌。甚至在远离朝堂的军中，都有关于他的传闻。

隆科多任职吏部后，专断铨选，执掌用人大权。史载，其“任吏部尚书时，所办铨选官员，皆自称为‘佟选’”。这是和年羹尧一样的罪责。

隆科多比年羹尧更为敏锐，了解雍正爱抄家，所以他有准备地提前就将这些财物分藏在多位亲友家和西山寺庙里。但最终雍正还是听说了，最后给他的定性是“不守人臣大义”。

隆科多的爪牙很多，能听到各种风声。雍正二年，隆科多主动辞去步军统领之职，分明已经感觉到雍正开始对他有所怀疑。雍正还悄悄地对年羹尧说：“朕并未露一点，连风也不曾吹，这完全是他自己的主意。”然后，雍正就透露信息，巩泰最近和舅舅不甚亲密，准备用巩泰接替步军统领职务。但雍正此时还隐而不发，在等待时机。老练的猎手就是这样，并不会一看到猎物就下手，而是要等待最佳时机，才会一击即中。此时，令雍正感到后脊梁发冷的是——隆科多的耳目已经深入皇宫内部。他并没有公开表态，但隆科多却能感受到压力，主动辞职。所以，雍正要先摸清谁是“内鬼”，或者在今后要更加注重保密。

虽然感觉到皇帝的威胁，但隆科多当时嚣张的程度也是相当可以。有一天果郡王允礼进宫，隆科多见了，仅仅是起身站立，就算是敬礼。允礼并没有注意到，是同行的侍卫内大臣马尔赛提醒，允礼才侧着身子走过去。按照惯例，隆科多应该向皇子跪下请安，如今他却对雍正的弟弟视而不见，甚至侍卫还要提醒允礼给隆科多回礼，这种藐视礼法的态度，分明是僭越。

“天欲祸人，必先以微福骄之；天欲福人，必先以微祸儆之。”就隆科多来说，其行为已经完全超越了“微福”的程度。

造成隆科多如此骄横，雍正也该负有一定的责任。过度的抬举，会将人的私欲激发到癫狂。正是他的“舅舅”称呼，让隆科多感觉到自己可以为所欲为。对雍正来说，此时新即位，需要扩充自己的势力，靠着隆科多等人，借力打力，铲除允禩集团等不稳定因素。

事物总是在不断变化的，尤其是政治舞台。这种变化多随时间节点而改变。当允禩集团渐渐势力不再，雍正执政趋于稳定，隆科多却不察时势变化，将雍正的荣宠当作是理所应当，做出种种不法、僭越之事，导致二人关系不断恶化。

隆科多主动辞去步军统领一职，以为交出兵权就可以消除君臣之间的隔阂、猜忌，之后一如往常。

隆科多肯交出兵权，本是明智行为，但却是要小聪明迷惑雍正。大凡人在一件重大事情上赢得过胜利，往往就会错误估计形势，认为自己“永远聪明”。隆科多亦是如此，企图以“小牺牲”换来“大胜利”。他继续沿着以前的路子走，结党营私，最终还是引起了雍正的警觉。雍正二年十二月，雍正在河道总督齐苏勒奏折上朱批：“近来舅舅隆科多、年羹尧大露作威作福揽势之景，朕若不防微杜渐，将来必不能保全朕之此二功臣也。尔等当远之。”——主动让大臣与二人划清界限，足见雍正已经谋定了计策。同月，雍正又于四川巡抚王景灏的奏折上朱批：“隆科多、年羹尧皆非无瑕之器。于奏对之间，错乱悖谬，举止乖张，大露擅作威福、市恩揽权情状。”命王景灏“幡然悔悟”，勿“首鼠两端”。

这种明确告知，宣示了君主具有至高无上的权力，可以摧毁任何大臣，既起到敲山震虎的作用，又暗中削弱了隆科多的势力。雍正三年正式解除隆科多步军统领一职。

这时，年羹尧的狂妄加速了雍正铲除朋党的决心。隆科多的败落，年羹尧起到了火上浇油的作用。

运气正盛的人总有一种错觉，以为霉运不会轻易降临自己头顶。隆科多丝毫没有察觉到雍正已经拔刀出鞘，他依然我行我素，不仅在吏部专断铨选，形成党派，还与皇帝的重臣戴铎、年羹尧，允禩的党羽阿尔松阿、苏努等相互勾结，肆行不法，这自然不会被雍正所容。

3

雍正开始瓦解隆科多集团。

首先，雍正找到隆科多的亲信——两江总督查弼纳，对其进行点拨，让他揭发隆科多。雍正给他的信号是：给你的谕旨三次退回，你竟然一句也不多说隆科多的恶劣过错，只是将众所周知的不体面之罪重复具奏，还信誓旦旦表态，你今后绝不如此。我很震惊，你和他结党竟然如此顽固。我虽然知道你们勾结已久，还是觉得很可惜啊！

即便如此，查弼纳依旧不肯反水。他的这种心态，如果是普通朋友，尽可以理解为对朋友忠诚不贰。其实，在官场上，完全不是这么回事。查弼纳不肯揭发，只是按照圈子文化的潜规则在行事。他明晰雍正的用意，但就是不肯做第一个揭发的人。他有他的为难之处。因为一旦做了第一个揭发的人，圈子内的人可能从此以后就会将他视为异类，即使隆科多败落了，别人也会把他孤立的。别的圈子里的人，因为以前曾互相敌对，自然更不敢接纳这个所谓的“叛徒”。这才导致他不能做也没胆量做，宁愿挨雍正的骂，装聋作哑，也不做第一个拆党的恶人。

这是一种官场的自保智慧，也是官场狡黠生存学的一部分。

最重要的一点是：查弼纳并不清楚雍正最后会如何处置隆科多。依照以往的惯例判断，雍正还不至于直接杀掉隆科多，他就坚定了信心，宁愿被皇帝责怪，也不能错误判断形势。万一隆科多僵而不死，他日后暗中使用的制裁手段，绝不亚于雍正。到那时，即使隆科多将自己修理得死无葬身之地，也没人肯帮忙，大家都会认为是隆科多在清理门户。同等圈子的高官，更乐意让“清理门户”这样的示范存在，以警示本集团下属。

隆科多虽然罪行累累，少有人敢于公开挑战，就基于这种种圈内圈外的因素。

雍正看到这种情形，并不如自己所愿，只好强硬地拔掉这颗蛀牙。雍正三年五月二十二日，雍正以隆科多、年羹尧罪行晓示群臣，命其党羽宜急解散，谕大学士、九卿等：

> 朕御极之始，将隆科多、年羹尧寄以心膂，毫无猜防，所以作其公忠，期其报效。孰知朕视为一体，伊等竟怀二心。朕予以宠荣，伊等乃幸为邀结，招权纳贿，擅做威福，敢于欺罔，忍于背负，几陷朕于不明。朕深恨辨之不早，宠之太过，愧悔交集，竟无辞以谢天下，唯有自咎而已。
>
> 朕岂能姑息以养奸耶？二人之门下，向来趋附奔走者不少，俱宜解散党羽，洗心革面。若仍念旧情，负国恩而感私惠……若再发觉之时，决以逆党从重正法。

又责隆科多曰：

> 朕宽厚居心，训饬臣工，散其党援，乃马尔萨、鄂伦岱、阿尔松阿、汝福、苏努等同恶相济，屡训不悛。舅舅隆科多于此数人力加解护，而屡参廉亲王，必欲朕致其身命，其意将廉亲王多年结成之党羽，收罗以为己手足耳。

雍正的公开表态，首先自责：是我看人不准！

但大臣们却看到了最震撼人心的训诫：以后谁敢再投到二人门下，一定会受到严惩。

雍正的这道“解散令”一经发出，朝野惊惧。这两个红到发紫的人，好运气到头了！

尤其是对隆科多的训斥，更是一语中的，识破了他的鬼点子：“你多次参奏允禩，无非是要将他置之死地。可对于允禩集团的党羽鄂伦岱等人却极力维护，这是借着打击允禩在收编他的队伍。”

雍正巧妙地把欲将亲兄弟允禩置之死地的罪过转嫁给隆科多，维护了自己的脸面，也揭露出隆科多一贯的嘴脸，更是明确点名这些允禩党羽，休要心存幻想，期望另投主子。

即使到了这一步也没有吓住隆科多，他自认已经将财产转移，如今并无太大的把柄捏在雍正手里，并且准备暗中发力，扰乱雍正的视听。

隆科多无疑是狡诈的，他发力，如果不仔细甄别，完全看不出痕迹。

这时，一桩看似简单的案件，被隆科多玩得团团转。

金南瑛是举人出身，没有显赫的家族背景，曾担任户部笔帖式，勤勤恳恳。允祥觉得此人可用，便提拔此人为户部主事（从六品）。雍正二年，陕西驿道使出缺，允祥立即向雍正举荐金南瑛。与此同时，川陕总督年羹尧也向雍正举荐了人选。同一个职位，允祥和年羹尧都举荐了人才。雍正自然是先给允祥面子，任命金南瑛为陕西驿道使（从四品）。

年羹尧在举荐中失利，就把怒火发泄到金南瑛身上，又认为金南瑛是允祥安插的奸细，就指使陕西巡抚胡期恒寻找金南瑛的罪证，通过“正规渠道”来弹劾金南瑛。胡期恒弹劾金南瑛的折子摆到雍正面前，引起雍正的警觉。出于维护允祥和削弱年羹尧的大局，雍正没有批准所奏。不料年羹尧却再次紧逼，又指使多人参劾金南瑛。步步紧逼下，雍正将案件交给吏部议处。

吏部是管理官吏的部门，将这种纠缠之事交给吏部，就是要他们拿出符合皇帝意图的意见来。

注意，此时正是雍正训斥隆科多、年羹尧的关键时刻。隆科多做出了温柔的反击，对金南瑛的处理意见，首次提出，从轻发落，雍正驳回。隆科多当即扭转方向，提出重罪处罚。

六月初七，雍正做出裁决，命隆科多往阿拉善山修城垦地，同时削去隆科多太保衔和一等阿达哈哈番（满语：轻车都尉，世袭爵位）世职。雍正特意指示署理凉州总兵宋可进："隆科多亦如年羹尧一般贪诈负恩，揽权树党，擅作威福。他到你处，尽管你曾做过他的属员，但似此诳上背主小人，相见时不须丝毫致敬尽礼。"

这是五月二十二日雍正发出公开"解散令"后的半月。

雍正为何会如此恼怒？原因是：吏部是隆科多管辖之地，如此前后混乱的意见，必定是他在左右、在有意干扰。

隆科多第一次让议处过轻，是希望减轻年羹尧的罪责。同时，暗中也较劲儿，金南瑛是允祥的人，年羹尧胜了，则允祥败。这是暗中和年羹尧联手，给皇上施加压力。

见雍正不同意过轻的方案，隆科多好像"幡然悔悟"一样，做出巴结雍正、理解皇帝意图的样子，当即判处金南瑛重罪。表面上看，这样的处理一箭三雕：撇清自己与年羹尧的关系，保护了允祥，符合皇帝意图。

但他的伎俩被雍正看得一清二楚。隆科多如此翻云覆雨，明摆着是昭告大臣：我虽是吏部主官，可处理结果是皇帝说了算，公正无法保证。把局面搅乱，年羹尧的小事就成为大事，皇上就会忽略我，将注意力转移到年羹尧身上。

雍正讨厌朋党，更讨厌被大臣愚弄。隆科多的自诩睿智，被雍正看穿，最终导致一败再败。

但是，雍正还是不想急于将隆科多一巴掌打死，觉得他是满人，且并不像年羹尧那般嚣张无度，仍旧告诉他："若实心任事，思盖前愆，朕必宽宥其罪。"

可惜，隆科多不久做出的一件事，彻底激怒了雍正，也终于使自己成为不可饶恕的大清罪臣。

4

雍正四年闰三月，隆科多被揭发，私藏“玉牒”底本。这件事，让雍正下决心打出一记重拳。

这件事并非雍正冤枉他。隆科多也是丧心病狂，竟然从辅国公阿布兰手里要走了玉牒的底本，收藏在家。

玉牒是皇室宗谱，极其神圣，除了宗人府衙门，外人不得私看。即使有公事需要查看，也要奏请皇上批准，才能查阅。

如此重大的事件，等于隆科多手中掌握了整个皇族的名单。

尤其让雍正恼火的是，阿布兰是允禩的亲信。隆科多此举，分明有改弦更张的企图，这是典型的触逆鳞之举。

此时，隆科多正在边境与俄国谈判国界问题。俄国侵占了大清的大片蒙古土地。隆科多态度一如既往地强硬，绝不让步。

可此时雍正却下令，命隆科多立刻回京服罪。负责谈判的克什图、四格、图理琛最终做出让步，签订了《布连斯奇条约》，让大清损失了大片国土。

雍正急于治罪隆科多，反映出帝王维护帝位的迫切心理超越一切；即使丧失国土也在所不惜。当时大多数大臣是反对立刻调隆科多回京的，大家的意见是，等隆科多主持的中俄谈判有了结果再治他的罪也不迟，可雍正等不及了，可见其内心对隆科多已忍无可忍。

雍正故技重施，隆科多的罪状多达四十一条。其中，有一条十分有意思，是隆科多奏折上有句话：“白帝城受命之日，即是死期已至之时。”由此可见，隆科多至死也不觉得是自己过度膨胀做错了，他觉得当年接受康熙临死之前托付的这个历史使命，已经注定了时刻存在的危险，也暗喻皇上的无情是必然的。

他的这种牢骚话，被雍正解读为：自比诸葛亮！

确实也不难看出，隆科多这句话里对雍正的讽刺意味。

还有一条罪状，说隆科多将康熙所赐御书贴在厢房，这是大不敬。这种凑数寻找罪状的行为，对皇家来说，是轻而易举的。

但是，隆科多毕竟是满人，而且又确实在雍正即位的关键时刻起到了稳定朝局的作用，雍正最后还是网开一面，反复强调要他反省，对其施行圈禁，位置就在畅春园附近。而隆科多的发迹，也是在畅春园。雍正用这种心理上的压制让隆科多抑郁不已。

雍正六年六月，隆科多死于禁所，雍正赐金治丧。

喧嚣一时、国柄在握的隆科多，不甘心却又无可奈何地闭上了眼睛，再也看不到他私藏的无数财富，跌下了曾经前呼后拥的人生巅峰。

隆科多是皇权与臣权平衡斗争的牺牲品。他在人生的得意时刻，没有看透局势，借着皇帝的过度恩宠，任手中权力不断扩大，并逐渐发展成一个党派集团，造成了对皇权的分化。以隆科多为首的臣权的无序增长、膨胀，造成以雍正为主的皇权的稀释、萎缩。强弱对比下，君主为强化专制权力，必须对官僚集团进行整治，才能达到政治统一的要求。这种君臣权力再分配，是雍正和隆科多谁也躲不开的死结，是必然结果。

在中央集权制王朝，官僚只是工具，其主要作用是维持国家正常运转。即使有小范围的越权，也必须在皇帝允许的可控的范围内。在这种不对等的皇权制度下生存，所有僭越即为非法。要保持官运不衰的秘诀只有一条：对皇帝无限忠诚。

尽管隆科多和年羹尧并非对雍正不忠，但他们不断扩张已有的特权，使得皇帝感到自己已经不再是皇帝，谕令在部分官员看来如同耳旁风，官僚们为维护集团利益，不是皮里阳秋就是阳奉阴违。从小就饱读诗书的雍正，对此是最清楚不过的。

雍正需要的是绝对的服从，而非表面上的虚假附和。他没有父皇爱惜面子的种种思虑，对臣属，爱便爱得超越一切，恨起来则绝不心慈手软。这种赞赏时的过度夸张和处置时的残忍无情，也表露出雍正执政的特点：重实效，不留情。

天作孽，犹可违；自作孽，不可逭。隆科多的覆灭，完全是自酿祸端，罪不在雍正。即使换作任何一个皇帝，也不会容忍你对他的政权构成威胁。权力的分配，就像树干无法支撑两个树梢一样，总有一个为风所摧。只不过，雍正拥有的血统和基因，注定了他不会被折断，这是由皇权专制制度最不讲理、最血腥的属性决定的。任何时候，弄清楚自己的属性，极其重要。

严苛：雍正的作风

双重人格：理政下猛药，朱批显关爱

1

雍正办公的地方在养心殿，这个地方并不特殊，也不豪华，可他就是要在这个简朴的地方办公，以扬节俭风气。

养心殿位于紫禁城西六宫南侧，始建于明代嘉靖时期。移居这座普通的院落，雍正给出的理由是：本该移居乾清宫，朕思乾清宫乃皇考六十余年所御，朕即居住，心实不忍。

这可看出，他务实而不虚荣。雍正认为，皇帝的任何举动都是一种示范。皇帝如此简朴，大臣自然不敢靡费。

他根据实际情况处理政务，并不拘泥于旧例。《雍正朝内阁六科史书 · 吏科》中曾记载了他处理一个知县的事例。

雍正元年三月初一，山西平阳府稷山县知县谢兆龙母亲陈氏病故，按照惯例，谢兆龙应该丁忧。但是，经过调查，谢兆龙还有应该追缴的亏空，雍正就特事特办，不准其回家丁忧。

皇帝最注重孝道，可雍正不惧臣民如何说自己，为了充盈国库、治理贪腐，以强硬态度拒绝谢兆龙丁忧。这就是他的脾气，从来不在乎大家说他苛刻，为了施行国策，手段严猛。

雍正虽然不怕人臣嚼舌，却有些怕神鬼。他用严酷手段清理了允禩、允禟等兄弟后，晚年也有些自责，常说："鬼神之事，即天地之理，不可以偶忽也。凡小而丘陵，大而山岳，莫不有神焉主之，故皆当敬信而尊事。朕于天人感应之际，信之甚笃。"

这种复杂的心理活动，却并不能掩饰其性格中的刚毅、自信。他一直以为，能够继位是上天对自己的选择。有这种天命担当的信念支撑，他做事从不畏畏缩缩。

在争夺皇位时，他自称"天下第一闲人"，而即位后，却成为"天下第一忙人"——对此，他也颇有说辞："不是闲人闲不得，闲人不是等闲人。"自负可见一斑。

康熙晚年由于倦政，实行"宽仁"之政，导致大清官僚机器运转不畅，官员贪污腐化严重。这被雍正看作严重问题，可他不能公开埋怨父皇，于是就以最强硬的态度，来整顿这个烂摊子。甫一登基，即颁发十一道谕旨，向天下自总督至知州、知县发出明确信号——朕要改换理政套路，大家小心！

在他心里，誓要"将唐宋元明积染之习尽行洗濯，则天下永享太平"。他甚至要建立一个理想国：官员人人勤俭，大臣个个清廉，全心全意为民，让大清气象从此振兴。

他对田文镜直言不讳地说："朕就是这样汉子！就是这样秉性！就是这样皇帝！尔等大臣若不负朕，朕再不负尔等也。勉之！"听到这种"朋友"般的真心话，田文镜当然愿肝脑涂地，以报皇恩。

雍正的"无情"，并非仅仅对付汉人。他命令八旗兵没有恒产的，移驻到热河喀剌河屯桦榆沟垦田。这种对满人也敢开刀的举动，赢得了汉人的尊重，却招来满人的不满。不满归不满，满人也知道，在这个有着"冷面王"之称的皇帝手下，似乎只有乖乖听话这一条道路。因为他们看到雍正对待亲弟兄的手段，忌惮于这种皇威。

但凡新人主政，都会烧三把火，这是历史规律。所有人都等着看雍正三把火之后，渐渐熄灭火炬，开始施行仁政，让一度紧张的朝政渐渐恢复以往的缓慢节奏，然后大家和和气气地继续享受“官家福利”，这是大多数人的期待。

这种奇特的政治气氛，可以称作“弹簧理政法”。众多久居仕途的官员已经适应了“紧一紧、松三松”的弹簧理政法，所有人都瞪大了眼睛等待“松三松”时刻的到来。大家心里都在嘀咕，总有你松懈、打盹儿的时候，等你累了、倦了，感觉到改革带来的疲惫时，就是大家脱离苦海的好日子。

雍正年轻时就被委派到民间处理各种政务，自然懂得官员们在等什么、盼望什么，他索性在暴风骤雨后继续急风强雨，不但不减弱改革力度，反而借机多方位施行推翻旧制的一系列措施：火耗归公、贱民脱籍、士绅一体当差纳粮等，彻底让那些在观望、怀疑的人明白——这个皇帝不同寻常，再不扭转思路，绝无好果子吃。

风向变了！雍正要将传统政治的专制推向一个全新水平，通过全面抓紧官僚队伍，掌控帝国政治运行。

专制主义如果仅表现在国家和社会的上层，中央权力是很难渗透到下层社会。只有当国家的决定和命令受到社会一切层次的尊重时，才能称为中央集权的专制官僚国家。在推行这种国家意志时，皇帝必须成为第一冲锋者。对此，雍正胸有成竹，意志坚定。他就是要做强硬派皇帝，避免国家重蹈明朝覆辙。他认为，官员懒政、怠政，或者官员品德恶劣，都是对国家机器的损害，必须全力除之。

官员们左右等待，非但没有等来对自己有利的绿灯，却等来更为强悍的君主独裁——这种心理的震撼，超越以往的朝堂。

官员们开始扭转方向，顺着雍正指明的道路前行。为官的人，在适时扭转方向方面，无论是自觉的，还是随大流的，都有着无师自通的悟性。

2

雍正自创一套“组合拳”，管理官员，俘获臣心。

雍正是强势的。强势的君主都有一个特点：所有的手段，无论恩赐或者惩罚，都是为了让臣工感受到皇家的威严。

因为有皇权在手，优秀的皇帝喜欢树立自己执政的特色。

雍正的情商是极高的，在某些手段的运用上出神入化。

即位伊始，翰林院检讨孙嘉淦上疏给雍正，希望他“亲骨肉，停捐纳，罢西兵”。皇权争夺大剧尚未真正落幕，雍正听闻孙嘉淦“亲骨肉”的谏言，如锥刺心，登时大怒，责问翰林院掌院学士：“此人为何如此狂妄？”

不待别人回答，太子太傅朱轼抢着说：“这孙嘉淦确实不知天高地厚，狂妄至极。但臣却佩服他的胆量。”这句话等于提醒雍正，君主该有君主气度。

雍正的脑子转得很快，迅速想到：正在用人之际，一旦处罚孙嘉淦，必授人口实，显得自己气量狭窄。于是他突然来了个大逆转，笑着赞叹道：“朕也佩服此人的胆量！朕即位以来，孙嘉淦每事直言极谏，朕不仅不怒，且奖励他。大家都要向他学习。”随即提拔孙嘉淦做国子监司业。

太子太傅朱轼坚决反对雍正推行的“耗羡归公”，雍正不恼不怒，反而让他做大学士，去教授皇子弘历等人的学业。后来朱轼又反对西北用兵。由于每次反对都无效果，他心灰意懒，以病辞职。雍正用极其温暖的口气劝慰他说：“你的病如果不可以医治，朕如何忍心强留。如尚可医，你又何苦非要离去。”朱轼非常感动，从此再不提“辞职”二字。

他还与大臣交朋友，架子放得极低。在臣下的请安折上，他用非常亲切温和的口气批写道：“朕躬安，尔好吗？”或“朕躬甚安，尔可好？”在雍正七年十一月二十日请安折上朱批：“朕躬颇安，尔等都好么？官员乃至兵丁、跟役等都好吗？”在山西巡抚诺岷的请安折上写道：“朕躬甚安，尔好么？新年大喜！蒙天地神佛保佑，尔之合省雨水调匀，粮食大收，军民安乐，万事如意！”

在给两江总督的折子里，雍正说：“送一匣清茶房干果与尔，怎比得上尔南省的果子呢？再，干羊绒朕食其味甚美，一并赏送于尔。”赏赐物品的同时，潇洒风趣地与大臣开起了玩笑。

雍正还劝诫官员不要喝酒：“若奉此旨后，仍不戒酒，则辜负圣恩，成为无用之辈。”听闻大臣鄂尔泰总是熬夜工作，放心不下，让人传话：“凡夜晚办事，最是伤人，务教他（鄂尔泰）善体朕谕，以仰副垂注至意。”

都统苏丹在军营因潮湿导致伤口复发，雍正在谕旨中表示非常揪心：“尔之年岁已非如此奋勉之年龄，尔所作所想，朕实是赞许而同情……尔如此赤胆忠心，将无甚关心，必受苍天眷爱而好转。着好生调养身体，努力为朕多效力几年。”

雍正这种细腻的关怀和温存、体贴的话语，让臣工与皇帝之间建立起一条友情互动的渠道，效果极佳。

雍正能够容忍大臣，全部建立在臣工是实实在在为国谋、为君谋的前提下。观点不一可以容忍，心怀不轨则坚决不容。为此，他游刃有余地使用奏折制度，编织起覆盖全国的巨大情报网，鼓励官员互相告密。

有一次，一个官员入都觐见，专门买了一顶新帽子。次日引见时，脱掉帽子谢恩，雍正慈笑着说：“小心，不要弄脏你的新帽子。”可知，此事他早已知晓。

鼎甲出身的王云锦于新年休沐日和好友在家耍叶子戏，忽然丢掉一张，怎么也找不到。一日上朝时，雍正问他：“元旦干什么去了？”王云锦如实回奏，雍正十分高兴，夸赞说：“细事不欺君，不愧为状元郎。”说完从袖笼中把叶子拿出来给他看。

王世俊离京赴任，张廷玉向他推荐一名随从，此人平日工作勤谨。后来王世俊要入京陛见，这名随从却提前告辞。王世俊不解其意，随从说：“我跟大人数年，没见你有大错，先进京见皇帝，报告你的情况。”王世俊才知，随从是雍正通过张廷玉安排到他身边的监视人员。

尽管国家事务庞杂，雍正却事无巨细地努力洞察一切，不想让臣工做出一点欺瞒、哄骗皇帝的事。这虽然是美好愿望，但雍正心里却自信地以为：有了奏折制度，臣工的一切，尽在掌控！这种过度的自信导致一旦发现情报网失灵，他就会大动肝火。年羹尧、隆科多等人之所以受到严厉打击，也与此有关。雍正恨所有知情不报的臣工。而实际上，他在心里认定某臣后，一般人即使汇报，也很难撼动这个大臣在他心中的地位，可见其性格固执的一面。

精细的情报网与主观臆断，像两条线，常常纠缠交织。两条线都在雍正手里捏着。这实际上就成为他自己与自己的较量。“赏识”这条线占上风，则谁也无法说服他改变。“憎恶”这条线占上风，又谁也无法阻拦他，导致有时会风向突变。

这是服用“情报药丸”后产生的副作用。副作用大小，全在药丸的量。这成为雍正的烦恼，知道的越多烦恼就越多，这是自然规律。可惜作为皇帝，雍正必须同时享受情报带来的苦与乐。他是不能“难得糊涂”地管理国家的。

3

雍正性格里的暴躁、刚毅，是隐藏不住的。他说话声音又高，常常吓得臣下胆战心惊。气恼之下，毫不留情，痛骂讥讽，轻则斥之为糊涂、无知、可厌，重则骂为“不是人”“死人”“狗”，甚至上升到辱骂人格。

雍正咬着牙揶揄佟吉图：“知人则哲，朕这个平常皇帝，如何用得起你这样人！”毫不顾忌一个皇帝的修为。

雍正在给布政使张圣弼的批示里这样写道：“该！该！该！该！只是便宜了满丕等，都走开了，不要饶他们！”

雍正喜欢祥瑞征兆，却厌恶臣下阿谀奉承。

江西布政使李兰在无关紧要的事情后面爱写“皇上洪福”，这本是他巴结的话，雍正看到后朱批：“朕深厌此种虚文。”他欣赏臣下有事说事，不必隔靴搔痒地阿谀。

福建布政使赵国麟虚伪地向皇上表示，自己有“一得之愚”，雍正立刻戳穿："你写自己愚蠢的字太多了，我岂能把一个愚蠢的人安排到藩司岗位？"让赵国麟看后惊出一身冷汗。

遇到雍正心情不好，特别忙碌时，臣属也会受到呵斥。有一次，热河总管奏报发放官兵钱粮，雍正本来就累得够呛，见他尽汇报这些杂事，就说："此乃报部之事，何须折奏……你倒有这等空闲，奏这些无聊之事。朕如何有这闲时间看你这无用的奏文，纯属一群不如畜生之辈！"荆州将军吴纳哈报修缮坍塌城墙的事情，雍正看得心烦，批道："此等未成之事，何以渎奏，为尔之差事，而不顾朕有无空暇，毫无体谅之心，此乃何臣之道？真是老糊涂了！"

有些挖苦，几乎就直接戳着脸皮说了。兵部右侍郎奏请修复堤坝，雍正认为他办事心思不纯，想在工程款中贪污，故而讽刺道："大买卖来了，偿还之份力图加倍索取。倘不足，朕再遣数名妥靠富人给尔。"

陕西旱情严重，按照传统习惯，地方官员需要体谅百姓疾苦，一律斋戒祈雨，可西安将军常色礼却在斋戒之日食祭肉——这件事被大臣们当作笑话传播。不想被雍正听到，直接破口大骂："你想想你是什么东西？本来就是奸诈、不顾脸面的奴才！"常色礼在折子中争辩，掩饰说："奴才若有巧诈、不诚心之处……"之后当然是天打五雷轰之类的赌咒发誓。雍正丝毫不留情面，朱批："竟不知自己行为之非是也，可惜朕教诲之心。不如畜生！现在世上未有。"将自己手下的大臣比作"畜生"，可见雍正对其已经厌恶至极。

在左都御史尹泰的几封奏折上，雍正骂人到了难堪、低俗地步："尹泰，尔以前干什么来着，该死的老畜生!""放老狗屁。"

毫不留情，让雍正赢得了严苛皇帝的名声，可另一方面，也透露出雍正确实是个真性情的人。作为皇权独裁者，他随心所欲，但所骂之人，均为不好好办差的人。他不想掩饰自己的恼怒，不把有限的时间用在隐晦地维持脸面上，直言不讳，是真性情的自然表达。

雍正是个爱唠叨的人，并不是高高在上、不通人情。他不但关怀臣工，有时还恩及其父母、子弟。

山西大同总兵官祖秉圭，老家远在安庆，母亲年逾七十，因为缺少盘缠，无法到儿子任所接受奉养。雍正知晓后，专命江南督、抚二人，各资助银四百两，派人护送其母至任所。

兰州巡抚许容，也是这种情况，老父亲远在河南故里。雍正便命河南督臣代替许容，常到家里探望，府县留心优待。这些地方官接到皇帝的命令，十分殷勤，不断到家中馈赠，反而搅扰了老人安静的生活，最后雍正发话，才恢复常态。

湖广总督杨宗仁有个儿子杨文乾，任陕西榆林道。父子暌离十八载，不曾见面。杨宗仁上疏，以自己年迈体弱，请求皇帝批准让文乾随侍照料。雍正得知情况后，首先命医官赵士英前往湖广诊视，并通知文乾乘驿车赴“伊父”任所。细心的雍正还担心杨文乾不明情由，路上惊慌，就将谕旨内容抄录给他，让他知道详情。

苏州巡抚陈时夏，有八十岁老母远居云南，请准假迎养。雍正特命云南督抚遣员，与陈时夏之弟一并护送，并赐人参、貂皮等物。又恐陈母旅途劳顿，叮嘱当地长官行期不可催迫，一路可随便歇息，且谕吏部赏陈母巡抚封典。陈时夏十九载方与老母重逢，“感难言喻”，“虽捐糜顶踵，倾沥血诚，亦无以仰报隆恩于万一”。

雍正这种种推行、鼓励官员行孝的行为，赢得了人心。大臣们看到了雍正心地善良的一面，对政务愈加出力。

其他诸如：雍正七年，署理直隶总督唐执玉患疾，雍正特赐人参两斤，命太医冀栋诊视；雍正七年，原任总兵官潘之善病目，雍正遣太医诊疗，使潘双目重明。

雍正的率真、细心、亲昵和讽刺等情感糅合在一起，既让臣工难以捉摸，又让臣工感激涕零，完全显示出一个君主游刃有余掌控朝局的过人能力，使得朝政不断向着清明、高效扭转。

众臣工感触最深的是雍正有着渊博的学识和超强的文字功底，应付、揣测雍正朱批里的语气和含意，就是雍正朝官员的努力方向。引领方向的人很重要，雍正刚毅果断、勤于朝政、体恤民众、痛恨贪官劣官，使得朝政方向没有偏航，最终形成“康雍乾”连续三朝盛世。

改变操控格局：设立军机处

1

雍正要做的，不是安稳皇帝。他要大力调整朝政格局，因此对既有的内阁大臣们的做事风格，有些不满意。在找到合适的方法之前，很多事他直接就代理了。他要做彻彻底底的一把手。

即位一年时，他对内阁们说：“国家政治，都是皇考留下的。朕正当壮年，你们这些大学士应该做的事，朕完全有能力代理。你们可以趁机安享晚年，修身养性，也算是朕的恩惠。”这种明显带有“抢权”的话语，谁能听不懂？内阁大臣内心自然不爽。好在雍正话是这样说，并没有立刻完全剥夺内阁的权力，大家仍旧按部就班地行使职权。

雍正想抢权，主要是因为他脾气急躁，急于振兴国家，不屑于被陈旧的制度约束。首先涉及的是清朝的报告制度。

清初，臣工的报告主要有题本和奏本两种，是沿用明朝的做法，前已详述。

题本上包括弹劾、钱粮、兵马、命盗、刑名等国家庶政、大小公事，必须钤印具题。

奏本主要是汇报到任、升转、代属官谢恩、本身私事等情况。因私事较多，较为随意，可不必用印章。

题本有着严格的格式，外形为多页折叠的折子，内文每个幅面六行，每行二十字，平写十八字，表示尊敬的抬头二字。首幅上方正中写一“题”字，称作本面。自第二幅起为正文。首书写明题者的官衔、姓名和题报的事由，接下来便是汇报事情的全部内容。结束时写“谨题请旨”或“谨题奏闻”，以及年月日和官衔姓名。重要的是，封面及文尾必须加盖官印。

凡地方官员的题本，须先送通政使司点验查收，同时具题者要备揭帖送到相关部门。揭帖是题本的抄件，内容与题本基本相同。

这样的题本，经过通政司后再送往内阁，经内阁票拟后再呈皇帝裁定。票拟就是内阁拿出的意见，写在小纸片上。

皇帝看到内阁票拟后，要判断内阁的意见是否可行。可题本往往很长，难以一时抓住重点。于是，明崇祯时就对题本进行了改革，让内阁在递上题本的同时，将题本进行提炼，用黄色纸，拣重点写不超过百字的内容提要，粘贴附在末尾，谓之“贴黄”，以节约皇帝的时间。

经皇帝裁定后的题本，接下来像经过流水线一样，由批本处和内阁依皇帝意思，用朱笔录于本面上，称为“批红”。批红的题本转送六科，由六科发抄关系衙门施行，并别录二通，分别成册，以备存档。

奏本走的流程也类似。

这样一来，所有官员汇报的事情，首先的阅读者是内阁，然后呈送给皇帝，再返回各处。一套流程下来，要耗费很多时间。而且，经过这么多人的手，早已没有任何秘密可言。

尤其是清朝，所有题本还要用满、汉两种文字誊录，更为烦琐。

所以顺治和康熙就开始施行较为保密的奏折制，但仅是尝试。雍正登基后，为快捷、秘密地处理政务，就加强了奏折制度，使奏折能够撇开内阁、通政司和其他衙门，快速直达皇帝手中。皇帝成为第一时间掌握信息的人，加强了君主集权。

奏折制度，实际上达到了雍正想抛开内阁处理政务的目的。因此，他后来就不再纠缠于从内阁手中“夺权”了。这种实际操作中的便利，无形中削弱了内阁的职权。从此，内阁负责的多是那些面子上、正规且不急的烦琐公务。

雍正通过奏折渠道获取了很多需要保密的事情。可运行一段时间后，雍正渐渐发现，奏折制度虽然隐秘，毕竟不是冠冕堂皇的正规渠道，遇到某些军国大事，若是仅靠私人汇报的奏折，难以拿到桌面上公开讨论，办事的效率依旧不高。他就开始寻找一种既可以公开议论，又简便高效，且能保证私密的方式——军机处应运而生。

2

军机处，最初设立时叫军机房。最隐蔽时，设立在圆明园，后改到邻近养心殿的地方。刚开始房舍用木板盖成，乾隆初年才改成瓦房。

之所以叫军机处，因事涉军事，源于雍正七年清朝开始对准噶尔策妄阿拉布坦用兵。为了确保军事机密不泄露，快捷、高效地指挥军队，雍正才临时设立了这个部门。这个部门设立之初，并不是正式衙门，性质上属于雍正的“军事秘书处”，人员有军机大臣和军机章京。

军机大臣不是专职，本职工作仍照常，多为雍正倚重的重臣，最初为允祥、张廷玉、蒋廷锡。

军机章京为专职人员，多从议政处调拨过来——使得议政处名存实亡。这些人员虽然在军机处办公，却仍旧属于原衙门编制，占其缺额。

每天寅时，军机大臣和军机章京进入值房，辰时（上午七时至上午九时）皇帝召见军机大臣。遇有紧急军务，提前召见。每天见面一次或几次，视事情多寡而定，不拘形式。军机大臣退出后，根据谕旨整理成文字，交由章京转发。

雍正办事作风由此可见：召见军机大臣不分时段，有时一天多达十几次。到西北两路战事用兵紧张时，自朝至暮，军机大臣随时都得等候雍正的召见，有时一二更才能回到家中。

军机处成立之初，张廷玉是“秘书处的秘书”，最为忙碌。最主要的还是他能够默契地理解雍正口语，并很快拟成正规的文本，且忠诚、小心，为人谦逊，雍正用起来十分顺手。

雍正本身并不擅长武艺，但其作为一国之君，力图也要像父皇那样，做一个能够镇定指挥军事大局的战略家。他知道军事机密的重要性，所以才专门设立军机处，让前方将士能够直接听命于皇帝，避免各级部门的掣肘，提高处理西北军务的效率。

军机处是新生事物，人员不固定，人数不固定，地点也可以随时换——所有这些，都可看出，雍正是想避免在自己身边形成另外的权力集团。

军机处设立之初，确实主要是处理军务的。雍正九年，雍正觉得山东登州临海，是军事重镇，所辖地域辽阔，可这里只有驻军六千人，就命军机大臣详细讨论，是否需要酌量增兵。雍正十年二月，宁远大将军岳钟琪奏劾副将军石文焯纵敌，雍正命军机大臣议奏。同年，西路军大本营要移驻穆垒，雍正在北京选定六月初四日巳时这个吉日吉时，四月十三日命军机大臣通知岳钟琪照此办理，却反复叮嘱，要防止泄密。

这时起，军机处已经逐渐扩充职能，成为决策国之大事的核心机构。

军机处办事效率奇高，当天的事情必须当天完毕，不准积压。廷寄时，将上谕密封后交兵部，由驿站层层传送。情况紧急的，函面标注“马上飞递”，日行三百里。遇有更急的，则夜不停歇，甚至可以日行八百里。

军机处是个神秘的部门，为了确保其消息的隐秘，即使亲王、贝勒等皇亲贵胄，未经允许，也不得私自靠近。

3

军机处的设立，看似是雍正偶然间为了西北作战尝试的一种新措施，而实际上是行政制度的重大改革。

在此之前，为了王廷的巩固和皇权的独立，许多帝王采用了不同的办法。

封建王朝本是以皇权为核心的专制统治，可由于王朝最初采取的是“皇帝负责皇家事，丞相负责国家事”的办法，日常工作中，丞相成为国家中枢权力的负责人，相权成为相对独立于皇权的第二权力。

皇权是至高无上的，一旦受到威胁，自然就会诞生新的制度。

说到相权，就得先说一下历代封建王朝的宰相制度。秦首设丞相一职，丞相为百官之长，掌行政大权。汉承秦制，并未改变，三公中仍以司徒为重。东汉初，光武帝起用掌管文书的小官尚书，专司章奏和出纳王命，才分夺了宰相的部分权力。沿袭日久，尚书令又成了名副其实的宰相，三公徒具虚名……此后，三国曹魏时以中书令取代尚书之权，南北朝又以侍中参与政事，钳制中书。隋朝又花样百出，设立三省分权制，以内史（中书）省领旨，门下省审核，尚书省执行，三省长官同为宰相，互相牵制，皇权因此有所加强……不断演变，至明初朱元璋废除了历代相传的宰相制度，将政务分归六部，而六部听命于皇帝，一切军政大权复归皇帝。明中叶后，却因皇帝惰于听政，大权又旁落于皇帝的秘书班子——内阁。

清朝继承明制，却又有不同，还保留了“诸王合议制”等满族统治的特点。以诸王和八旗旗主为议政王，与皇帝共议大政，统摄六部之事。这是对皇权十分不利的。因此，一入关，顺治就设内阁，以抑制八旗旗主和诸王的权力。康熙亲政后，为掌控大权，剥夺辅政大臣之权，重用南书房起草诏令。可满族功勋集团依然对皇权构成威胁，雍正这才尝试设立军机处。

这种相权和皇权的斗争，实际上也脱不开所有权力斗争的本质，那就是，压下了这方，被抬高的一方也会随着时间推移尾大不掉，到最后又要改革这个部门。尽管这些部门不断被赋予新的名称，并不全是“宰相”，其本质是一样的。

这样说来，军机处的设立，核心是皇帝要说一不二。所以，所有显赫的军机大臣，无非是皇帝的传声筒，而非可以做出重大决策的“宰相”。

皇帝成为国家的“法人”，同时也是“董事长”。

雍正设立军机处，不是将原来的权力大厦拆掉重建，而是巧妙地新添了柱子，将原来旧柱子该承担的分量转移到了新替换的柱子身上。承重力量的巧妙转换，使原有的建筑格局看起来未加改变，却让皇帝成为颇有成就的总设计师。

看似简单的一个举动，却让雍正成为牢牢把握大权的帝国王者，地位不可撼动。与其说这是手段的运用，不如说是意志的力量。所有的政治博弈，最后的胜利者皆是意志的斗争。手段只是手段，是表现形式而已。

雍正设立军机处，选择了一个最佳时机。此时全国吏治经过大力调整，既稳定又趋向转好，有优质的行政制度改革土壤。

军机处并非雍正一时心血来潮，而是不断充实和健全的。它具有以下几个显著特点：

第一，无编制。尽管这个部门规格非常高，在成立之初却并无明确的部门编制，显得“微不足道”、隐蔽性好，不会在成立之初就遭到旧日功勋集团的反对和抵制。

第二，临时性。因为军机处是个临时机构，既不在中央机关之列，成员又是特旨指派兼职。这样做的好处是，皇帝可以随时决定人员去留，便利了皇帝对他们的控制和任用。同时，去留人员也不存在荣升或者贬谪，没有心理障碍。

第三，保密性。军机处规定：满、汉成员只能查阅本民族文字的奏章，如有逾阅者，必得请旨批准方可。军机大臣钤封印信，需要在多方监督下进行。即使如此，雍正仍旧不放心，每月命兵部将军机大臣所寄的信件数目及收信人名汇报一次，以防有私托等情弊，杜绝了军机大臣作弊的可能性。

第四，快速高效。军机处办事，每日一切奏折，都必须当天直接上呈，由皇帝阅批，军机大臣听旨拟定后当即发出，效率极高。尤其是机要章奏，由廷寄直达地方，这样就避免了中途停顿、延误，加强了皇帝的直接控制权。

军机处的设立，是雍正独创的维护皇权的方式，既保证了皇帝至高无上的权力不被稀释，也提高了工作效率。不仅是集权的需要，也消除了官员结党营私的隐患。雍正任用军机大臣，从正一品到从四品皆有，但绝对都是他的亲信。张廷玉和鄂尔泰受重用，他们的儿子张若霭、鄂容安也做过军机大臣。不固定人员，随时提拔优秀人才，使得军机处成为更换血液最快、最忠于皇帝的中枢机关。军机处在巩固雍正统治以及在乾隆盛世中所起的作用，是不可否认且极其重要的，对当时分解满族诸王权势和瓦解汉族宰相揽权有立竿见影之功效。

能够独特地创造军机处这个高效实干的部门，与雍正潜邸时就了解民情和吏治，明晰朝廷弊病分不开。雍正深有感触地以为："治天下惟以用人为本。"这种用人之道，直到今天依然是真谛。他任用人才，只要有才能，无论什么民族、籍贯，直接提拔，从不设限。而对于庸劣之员，只会奔走钻营、招摇生事者，动辄就给以严酷的制裁，从不徇情。

军机处，是一把利剑。而握剑柄的人，必须是皇帝。

实干皇帝雍正采用最简单、直接的方法，挑破了错综复杂的中枢关系网，手里牢牢攥着绳头，编织起一张属于他的新网。

孤独的王者

1

雍正是孤独的。其实这也是所有王者的感受。

在雍正办公的养心殿西暖阁内，悬挂着他亲笔的"为君难"三个字，道出了他内心的声音。

"为君难"出自《论语》。定公问："一言可以兴邦，有诸？"孔子对曰："言不可以若是其几也。人之言曰：'为君难，为臣不易。'如知为君之难也，不几乎一言而兴邦乎？"孔子说的是，人们都说为君难，为臣也不易。可是君主能够知道为君之艰难，就会勤勉有加，严于律己，也就实现一言以兴邦了。

一言以蔽之，明君是可以一言兴邦的。

雍正就是要做千古明君，因此更感知到为君难和高处不胜寒的孤独。

雍正“为君难”的提醒无处不在，紫禁城内，有多方雍正“为君难”的印章，材质有寿山石、青田石等。档案中有关于雍正制作印章的记载：“雍正元年正月二十三日，怡亲王交红色寿山石双螭玦扁钮长方引首一方，红色寿山石飞熊钮图书一方，红色寿山石苍龙教子钮图书一方。奉旨：双螭玦钮长方引首下边砣做腰圆形，镌‘为君难’；飞熊钮图书镌‘朝乾夕惕’；苍龙教子钮图书镌‘雍正宸翰’。”

雍正要成为励精图治的大帝，推崇“一人治天下”，按照他的理想，应该是：“惟以一人治天下，岂为天下奉一人。”他要的不仅是唯我独尊的权势，更是不愿做天下人高高捧着的无用皇帝。这句自我激励的话，却并非他的原创，出自唐朝贞观二年（628）幽州总管府记室兼直中书省张蕴古给唐太宗的《大宝箴》，原文是：“今来古往，俯察仰观，惟辟作福，为君实难。主普天之下，处王公之上，任土贡其所求，具僚和其所唱。是故兢惧之心日弛，邪僻之情转放。岂知事起乎所忽，祸生乎无妄。故以圣人受命，拯溺亨屯，归罪于己，推恩于民。大明无偏照，至公无私亲。故以一人治天下，不以天下奉一人。”

君临天下、乾纲独断，符合雍正的脾气。但做有才能、操守极高的帝王，才是雍正的本心。为此，他专门说：“天下事，有治人，无治法。得人办理，则无不允协。不得其人，其间舞文弄法，正自不少。”他认为，所有的一切靠的是人，而不是固定的法。再好的法律也是由人来执行的，缺少了优秀、公正的人，法即非法。

雍正的孤独，其实是所有封建帝王都具有的。

君王是独一无二的，他的孤独包含多方面，由孤独而衍生的独裁，渐渐演绎，成为一种独特的君王标配。韩非子指出围绕君王的“八奸”：

一曰“同床”，即“贵夫人，爱孺子”。说的是夫妻之间的危险。同床的贵妃常常巧言佞色迷惑君王，乘君王醉饱之时，诉说她的欲求。这时的君王是陶醉的、沉迷的，最容易糊涂地答应。这种后宫干政的例子，中国历史上数不胜数。女子的甜言蜜语，有时胜过无数刀枪剑戟。

二曰“在旁”，即“优笑侏儒，左右近习”。说的是身旁的人，也包括内侍太监等人，看起来在君王面前唯唯诺诺，但对外却大行不法之事。君王身边的高官更是应该警惕的对象。

三曰“父兄”，即“侧室公子”。这些人因为特殊的王室贵胄身份，最能挑拨大臣与君王之间的关系，从中得利或者扰乱朝廷法度。

四曰“养殃”，即臣子利用民脂民膏为君王“美宫室台池”“饰子女狗马”，以娱乱君王之心。这些马屁精打着为君王效力的旗号，做着奢靡颓废之事，不惜民脂民膏，只为博取君王一乐。

五曰“民萌”，做臣子的散发“公财”，向百姓行“小惠”，把名誉归大臣，却把各种不满情绪都归于君，最终导致社会动荡。

六曰“流行”，即臣子指使说客以巧文之言，笼络君王，使君王对养客之臣言听计从。若是听从了奸人的话，必定祸国殃民。

七曰“威强”，即做臣子的“聚带剑之客，养必死之士”为己谋利、为己树威，损害了群臣百姓的利益，也即损害了君王的利益。

八曰“四方”，做臣子的故意利用国与国的矛盾以威胁、要挟君王，或者提高百姓赋税、搜刮国库金银贿赂他国，或者陈兵边境以削弱内部力量——这些都是对君王极其不利的。

凡此种种，无不形象地表明，做君王，并非易事。身边处处是危险，无时无刻不孤独。

身为君王，很可能你身边每个人说的话、做的事，都是假象，需要你仔细甄别，做出准确判断，才能利国利民。这样来看，君王的孤独是重之又重的，动辄牵扯到国家安危。

尤其像雍正这样致力于做明君的，就更为孤独。他要提防每个人，却又不得不重用某些人，所以就需要敏锐、睿智地做出自己的判断，不使小人得志、不使国法偏颇。

雍正在某次提到用人时，感慨地说："朕自莅位以来，兢兢业业，事事知其至难，用一人必晓谕以用之之故，去一人必晓谕以去之之故，似乎不胜其烦。然亦有所甚不得已者，且事无一定，又不可拘执……是故或一缺而屡易其人，或一人而忽用忽舍，前后顿异。盖朕随时转移，以求其当者，亦出乎不得已。"任用一个人，雍正就要考虑这么多，你说该有多累，内心又该有多么孤独？这些话，说给谁听？

但雍正也极其享受这份孤独，这是帝王的特权。唯有拥有这份孤独，才称得起"寡人"，称得起"朕"。这是孤独者特有的幸福，是天子的荣耀！他不因孤独而妥协、气馁，反而因孤独而遇强愈强，顽强地缝补着属于他的王国。

2

雍正是优秀的斗争者。斗争是艰辛而艰难的。他面对的是臣，亦是臣工的组合体。皇帝只能胜利。

只能胜利的过程，自然就是孤独的旅程。尽管他可以调动很多力量，但最后的决策者只能是天子一人，无人可以替代。皇帝的决策是独门的、冷酷的、多变的、不可预测的。这种帝王的神秘性，吸引人千百年来对帝王这个位置趋之若鹜。

"我终于即位了！"雍正历经艰难，接替康熙的帝位，他敏锐地感知到，周围伺机而动的人中，最难对付的就是自己的兄弟们。

兄弟们对王位虎视眈眈，不惜使用各种污秽的语言和龌龊的手段来贬低、污蔑新登基的皇帝，使得雍正不得不小心翼翼对付这些潜在的却又是公开的政敌。

"雍正即位不合法"的言论在朝野散播开时，雍正感到，必须尽快让政局稳定下来，这是关系国家命运的斗争。在这场斗争中，自己可以运用任何手段，以确保来之不易的王位不会再落入旁人之手。

允禩集团表面上服从新皇帝的诏令，却不断制造麻烦，以此施展"威强"

之术，不惜损害皇帝声誉，同时极力树立自己的良好形象，对新君的权威不断试探和挑战。

雍正以铁血冷面的雷霆手段，让允禩等人变成了皇父早就看穿的“阿其那”和“塞思黑”，其集团声名一败涂地，局势逐渐趋于稳定。这期间，年羹尧和隆科多起到了股肱之臣的作用，也让雍正赢得了“凌逼弟辈”的恶名。

雍正索性将这种恶名扩大化，以保证胜利成果。雍正四年正月，在养心殿的西暖阁，雍正发布了处置允禩的谕旨。整篇谕旨近两千字，列举了允禩的诸多罪状：对康熙不忠不孝，结党营私；管理工部几次误事；管理理藩院之时不能处理好与蒙古的关系；管理上驷院则糜费钱粮；等等。最终，将允禩革去黄带子，并令宗人府将其除名。

除名是一个政治家最惯用的打压手段，目的就是要将你一踩到底，不被祖宗认可。

数月后，允禩和他的党羽相继死去，雍正才长长地舒了一口气，宣告这场漫长斗争的结束。

也是在这场斗争中，雍正处理政局变得更加老辣、娴熟、冷酷，不感情用事，不惧怕任何风雨。而其实这一切的背后，他承受了巨大的心理压力。

他只是不说而已。这种斗争前意志坚定，斗争中决不妥协，斗争后胜而不乐，都只能一个人默默咀嚼，无法将这些与他人分享。即使是最知心的十三弟允祥，也不能彻底理解对兄弟们“赶尽杀绝”的帝王心肠究竟有多硬。

这是帝王争夺中谁也无法回避的问题，后人真难以对雍正的残忍做任何过多的评判。设若允禩登基，未必会让雍正留下全身。历史不会开倒车，我们无法让历史服从“如果”的想象。

帝王之家的血腥，确实是封建王朝的一大脓疮，挑破任何一处，都会流出恶心的汁水。

虽然收拾兄弟中的政敌艰苦，但整顿康熙朝吏治腐败、积弊重重的烂摊子同样不轻松。

雍正五年十月，他谈起朝中吏治，对内阁们说：朕发现，数年以来，那些上奏折的人，并没有什么忠诚可信的话。还有些庸陋的科道员，既不敢直陈政务的弊端，又怕缄口不言而受责罚，于是就找些无关痛痒的琐碎之词上奏。甚至有的滥行条奏，颠倒是非，紊乱黑白……他们还以为，朕作为明君，应该听取这些人的话，若不加采纳，就是不能受谏。对那些乱说话的人稍为惩戒，就说朕对言官刻薄，杜绝了忠谏之路。这真是为君之难啊！

雍正可以对重大事件果断斗争，但这种小人物的劣迹和软抵抗，却也令他只能发出无可奈何的慨叹！

还有一种难，就是面对吹捧。雍正五年十月十七日，总兵官马觌伯奏鄂尔昆、图拉地方（在今蒙古国境内）“瑞麦”一茎十五穗。

他和众多官员一样，知道雍正喜欢听祥瑞之事。

这一次，雍正冷言冷语地做出判断：“地方有司或有借嘉禾美名借端粉饰，隐匿旱潦者，雍正五年以后各省嘉禾俱停止进献奏闻。”

这是汇报祥瑞遭到的一次冷遇。雍正知道，之前所谓的祥瑞，总有虚假瞒报者，无非是要取悦自己，如果长期鼓励这样的作为，对朝廷是十分有害的，这才明令禁止了这种歌功颂德的形式主义。

3

雍正是很能忍耐的。

养心殿中曾经悬挂着“戒急用忍”的匾额。这四个字，是康熙评论幼年时胤禛的话。为控制自己的情绪，雍正曾数次命造办处制作“戒急用忍”牌，如雍正元年五月二十八日命人做珐琅“戒急用忍”铜胎吊牌一件；雍正三年十月二十二日，传旨：“照做过的珐琅流云‘戒急用忍’牌做一件。”除了吊牌，他还命人制作相关的吊屏，悬挂在圆明园等处。如雍正十年九月二十二日，传旨：“将‘戒急用忍’吊屏安在安宁居，钦此。”

雍正即位后，一直以“戒急用忍”警醒自己。有件事，他就耿耿于怀，觉得自己缺乏调查，用人太急。

宗室阿布兰，被允禩保奏。即位之初，正在用人之际，雍正为稳定允禩和拉拢宗室，便特殊加恩，将阿布兰由辅国公晋升为贝勒。

但是很快，雍正就发现自己这个决定实在太草率了。

第一，阿布兰是允禩党羽，雍正竟然没有发现。

第二，允禵从军前回京时，阿布兰作为宗亲公爵，出班跪接。辅国公跪拜皇子，这是从来没有过的事情，可见此人品德不正且立场不坚定。

第三，宗人府建立碑亭，翰林院撰写的文字，阿布兰以为不佳，就另行修改。将歌颂皇考功德的部分修改成了称赞大将军允禵，拟文勒石。雍正即位后，这个家伙立刻扭转风向，将这些字磨去，可见其狡诈。

发现这些隐情后，雍正反复强调：朕用人原则——善则用之，不善则退之。

雍正懊悔不已，自责道："今于阿布兰，既不加详查，任用太急，令伊自干不可宽宥之罪，又难以容忍，则皇考训诫之圣明益著，而朕亦知过矣。"

雍正急躁的性格，决定了他为政过程中严猛有余，发威时难以听进劝谏。

雍正四年，吏部尚书、云南巡抚杨名时误将该保密的密谕内容写入了题本，急躁的雍正小题大做，立刻将杨解任。

封疆大吏，说开除就开除，让朝野震动。

这还不算。杨名时被解任之后，他的继任者、巡抚朱纲上任后，趁热打铁地参劾杨名时"在任七载，循隐废弛，库帑仓谷，借欵亏空"。

杨名时不得不自我辩解，但这种行为被雍正看作是"巧诈""沽名邀誉"，最终，雍正决定，命杨名时留在云南待后命。

尽管雍正打击杨名时的真正目的是杀鸡儆猴——打击以杨名时为首的士人集团。但作为皇帝，不问情由、不分青红皂白就撤销吏部尚书，确实有些急躁不冷静。

"戒急用忍"的核心是"戒"。但雍正的性格难以做到大事临前不动声色，他往往很快做出判断，非此即彼，而不是像康熙那样宽容、忍让后仅仅言语惩戒。在著名的打击科甲朋党案件中，李绂和田文镜互参，雍正就明显失之偏颇地站在田文镜这边，让李绂最终彻底败北。

雍正的急躁还表现在说一不二上。他是史上皇帝中少有的话痨，不论对大臣还是皇族，只要是辩论，就非要论到底，戳穿你的底线，说出最犀利的话语。别人并非都辩论不过他，因为他是皇帝，有些理只能他说，别人不能反驳。急躁加上强势，让他的有些行为显得过于刻薄。

比如对杨名时，他就是要有意羞辱。

杨名时，科甲出身，是名儒李光地的学生。此时，李光地已去世。在雍正的眼中，打击科甲朋党的对象便是李绂、谢济世、杨名时等人。杨名时泄露朱批后，雍正说他是“怙恶不悛、大奸大诈，全无人臣之礼”，这种批语未免过于严厉。杨名时也曾多次上奏折认错并解释，但雍正丝毫不肯宽宥，相反却愈加厌恶他。雍正五年三月初八，杨名时上折奏报奉命护送陈时夏的母亲前往苏州见儿一事，陈述了雍正对陈时夏母亲安排之周详，并以此称颂雍正关怀臣下，念及母子之情，且考虑安全备极周至。可是，因奏折最后一句“殊恩洵属人生稀有之遇，缙绅莫不羡为奇荣”，又触怒了雍正。

雍正当即驳斥杨名时：“‘缙绅莫不羡为奇荣’——照你这么说，要是罚一人，则缙绅都应该以为耻而尽怨朕。”一句话搾得杨名时无言以对。他还说杨名时简直是“无理悖逆之言”。

一个人在上级面前不吃香了，你做什么都是错的。从你被冷落的那一刻起，很可能就会“一错到底”。

果然，当杨名时奏报办理铜盐课项折中，雍正在开头竟然批道：“杨名时有颜言及盐铜，亦可谓廉耻丧尽矣。”大臣向你汇报税收，如何就不顾廉耻了？雍正的急躁和震怒，也是导致其孤独的主要原因之一。

急躁有时也因繁忙嫌官员白忙活。雍正五年十二月，署江南总督范时绎上折奏报江南下大雪，本意是歌颂盛世，文辞十分华丽。年终岁尾，雍正正值政务繁忙之时，他讨厌范时绎没眼色："朕日理万机，毫不体朕！况岁底事更繁，哪里有工夫看此幕客写来的闲文章，岂有此理！况朕屡有训谕，只待秋成方可释怀。今冬雪乃预耳，若如此夸张声势，则汝毫无主敬以待之心矣。下愚不移，奈何！"

雍正对父皇给予自己"喜怒不定"四字评价十分在意，自尊心极强的他因此产生了极大的心理压力。多年后，他还专门在康熙面前恳求，能否将这一评语收回："今臣年逾三十，居心行事大概已定"，请"将谕旨内此四字，恩免记载"。做父亲的康熙，看到儿子如此恳求，只好答应，以消除他的心理障碍。

雍正即位后，没有了康熙的约束，又急于全方位改造国家，要大干实干，因此在诸事上就总是很急躁。

作为至高无上的王者，雍正的孤独很多时候似乎使他缺失了人情味道，但其以强者永不回头的坚韧，操控着大清朝这艘航船，朝着更为广阔深邃的海洋一路驶去。自从担任了这艘船的船长，就意味着永无歇息之日。

前行之路，由不得王顾左右！

宗教的较量

1

雍正与宗教的较量，是在与贝勒苏努之子之间开展的。

苏努的血统纯之又纯，先祖是清朝的始祖努尔哈赤的长子褚英。如果按照汉族的传统，继承大清江山的就该是苏努的祖上。苏努一支虽然在政治上没有取得显赫的成就，但其血统永远是高贵的。

雍正元年，苏努已经七十六岁，是清朝皇族中最年长的人。他儿孙众多，有十三个儿子、二十八个女儿。

苏努一家信仰天主教，是从苏努的第三子苏尔金开始的。

苏尔金眼见康熙众多皇子争夺皇位，而他们却无能为力，也不能参加竞争，为此极为苦恼、疑惑。偶然之间听到天主教的传闻，产生了浓厚的兴趣。于是，苏尔金和兄弟们，开始沉浸在天主的教义里，以解决心中无尽的困惑。他们兄弟几个先后接受洗礼，取了教名。

这是一场顽强的信仰之战。雍正试图以皇帝之名压制苏努的子孙们，不料这帮人却宁死不肯放弃信奉天主教，最后竟被西洋传教士称为“亲王殉教”，在西方国家广为传播，以天主教在中国取得“很大的进展”而自豪。

对抗天主教的行动，早在雍正甫一即位就开始了。

雍正元年十二月十七日，雍正颁布诏令，严禁天主教。这是浙闽总督满保上奏的，称各地西洋人盖起了很多天主教堂，人心渐渐被蛊惑、煽动。请将各省西洋人除了送到京城效力外，一律遣散到澳门。雍正同意了这一请求，他也认识到用西洋人的信仰来引导中国百姓，极为不妥。

认识到思想若被控制的严重性，雍正于二年六月，专门在京召见传教士，说：“你们希望我中国人尽为教徒，一旦如此，岂不成为你们皇帝的百姓了？教徒只认识你们，一旦边境有战事，百姓唯尔等之命是从，这是非常危险的。虽然现在还不必顾虑这些，但如果你们万千战舰来我海岸，那样的话祸患就大了！况且中国北有俄国，不可轻视。欧西各国，亦要担心。俄国就曾请求在我国各省通商，被朕推辞掉了，只允许他们在北京及边境贸易。现在朕允许你们居住北京和广州，不深入各省，你们有什么怨言？现在朕既登皇位，唯一的本分，就是为国家而治事！”[1]

雍正禁天主教，是完完全全从国家安全考虑的。但其对天主教信仰的认识，和他对先前满族信仰的“天帝”、汉族信仰的“天”，有着不同的态度。

雍正觉得，再怎么说，满族的“天帝”先前保佑的是满族民众，现在满族统一了中国，建立清朝，“天帝”也应该保佑汉族民众。这样，汉族原先敬

1 顾长声．耶稣会士通信集［M］．上海：上海人民出版社，2004.

奉的“天”，也应该与满族的“天帝”合二为一，集体保护中国百姓。虽然无法确定是“天帝”管辖“天”，还是两人各自为政，但无论如何，都是中国的“同一个天”；而天主教是西洋的“天”，无法庇佑中国民众。

在雍正心里，清朝取代明朝，是天命所归。自己担任皇帝，也是天命所归。这是一种责任，更是一种必然。

早在藩邸时，雍正为避开众皇子因太子之位的明争暗斗，选择了精心参禅。那时的他，不斗不代表不争，而是冷眼旁观，从容不迫地静观事态变化，像一个超然世外的“佛”，可以随时做出理智、超然的判断。

甚至一度，他真的钻进佛教研究中，大量阅读佛家典籍，频繁与喇嘛来往，提高了宗教理论修养。

四王爷胤禛自以为悟透禅机，召来京中的千佛音禅师论道。禅师洞穿胤禛的本意，虚伪地夸赞：“王爷解路过于大慧，贫衲实无计奈何矣。”和尚们被他逼得很是无奈，只得告饶。

雍正更喜欢追求藏传喇嘛教的研究和实践，希冀通过喇嘛教寻找到长生不老的法门，以求永生。

晚年时，雍正对佛教几近痴迷，曾于雍正十一年公开举行法会，召集当时资深的僧人们前来参加。雍正亲自说法，并将自己重用的亲王大臣都纳入门下，庄亲王允禄为爱月居士，儿子弘历为长春居士，大学士鄂尔泰为坦然居士，大学士张廷玉为澄怀居士……

儒家出身的大臣们担心他像梁武帝崇佛、嘉靖崇道那样，开始纷纷上书劝谏：“臣愿皇上为尧舜，不愿皇上为释迦。”

作为成熟的政治家，一个对政治富有责任的雍正，虽然极端好佛，并说出“补于人之身心”的理由，同时也清醒地总结说：“然于治天下之道则实无裨益”“凡体国经邦一应庶务，自有古帝王治世大法，佛氏见性明心之学与世无涉。”

雍正还是清醒的，他知道喜欢佛学是纯粹个人爱好，并郑重表示没有“密用僧人赞助之理”。这是因为他作为政治家，十分清楚，一味向佛，必然会对朝政造成严重损害。

这也是为什么即位十年间，他闭口不谈佛事的根本原因。仅是在奏折中，偶尔显露一二。最主要的原因还是“恐天下臣民不知朕心者，或起崇尚佛教、轻视政事之疑”。

雍正十一年大事佛法，是他觉得政局大定。自己亲自主持法会，发表宏论，开堂授徒，却又不佞于其教，毫不影响政事，舍雍正其谁?

2

苏努是因为受允禩牵连而被流放到万里长城的内长城以外的右卫的。

他不想去苦寒的地方，于是每日在宫门外苦等，请求雍正宽恕。雍正才不肯理睬他。到了规定的日子，苏努只好悲凉地带着一家六十余口和奴婢三百多人，踏上了漫漫流放之路。

右卫与外长城连接，是一座拥有五六万人口的城市，其中四万人是驻扎于此的驻屯兵。城中房屋短缺，难以找到可容纳这个“大部队”的大院子，男人们不得不混入兵营中。本以为就此安稳地度过日子，不想，雍正却于某日再下诏令，让他们迁徙到沙漠中的堡子。风雪交加中，无法取暖的苏努在病痛折磨中死去，这更使其子孙痛恨雍正。

这些男人虽然无法抵抗雍正，身体里却还流淌着满族皇家血液，他们开始采用心灵的洗礼，以天主教的“个人修行”来解释遭受的一切苦难。他们希望通过自身的修行，虔诚祈祷，不求雍正保护，反求天主恩护。

在他们心中，天主是至高无上的，比雍正要伟岸、神勇得多。

于是，一场封建君王与天主的顽强斗争开始拉开序幕。

苏努的第六子勒什亨和第十二子乌尔陈因被九阿哥允禟事情牵连，被传唤至北京受审。

二人被绑上铁链，装进囚车，远途押送。寒冷和困顿却没有摧毁他们的意志。顺利抵达北京后，二人最终被判处终身监禁，脖子和手腕上拴着沉重的铁链，只能在宽不足十尺的牢房里活动。

即使这样，他们还是互相鼓励，偷偷传递消息。这被朝廷认为是最不可容忍的，这类似邪教组织“白莲教”，是封建统治者最忌讳的。一旦成势，会对君主大权形成巨大威胁。

雍正命令他们放弃信仰。在北京的勒什亨、乌尔陈和远在右卫的其余诸子，虽然都身陷囹圄，却都意志坚定，不肯屈服。

甚至，朝廷越是镇压，对抗越严重，在右卫的家眷中的所有女婢站出来自首，称自己也是天主教徒，希望以人数众多引起朝廷注意。朝廷不知所措，训斥妇女们捣乱，需坚守夫唱妇随的传统礼俗。苏努的孙辈中五个八岁的男孩也到官府自首，称是天主教徒。

对抗到了无法收拾的地步。

勒什亨和乌尔陈被逼迫放弃信仰，二人宁死不从。乌尔陈坚定地说：“我曾发誓如侍奉天子一样信奉神灵，成为基督徒。如果这样的行为激怒了天子，我万死不辞，但绝不可能改变我的誓言。”

大臣们鹦鹉学舌地将原话告诉雍正，雍正十分震惊，他佩服这种具有献身热忱的信仰，就令继续改造乌尔陈，使其改过自新。

审判时，列席官员众多，临时的法庭就设立在佛寺。用佛寺这个宣扬仁慈的场所来判决另一个信仰的对错，确实是个极大的讽刺。

仆人们得知消息后，纷纷赶来，静静地等待着为主人收尸，但二人态度坚决，绝不认错。

雍正见此状况，深感头疼：是什么力量让乌尔陈如此顽强？现在处死乌尔陈倒十分简单，但绝不是最好的办法。应该让有罪的人认识到罪过，你们这帮人审讯技巧拙劣，被乌尔陈牵着鼻子耍弄。

雍正给出了最合理的解释：“你们就说，无论满人、汉人、蒙古人还是西洋人，敬奉的都是神明，都是天。只是，不同的国民应该敬仰不同的天。朕不是要禁止你敬仰天，只不过是让你按照满人的方式崇拜天神。你抛弃祖宗的信仰去敬奉西洋人的天，是大错特错。用错误的方式祭祀天神，反而是对天的侮辱。”

这样的理论，听起来确实颇有道理，似乎可能唤回乌尔陈的灵魂。可没想到他却一意孤行，再次表明自己的态度：“我的信仰绝不是为了和天子对抗，神教导我要侍奉自己的君主，如果我放弃信仰，就等于欺君。”接着他反问雍正：“如果服从西洋人的信仰就是西洋人的孩子，那么，学习孔子之道就是孔子的子孙吗？”

他站在辩论立场反问的话，反而激起了雍正的好奇心：我一定要征服这样的人，让其心服口服。

雍正却又无能为力：一个人一旦有了信仰，不再惧怕死亡，这是统治者最无法扭转的，也是最惧怕的，因为，他将无计可施。

3

雍正以为，没收乌尔陈等人的所有财产，让他们在监牢中过过苦日子，悲惨的经历会让这些过惯锦衣玉食日子的公子最终屈服。

但，事与愿违。

乌尔陈等人每天脖子和手腕上戴着沉重的铁链，遭受着暗无天日的折磨，却不忘每日诵念《圣经》，把每个受折磨的日子都当成自己今生“应受之罪”，反复诵念《圣经》，以求获得救赎。

乌尔陈最终在雍正五年的一天早晨，饮用大量毒药而亡。这一天正是圣母升天日。

到此刻，苏努家族的信徒们，已经从一切外在形式的斗争转变为心理上的格斗。他们不但洗礼自己，还改造身边服侍的仆人，让仆人身在狱中却能获得心灵上最大的安宁，祈祷世间一切美好。

官府开始不断驱使仆人，减少侍奉人员，以求让苏努家族的成员过苦行僧般的生活，最终屈服。苏努家族的子孙们，这次更为笃定地认识到：我来世间所受的每一份苦，都是我应该遭受，唯有通过这样炼狱般的洗礼，我的心灵才能得到升华。

君臣就这么执拗地以各自的方式对抗着，谁也无法说服谁，谁也不肯退步。

尽管雍正拥有生杀予夺大权，可以随时以各种名义夺取他们的性命，但雍正这次以极大的忍耐心，静观其变。或许，在他心里，对这些人如此深信天主教已经有了一丝敬畏，又或者心生畏惧，再或者是觉得他们像自己信奉佛教一样，其心是虔诚而纯粹的。

总之，这场旷日持久的对抗，终于在雍正十一年春宣告结束。一位带着军事使命被派往蒙古的将军，见到苏努家的女眷亲自从井中打水，过着如此凄惨的生活。他将这情况汇报给雍正后，雍正宣布赦免苏努一家。

斗争看似结束了，却没有胜利者。

这场满族人对抗满族人的斗争，却以中西方宗教的相互对抗进行。一方无法彻底说服另一方，君主也不能动摇臣子的决心，权力显得如此苍白，大概唯有信仰的力量能够做到如此。

只是，我们很难辨析清，苏努一家的坚持是满族人血统里的固执，还是天主教灌输的信念在支撑着他们。或许，两者皆有吧。

我们更不可能得知，当时的雍正为何会赦免苏努一家。折磨这么久，难道仅仅是为了斗一口气？为何在皇帝斗气并未胜利的情况下，却下令赦免？莫非他是屈服了？或者他是遵从了上天的意图？这是封建王朝君主最难以捉摸的神秘之处，他们既信奉天又常常以天神愚弄百姓，内心深处，大约是敬畏心在支配吧！

背面：孤独的独裁者

挑剔的强迫症患者

1

雍正提倡俭朴，自己的生活和饮食也俭朴到极致。张廷玉亲见他捡起掉下的饭粒、饼屑来吃，不是做作。

但他毕竟是皇帝，一国之君，在生活品质和文玩艺术的追求上，一反常态，变得挑剔而追求十全十美，类强迫症患者。

内务府造办处有账本，名叫《内务府造办处各作成活计档》（简称《活计档》），详尽地记载皇帝何年何月何日降旨，命令各作坊制作或修补何种物件，采用何种材料等精细信息。

雍正是皇帝，制作这么多精美的器物有什么用呢？

当然有妙用。

第一，作为政治用具。他即位后，常将精细的御用之物赏赐给蒙古王公、章嘉、达赖、班禅以及宠臣。这些本来毫无感情的器物，此时就带着皇帝的温情传递给大臣，成为雍正驾驭属臣、使用政治手腕的工具。这些器物尽管很多王公也有，但皇帝赐予的总是带着浓郁的人情味，远比枯燥的官方文书上几句赞誉效果更好。

第二，增加神秘感，引发追捧热潮，提高皇帝威仪。雍正亲自指导督办的器物，非常之精美。因其独有，一度成为时尚新潮流。而这些最新潮流的器物，普通士宦无缘观赏，也不可能在宫外流传，只有王公贵戚、近臣、重臣方有机会，由某件事而得到为数不多的几件。这些人将器物视若拱璧，同时也将其作为“皇帝宠遇”的最好见证，在亲朋好友间炫耀。雍正深谙此道，还特意交代：“抢风帽架只许里边做，不可传与外人知道。如有照此样改换做出，倘被拿获，朕必稽查缘由，从重治罪。”这种不得随意仿制的诏令，更令王公贵族们趋之若鹜。因物而受控，受控而俯首。

第三，显示修为和审美，以文化压臣子。雍正本身具有很高的文化修养，他利用制作书画和工艺品，将古代的文人意趣化作帝王的趣味，在《行乐图》中表露得最为直观。

“闲游不必调丝管，自有松篁奏好音”。他的《行乐图》中很少有前呼后拥的场面，多是抚孤松而盘桓，踽踽独行，杖藜蹑履，行吟坐啸，披风松下，待月竹间，观澜石上，松涧鼓琴，拄杖寻诗，寒江垂钓……这种赛似神仙的做派，让群臣看到了他对园居生活的热爱以及对古代文人生活方式的认同。在宫藏的古代艺术品中，雍正对宋人创制的细洁净润、色调单纯的瓷器最为倾心。他亲自制定的文雅精细的审美标准，完全是从士大夫文化中汲取了精神营养，从宋瓷的制作中吸取了具体元素。雍正觉得，唐代雍容高贵、富丽华美的艺术格调，最能代表皇家气派，也格外喜欢。他将清新隽永的唐诗吟咏再三，直接题写到珐琅彩器皿上。有了这样的艺术品做底子，雍正志得意满，完全有底气和群臣较量“文化底蕴”。他是最能和臣子较劲儿的皇帝，生怕自己身上杀伐决断的皇权气概掩盖住博学多才的书生才华，免得臣子暗地里不服气。

第四，昭示与时俱进。作为皇帝，雍正不愿意落下个故步自封、难以接纳新事物的名声。他要做中国的明君，自然对国外的新事物要广泛吸收，以昭示他这个皇帝是胸怀广阔且目光独到的。雍正六年十月，进贡的糊西洋纸盒牌匣引发他浓厚的兴趣，连连夸赞："此匣上纸的花纹看着新样。将此花纹画下，嗣后造办处或做彩漆，或织锦，或做砚盒，或做小式活计，仿此花纹做。"他完全没有因为是西洋或者东洋的东西而嫌弃，还专门用改造这种艺术品来显示清朝的兼容并包。对于合乎自己审美趣味的，便直接拿来为我所用；口味不合的，就经过审视、磨合、提炼，改造成符合自己趣味的艺术品。而且，他也通过进贡的民间艺术珍品和招募的匠人，了解外界的时尚。偶然发现少数民族的佩饰样式新颖，便命海望"将湖珠坠子照蛮子珠坠样式改做"。如此一来，便赢得了"开明君主"的美誉。

从年少时，雍正即以"天下第一闲人"的身份，在众皇子争抢太子之位时，别出心裁地用雍亲王的身份和福晋充当《耕织图》中的农夫农妇，以淡泊恬静的举动，极好地麻痹了竞争对手，用所谓的"耕织"人生理想，巧妙掩盖了政治野心，赢得了康熙的好感。他也趁着这段时间，实实在在地根据自己的审美标准制作了不少的文雅器物。玩物而不丧志，享乐而不奢靡，在自娱自乐中完成了人生的嬗变。

2

雍正并非浪得虚名，对制作艺术品也有着严格的要求和流程。

凡是要做的活计，需要经过七道严格的工序。

第一道工序，先要经过他颁发谕旨，才能开始工作，御用器物并非随心所欲。

第二道工序，接到任务的制作者要根据材质，或画出纸样，或镟出木样，或拨出蜡样，让器物的雏形初现。

第三道工序，工匠们要将精细制作的样品呈给他预览。

第四道工序，他对预览的样品提出修改意见，根据自己的喜好和标准，提出具体方案。

第五道工序，工匠们根据皇帝提出的意见进行精确调整，以达到皇帝的要求。

第六道工序，再次呈览给雍正，得到他的批准，这件作品才算结束了准备过程。

第七道工序，具体制作。

很多活计，甚至要反复修改三四次，直到雍正绝对满意为止。有一次，要为景山东门内庙里造一尊骑马关羽像，先是命做出小样。这个像要求是如意法身，高一尺六寸。工匠根据要求先做出蜡样呈览，等批准时再造。一个月后，工匠呈上塑成的蜡样关夫子一尊、周仓等从神六尊。雍正不满："关夫子脸像拨得不好，照圆明园佛楼内供的关夫子脸像拨。那些从神站像款式亦不好，照南府教习陈五指式拨像。"

皇帝亲自指导造像，工匠们只好按照指示办。

十天后，再次呈上新蜡像，雍正仍不满意，批评道："你们造的关夫子的脸像特低，要仰起些来；腿甚粗，收细些；马鬃少，多添些；廖化的盔不好，另拨好样式盔……"

六天后，第三次进呈，雍正依然不称心，说："关夫子硬带勒得甚紧，再拨松些；身背后无衣褶，做出衣褶来；鞋大镫蠢，俱收小些；膝旁放高些；持刀的从神，手并上身做秀气着。"如此详细指出不足之处，让工匠们汗流浃背，战战兢兢，只好再次返工。

四月初二日，四度呈览，雍正总觉得还没有达到预期："帅旗往后些；旗上火焰不好，着收拾；马胸及马腿亦不好，亦着收拾。"

过了两天，五度进览，雍正这才露出满意的笑容，点头赞叹道："甚好，准造像，做绣旗。"

仅仅是这次关羽和众从神造像，前后耗时八个多月，共用汞金一百五十六块，重六十二斤。

负责造器物的人员选用上，雍正任用最信任的怡亲王主持造办处事务，将炮枪处、珐琅处、舆图处、自鸣钟处俱归并造办处管理。委任能干的海望、沈喻、赵元、唐英等人，做允祥的得力助手。

雍正还亲自选拔造办处人员，对他们的才华逐一掌握，平庸者直接辞退，优秀者破格重用，对艺术作品务求精益求精。

雍正元年镌刻寿山石“雍正御笔之宝”玺印，就命翰林张照、技艺人滕继祖、南匠袁景劭、刻字人张魁各呈上一张篆样，最终，雍正选中了翰林张照的设计。

他还能根据当差者的特长指派活计，钦点：“花卉让吴璋画，石头命陈善画。”谕令郎世宁为金胎珐琅杯画样、在棕竹边漆背书格上画山水。

设立奖励制度，激励工匠精心制作。雍正八年，郎中海望拿来一对画飞鸣食宿雁珐琅鼻烟壶，雍正甚为满意，专门调查：“这个鼻烟壶画得甚好！烧造得亦甚好！画此珐琅是何人？烧造是何人？”在得知是谭荣画、邓八格炼的珐琅料后，各赏银二十两。获此殊荣的还有画珐琅人邹文玉，他多次得到皇帝的夸奖。这些措施的运用，使雍正朝的瓷器大放异彩，呈现出文雅精细的时代风貌。

雍正对珍宝玩物的要求，一度达到挑剔的地步。有一次，看到呈进的灵璧石磬，他不满意，说：“此磬声音甚好，但‘太古之音’四字刻法不好，或者改作八分书，或去平，尔等酌量做。再绦子甚长，做短些。架子不好，另换架子。”对黑红玛瑙兔批评道：“耳朵大亦蠢，着收拾。”对莲艾砚批评：“做得甚不好，做素净、文雅好。何必跟上刻花。再书格花纹亦不好，象牙花囊甚俗，珐琅葫芦式马福瓶花纹、群仙祝寿花篮春盛亦俗气。”

3

意大利人若瑟，本来到中国来，也是想当传教士的。然而事与愿违，由于他擅长西洋绘画，最后被选中，成为宫廷西洋画师。为表示臣服，他起了中国名字郎世宁。

从康熙朝起，郎世宁就是宫廷画师。却因擅长西洋画、缺乏中国画技法，并未受到康熙的重视。在雍正即位的十三年间，他渐渐中西结合，受到雍正重用并延续到乾隆时期。

雍正元年时郎世宁年三十六岁，正是创作的黄金期。他和雍正的艺术追求十分默契，受到雍正青睐，到了“非郎不可”的地步。

雍正三年，河南、陕西和北京先农坛皇家的地里，先后出现所谓的瑞谷。大臣们通过这种呈送祥瑞的方式巴结雍正。雍正看到谷粒饱满、金色耀眼的谷穗，自然也十分滋润。为大力宣扬这种盛世产物，雍正就命郎世宁创作《瑞谷图》，然后借着这幅画，告诫各省督抚要重视农业，勤政为民，争取来年大丰收。

郎世宁居住于宫廷里，最能接触中国画精髓，他潜心钻研，大胆探索、实践，形成中西合璧的绘画方法，创作了题材广泛、形式多样的绘画作品。其中有人物画、花鸟动物画、风景画、年节画、扇画、珐琅画等。

每逢春节，宫中画师都要作画祝贺。郎世宁创作的山水画，构图巧妙，气势恢宏，描绘出一派山河壮丽、欣欣向荣的景象，得到雍正赞赏，命送往圆明园内“西峰秀色”处张贴。

雍正养了一只小狗，名叫“者尔得”（满语：赤红色），雍正让郎世宁给狗画像。不想第一次画过后，雍正很不满意：“你画的虽好，但尾上毛太短，其身亦小些。最好重新画。”郎世宁之前创作，一直都受到赞赏，这次被雍正批评后，他回去潜心构思，研究笔法，前后共花费八个月时间创作，雍正才基本满意。而后命郎世宁照着中意的再画一张，以备存档。

雍正看重郎世宁的才华，对他自然也就关怀有加。每到十一月份，雍正就命人给郎世宁作画的屋铺上地炕，再铺一块羊毛毡以防寒取暖。还特意将郎世宁画室的窗户、墙壁重新补糊。

雍正一面向朝野宣布要简朴，一面却在宫廷里如此醉心艺术，不惜花费重金，来完成其对艺术品追求十全十美的心愿。在家国一体的皇帝眼中，这种奢侈并不算奢侈。他脑子里存留的，还是“普天之下，莫非王土”的观念，整个清朝，他可以随时予取予求。

就是对生活用品，雍正的入迷程度，也是十分罕见的。

到了晚年，由于视力原因，雍正不得不戴上眼镜办公。因此，他对眼镜这一随身用品也变得珍爱无比，有时竟然爱之太过。

雍正曾一次便要内廷持出一百副眼镜，进行收拾。这个庞大的眼镜数量，确实已经超越了一般意义上的使用功能。雍正将这些眼镜分别放置在四宜堂如意床上、京中大殿、乾清宫陈设内、弘德殿及出外时的车上等，且每处往往备用一副。

由于验光技术的不成熟，尽管有好多副眼镜，有时还是不能满足雍正对视力的要求，他就生出了一个笨办法，采用十二时辰替换的办法——这实际上是根据光线明暗来调节眼镜度数大小。

皇上做事，总是按照自己的性子来。眼镜本是根据个人的视力程度来配镜才最科学，可雍正为显示自己对臣子的关怀，就曾赏赐给允祥、正红旗满洲都统苏丹、近侍郑爱贵和总兵嵇曾筠等人眼镜。

当然，雍正也知道眼镜需要因人而异，赏赐过后又问嵇曾筠："朕所用眼镜一副赐卿，未知可对眼否？若不对，不必老强，随便交回，朕另颁来。"

皇帝如此关怀，嵇曾筠怎敢说不合适，奏折里写道："今领承玉宝，晶莹彻朗，纤毫无障，恰与臣目适相对合。"

雍正批复："此朕案边亲用之镜，本日批毕，随便拈来赐卿者。若对眼，则卿之目力尚好，朕深为欣悦。"嵇氏当时已经六十三岁，雍正才五十六岁，哪里会有皇上用过的眼镜度数正好合适的道理？这种赏赐产生的苦，臣下只能咽在肚子里。其实，皇上赏赐的很多东西，并不是用来使用的，这是一种荣誉，需要时时捧着、供奉着。

雍正去世前两天，宫内还呈送了两副水晶眼镜。说他嗜眼镜如命，似乎并不过分。

4

雍正钟爱的器物还有很多，像钟表，他就按照自己的嗜好，亲自命工匠们制作了许多，也收藏了许多西洋钟表。大约他要控制时间，通过布置在各处的钟表提醒自己时间的存在和时间的流逝。

还有当时称作“千里眼”的望远镜，也是雍正的钟爱之物。与千里眼有着同等待遇的还有鼻烟壶。

不仅雍正喜欢鼻烟壶，康熙和乾隆也同样喜欢。这种盛放烟草的小玩意儿，一进入宫中，就受到欢迎。清朝的皇帝们对鼻烟壶的喜欢，主要是觉得它既有装健身醒脑物的功能，又可作艺术欣赏。

他们吸烟的方式很特别。将烟草碾成粉末，加上香料，发酵后盛入小瓶中，使用时以匙子挑出，由鼻孔吸入。吸一口沁人心脾，有明目、醒脑、辟邪、活血等诸多功能。更重要的是，皇帝们要用这种独特的玩物，来显示娱乐活动的高雅。雍正和康熙、乾隆一样，使用的鼻烟壶，质地、制作及绘画异常讲究：在琥珀、玛瑙、玉石或玻璃上，描绘出生动、绮丽的画，匠心独具。尤其是对艺术有极致追求的雍正，将鼻烟壶视若至宝。

雍正爱好设计，却很少在古代文物上题咏，这和他不喜张扬的性格有关。他不想破坏这些美到令人心颤的珍宝。

雍正是完美主义者，对艺术品苛求尽善尽美，任何被他瞄上的器物，无论是款式、釉水、颜色、纹样等，只单项出彩是不能令他满足的。这充分体现了雍正作为皇帝至高无上的权威和其独特的审美品位。为此，他曾专门将仿洋漆书桌腿换掉，改为紫檀木桌腿，与原有的较为中意的桌面合成一张桌子。又命将原来的桌腿再另外制作一张紫檀木桌面，合成另一张桌子。完成这种“割头换面”的组合，他才满意地露出笑容。

唐代诗人崔道融有一首《田上》诗：

雨足高田白，披蓑半夜耕。
人牛力俱尽，东方殊未明。

说的是：春雨下得很足了，夜里高处田地里的水，白茫茫一片。为了抢种，农民披着蓑衣，半夜冒雨到田间耕作。人和牛均疲惫时，天还未亮。

雍正忙于国家政务，无限辛劳。夜深人静时，醉心于“抢种”，东方破晓时，唯见一脸憔悴的他。他制作各种器物和艺术品，不过是忙里偷闲、适度休憩的一种方式。他知道，做一位合格的“农夫”，整日耕种在大清这块田地间，才是肩头永远的责任！

弘时不肯认输：没有赢家的父子斗

1

雍正亲历过康熙在立太子上的那场斗争。为此，他即位后为了扫除这种后患，曾经进行了长达四年的清除活动，甚至招致了“弑兄”“屠弟”的骂名。

他虽知道，身为皇家子孙，这是绕不开的事实，可他还是想让自己的儿子避开这场灾难。在即位第一年，他就创造性地处理掉这桩棘手的事情。“正大光明”牌匾后的布置，似乎消弭了这场战争。

但真的能消除吗？

当然不能！

在立储君这件事上，雍正也颇费心思。

如果按照汉人立嫡长子的办法，雍正似乎没有选择，可长大的只有庶子，如果退一步的话，最年长的庶子无疑是最不费神的选择。

这个人，就是三阿哥弘时。

弘时生于康熙四十三年（1704）甲申二月十三日子时（晚十一时至凌晨一时）。雍正元年，弘时已经二十岁，立储的话，他最具竞争力。

按照出生先后，弘时是第四子，上有弘晖、弘昐和弘昀三位兄长，但这三位分别在八岁、三岁、十一岁时死去。其中弘昐因幼殇未被序齿，因此弘时排行第三，被称为“三阿哥”，名义上是三阿哥，其实当时他就是皇长子。

雍正对弘时并不喜爱，原因较为复杂。其中最主要的原因是弘时成长时期，正好是康熙九子夺嫡、雍正仓促即位等多变的时期。由于弘时年龄较长，又心直口快，目睹或者听说了很多事情，对父亲所作所为有自己的看法，并非一味赞同父皇的做法。

雍正的脾气，绝不容忍一个和自己观点有悖的儿子来接替皇位。当然，并非说雍正当初就一点儿没有考虑过将弘时立为太子。

有一点是可以肯定的，即雍正第一次将太子名字放置到“正大光明”牌匾后，已经排除了弘时。

雍正元年八月，确定密匣立储。这一天，雍正将亲笔书写选中的皇太子（皇四子弘历）名字的纸条密封锦匣内，召集诸大臣来到乾清宫西暖阁，说明当年康熙立太子经历了各种曲折，所以，自己才想出这么个办法来“一劳永逸”，解决实际问题。可他却不主张举行仪式，为此，他专门解释道：“今朕诸子尚幼，建储一事，必须详慎，此时安可举行？”

这时候，雍正有四子：二十岁的弘时，十三岁的弘历与弘昼，以及三岁的福惠。福惠尚在幼龄，如果说弘历、弘昼年幼，还说得过去。可弘时已经是名副其实的青年，此时听到“诸子尚幼”，内心自然十分不悦。但这时，密匣里是谁的名字，毕竟还是个秘密。弘时即使稍有不爽，也不会过分表现出来。

这时雍正和弘时的情况，很不确定。

雍正刚刚登基，与允禩集团的白热化战争正在徐徐展开。而已经成年且有着自己判断力的弘时，对冷漠的父亲的一些做法并不赞同，反而认为朝野名声皆佳的八叔允禩风度翩翩，十四叔“率师西征、收复藏地、屡建大功、众心咸属”，两位都是值得敬仰的偶像，因此就忍不住同允禩、允禵等人接近。

要知道，雍正刚登基，即任命允禩为总理王大臣。此时弘时该不该靠近允禩，这是只可意会不可言传的。

如果说允禩不可用，雍正又为何委任他高官？

如果允禩可以使用，为何又不能和他亲密接触呢？

偏偏弘时又是个好恶分明、遇事爱固执己见、直爽坦率、不善掩饰的性格。因此弘时问这样的问题，雍正是没法正面回答的。况且，雍正自己对于如何处置允禩等人，或者说如何扭转与允禩的关系，并无明朗的态度，也属于心中无底。

自己尚无准确判断，如何来说服固执的儿子呢？

但雍正看到弘时靠近允禩等人，心中确实是十分不舒服的。

弘时毕竟是自己的儿子，他要想方设法“挽救”儿子。于是，雍正决定，给弘时找个合适的老师，来提升其政治立场和个人修为，期望儿子能回到“做个听话的孝顺儿子”这一正确轨道上来。

在京城无法找到合适的人选，雍正就不惜代价，将时年五十六岁的安庆府教授王懋竑召唤进京，授翰林院编修，下令在三阿哥书房行走。雍正以为，这一次为弘时找到的，是最优秀的老师。

王懋竑原籍江苏宝应，自幼师从叔父王式丹，“刻厉笃志，耻为标榜声誉，精研朱子之学，身体力行”。

京师饱学之士很多，朝臣中也不乏其人，但雍正为了修正弘时的思想，不远千里，找来这位宿儒，为“性情放纵，行事不谨”的弘时授课，可见，雍正还是对弘时抱有期望的。

如果按照雍正的安排，弘时也及时扭转思路，或许，雍正过后的下一位皇帝就不再是弘历而有可能是弘时。

父子二人关系恶化，发生在秘密立储之后。

2

秘密立储尽管十分保密，但很快，雍正就自己暴露了天机。

距离秘密立储三个月后的十一月十三日，是康熙逝世周年忌辰，雍正在景陵举行了隆重祭典。

素来号称“以孝治天下”的雍正却不亲自前往，而是委派十三岁的皇四子弘历前往恭祭。

雍正这等于自泄秘密。

如果弘时被立为太子，自当替父前往祭奠，这就明显看出，他不是储君。

对这个想不到的打击，弘时甚为懊恼。既然看不到希望，索性就我行我素，恢复本来的性情，更加不屑于做父皇乖巧的儿子。他开始或许还有疑虑，当雍正二年年底康熙皇帝“再期忌辰”，弘历第二次“祭景陵”时，弘时就彻底死了心，知道他从此再无缘储君之位。希望破灭后，他甚至对雍正产生了怨恨，干脆和雍正对着干。

允禩等人一直在等待反击的时机。看到弘时对雍正的态度，允禩集团顿时暗中大喜：对好强的雍正来说，如果儿子也开始反对自己，是极好的讽刺。

允禩等人有意识地与弘时亲密接触。

弘时的这种行为，并非纯粹怀着对雍正的报复心。他生于康熙四十三年，对发生在康熙朝的两废太子、诸皇子拉帮结派、为争储位明争暗斗等，早有耳闻。康熙崩逝，雍正乘机即位，随后即以残酷手段清除政敌，这些事件，弘时作为一个日趋成熟、性格鲜明的青年，早已有了自己的判断。加上他城府不深，心直口快，又素不受宠，眼看未来立储无望，日积月累，弘时已经不在乎一切了，与允禩等人交往，反而能消解心中的悲愤和忧愁。

但是，这却犯了雍正的大忌。

弘时的老师因丧母丁忧，要回故乡。雍正亲自赐予丧葬银两，还叮嘱道：“谕以治丧毕即来京，不必俟三年。”

弘时早已心如死灰，雍正还沉浸在改善父子关系的状态中，不断加压升温。

随着帝位越来越稳固，雍正也加快了对允禩集团的打压，从雍正二年到雍正三年，服丧期满，不需要再打着“父皇辞世不满三年”的幌子了，雍正对允禩集团下达了最后通牒：允禩、允禟等人被革去黄带子，从玉牒除名，这场斗争临近尾声。

从玉牒中除名，表示允禩等人不再是爱新觉罗的子孙，这是堵死了他们的退路。

即使事态发展到这一步，弘时依然不肯主动服输、认错，向父皇表明心迹，承认与允禩等人的来往是完完全全的错误举动。

他的固执，迎来了雍正严厉的惩罚。

雍正四年二月十八日，雍正对弘时说："你断不可留于宫廷，既然觉得允禩亲，就把你过继给他当儿子吧。允禩因罪已经革去黄带、玉牒除名，你也撤去黄带，随他们去吧。"

说完这句话，雍正将弘时赶出宫门，交给此时无事可做、方向不明的十二弟允祹严加看管。不受皇帝欢迎的允祹看管着不受宠爱的弘时，一对苦命人开始相依为命。尽管这些家庭丑事《清世宗实录》极力掩饰，很少记载，但在乾隆年恢复弘时宗籍时，在允禄等人的奏折里，还是找到了踪迹。

可怜弘时的老师王懋竑，老母亲病故，奉皇命办完丧事就急忙返回京城，希望忠心耿耿地服务三阿哥弘时，却不料进京后不久，就被巧妙告知——需要识相地辞职！

于是，王懋竑谢皇恩完毕，就以"老病"辞职回归故里，才没有在历史上留下恶名或卷入政治旋涡中。

现代影视剧中，为了表现雍正的铁血无情，显示他为儿子弘历扫清继位的障碍，声称雍正杀死了弘时。

那么，究竟雍正是否杀死了自己的儿子弘时呢？

3

《清世宗实录》对弘时的情况几乎全无记载，连名字都未曾出现。这是极不正常的。《清史稿》采取了同样的办法，以简略的笔法带过，和《清世宗实录》步调一致，采取了"为君者讳"的办法。这是写史者的可悲，却是人情世故的必然。

记载弘时情况的主要史料，有以下几种：

第一，清朝玉牒。玉牒记录：“（雍正）第三子弘时，一子。康熙四十三年甲申二月十三日子时生，母齐妃李氏，知府李文烨之女。雍正五年丁未八月初六日申时（下午三时到下午五时）卒，年二十四岁。嫡妻董鄂氏，尚书席尔达之女。妾钟氏，钟达之女。妾田氏。”清晰记载了弘时的出生年月、去世年月和相关妻、子等信息。

第二，乾隆登基后的谕旨。雍正突然去世后，乾隆顺利继位。甫登帝位，乾隆就推翻了父皇的决定，颁布谕旨：“从前三阿哥年少无知，性情放纵，行事不谨，皇考特加严惩，以教导朕兄弟等，使知儆戒。今三阿哥已故多年，朕念兄弟之谊，似应仍收入谱牒之内。着总理事务王大臣酌议具奏。”继位者总会做出一些传位者难以控制且最不愿意看到的动作。逝者已去，自然无力更改。当然也可看出，乾隆对雍正处罚弘时，将其剔出玉牒，觉得有些过度，因此给予更改。

第三，允禄等人关于恢复弘时宗籍的奏折：

> 查，雍正四年二月十八日奉旨：弘时为人断不可留于宫廷，是以令为允禩之子。今允禩缘罪撤去黄带，玉牒内已除其名，弘时岂可不撤黄带。著即撤其黄带，交与允祹，令其约束养赡。钦此。
>
> 臣等查三阿哥从前原因阿其那获罪株连，与本身获罪撤去黄带者不同。今已故多年，蒙皇上笃念兄弟之谊，欲仍收入谱牒，于情理允宜。应钦遵谕旨，将三阿哥仍载入玉牒。俟命下之日，交与宗人府办理可也。
>
> 谨奏请旨。依议。

玉牒和奏折说明：弘时同情允禩等人，是其获罪的原因。雍正惩处弘时，先是将他过继给允禩为儿，宣告断绝父子之情。通过这种行为教导、警示弘历等兄弟和众大臣。弘时已经娶妻生子，不被批准在宫中居住，是由其叔父允祹约束养赡的，并非圈禁。

由此看来，弘时为雍正所杀，至少有几个理由是不成立的：

第一，受牵连，并非重罪。弘时是受允禩案件牵连被惩处的，并非罪大恶极。这不大可能让雍正产生痛下杀手、处死亲生儿子的念头。

第二，政敌尚且保留性命。雍正对允禩等人，也没有直接杀死，而是采取了圈禁的办法。对允禩等首犯尚且如此，怎会对儿子动手？

第三，弘时并未对政权形成威胁。所有记载显示，弘时并没因争夺储君之位采取了什么不当措施。他既不会对将来政权构成威胁，也没有动摇当时的政权，这不可能让雍正生出杀子之心。

第四，民间未流传此说。雍正七年颁布的《大义觉迷录》一书记载，曾静曾指责雍正“谋父”“逼母”“杀兄”“屠弟”等所谓罪行，如果弘时为雍正杀死，曾静绝不会放过这一控诉理由，来扩大反清影响，断不可能为雍正掩盖。这也间接说明，雍正不大可能杀死儿子弘时。

第五，时间上的证据。弘时是雍正四年二月十八日被玉牒除名，交给允祹看管的。弘时的死亡时间是雍正五年八月初六，如果雍正要扫清障碍，按照他的性格，不应该拖了一年半时间才动手。何况，毕竟是亲生骨肉，即使当时对儿子恨之入骨，有了这一年半的沉淀，哪个父亲能下得了如此狠心？

弘时事件，是雍正个人家庭生活中的一幕悲剧，但脱不开当时的历史环境和政治斗争。这种特定历史条件下权力之争引发的父子反目，是各自对权力之争的解读不同。

不可否认，弘时因失去储君地位而产生的失落，加速了其走近允禩等人的脚步。或许，他是有意为之，以此来发泄心中对父皇的私愤。雍正采取了过激手段，将儿子送给政敌允禩当儿子，显示出他极易暴躁、说一不二、爱憎分明的性格，在对待亲生儿子时，也很难改变。即使用尽手段，雍正也难以扭转其作为清朝最高统治者的孤立和无奈。手段可以改变状况，但无法让儿子服输，也是一种别样的失败。看似雍正是胜利者，但弘时宁愿孤独死去也不肯服输，显示了这场父子斗争中，没有最后的赢家。弘时最后郁郁而终——这样的结局，想来雍正也是会落几滴泪的。

弘时如一面镜子，照出了雍正人格真实的另一面，这对矛盾的父子，最终以掌权者对另一方的惩罚结束，充分说明一点：皇家无私事！身为皇家子孙，这既是荣耀也是悲哀。

暴亡离世

1

雍正在位的前六年，身体一直很好。

雍正七年冬天，他得了一场重病，几乎丧命，好歹挺了过来。到了雍正八年五月，身体才渐渐恢复。这次病症主要为：身体时冷时热，夜间难以深睡，饮食无常。

这些疾病，都没有找出病因。这或许与他长期熬夜、过度操劳国事有关。当时的情况下，或许觉得贵为皇帝，出现这样的症状很不正常。若是到了今大，长期熬夜的人，大多是会出现这样的症状的，这就是一种亚健康状态。身体状况让雍正一度感到焦躁，而这种病情下，焦躁只会加重病情。

还有一个原因，此时的雍正已经五十多岁，正是身体由盛转衰的阶段。按照现代统计学的规律，这段时间正是身体的新陈代谢由快转慢的一个过渡期。身体的很多器官运行到此时，长期积累的病变开始发难。所以，五十岁到七十岁是最容易出现病患或者感觉“昨天还好好的，突然就去世了”容易引发遗憾的年龄段。其实就是身体器官骤变造成的。当然，五十岁出头的人，平日里总以为还年轻，过盛的事业心和渐弱的身体形成反差，一般人心埋上更是觉得“我从来没病”，不检查，导致会出现所谓的“突然发病”。

雍正八年五月，雍正身体刚刚恢复，偏偏又赶上允祥去世。允祥的突然离世，让雍正悲痛万分。他失去的不仅是一位得力助手，更是这世界上最亲近的兄弟。这对于本就孤独的雍正来说，无疑是个重大打击。

允祥去世后，雍正在遭受心理和身体的双重打击下，几乎感到了绝望。六月，他不得不召来允禄、允礼、弘历、弘昼、大学士和内大臣张廷玉等多人，告诉他们一件事："如果我不在了，新君即位，一切按照我的密诏办。"

这时的叮嘱，话里有话。

所谓的传位密诏，早就于雍正元年放在了乾清宫"正大光明"牌匾后，何以此时重新提起？

原来，他另外又亲笔写了一封密诏，藏在圆明园内。这是雍正的稳妥之处，密诏一式两份，到时候新君即位可以互相印证，以免再出现像他"篡位"的传闻。

这本是极其秘密的，但雍正考虑到，万一哪天来不及交代后事，没有人知道这份密诏，心思岂不是白费了？于是，九月份，他将亲笔写有这份密诏的事，告诉了最信任的近臣张廷玉。后来，在鄂尔泰来宫内时，又告诉了鄂尔泰。雍正十年正月，再次对张廷玉、鄂尔泰两人说明："除了你二人外，再没有人知道这件事。"

打击接踵而至，允祥去后，孝敬皇后又去。雍正因病不能亲自参加入殓仪式，病情愈发加重。

但这并非要命的病。在此期间，他照常办公，国之大事一点也不耽误；公开场合更是绝口不提有病之事，怕引起政局动荡。这是雍正要强的性格决定的，才五十三岁，他哪里肯承认自己有病。甚至，他还刻意说谎，掩饰说："朕去年冬天以来，身体有些小毛病，没有在意，未曾调治。从今年二月以来，还不时冷热发作，吃东西也不像往日有胃口。可是五月初四日参加了怡亲王的丧事后，彻底抒发了一下哀痛之情，第二天留心观察，反而觉得身体所有不适症状全部消失了。现在一切都和以前一样了。"

在此期间，关于病症也不能说没有透露一点消息。

雍正八年正月，工部尚书对李卫说："皇上下巴上有些小疙瘩，已经好了。"李卫是雍正十分看重的股肱之臣，雍正自然会透露些实情给李卫。他还专门让李卫、鄂尔泰、田文镜等心腹督抚留心寻找好医生。

李卫劝说他静心修养，雍正却回答："养身之道，不关动静。能养则动也未损，不能养则静亦无益。故曰养身莫如养心。而养心之要，惟贵适理。"在雍正看来，适当的工作反而是有益身心健康的，因此对李卫等人的劝谏并未放在心上。

隐瞒的病情一直持续到雍正九年夏秋间，身体渐渐恢复后，雍正十年六月，还新添了儿子弘瞻。

2

雍正十三年八月二十一日，雍正又患病了，住在圆明园中，照常办事。

这一天，他似乎感觉到了生命已来到终点，特召见十四弟允禵，希望化解多年的恩怨。一对亲兄弟，坐在一起，俨然熟悉的陌生人。

雍正的本意，是想在弥留之际，和自己的亲兄弟和解。可一张口，仍旧是勉励的训话。作为哥哥，他觉得自己没有做错，担心这个弟弟，也知道弟弟受了不少委屈。但雍正就是难以启齿，说出内心最真实的话。他深知，此刻若想让弟弟承认他错了，一定是徒劳。

雍正还是说出了想法："我去后，希望你能出来辅佐新君。"

这是刚强的雍正说出的自以为最真心的话。

彼此别扭了半辈子，允禵却并不领情，冷冷地说："臣弟病体缠身，恐难以担此大任。"

雍正听罢，长叹一声，知道再硬劝也是白费工夫。心中有疙瘩的亲兄弟，互相了解对方的脾气。

前一天，雍正支撑着身体，谕军机大臣关于北路军营驼马事务；引见宁古塔将军杜赉，询问补授协领、佐领人员等。

二十二日，雍正病更重了。皇四子弘历、皇五子弘昼一步也不离地在床前伺候。戌时（晚七时至晚九时），病渐加重，迅速召庄亲王允禄、果亲王允礼，大学士鄂尔泰、张廷玉，领侍卫内大臣、公爵丰盛额、纳亲，内大臣、户部侍郎海望至寝宫前，宣布传位弘历。

张廷玉是在家中刚就寝，忽然接到宣诏赶来的。一进园子就知情况不妙。看到雍正时，他已经说不出话来。

二十三日子时，五十七岁的一代雄主雍正，离开了这个他还无限留恋的人世间。

这时，弘历等人只顾悲伤哀号，张廷玉和鄂尔泰交换眼色，同时向允禄、允礼等人说："如今继承大统是急事，大行皇帝曾示我二人有密旨，应急请出。"

这些人听到有这样的密旨，虽感奇怪，但众人心往一处想，都表示同意。可总管太监却为难地说："老奴从不知道有如此密旨，更不知道放于何处。"

张廷玉说："大行皇帝当日密封之件，谅也无多，外用黄纸固封，背后写一'封'字者即是。"

总管太监按照这个办法，果然找到了密旨。张廷玉等就当场宣读传位于弘历的密旨，众臣拜请弘历受命。

弘历此时二十四岁。尽管在仓促中即位，却当即就表现出帝王气度，命传旨：着庄亲王允禄、果亲王允礼，大学士鄂尔泰、张廷玉辅政。

临危不乱的弘历，十分领悟雍正遗诏中提到的这四个人即是父皇给他配置的最佳辅政班子，此刻必须毕恭毕敬，不能生出一点乱来。

3

雍正不是长期卧床不起而后离开的，他的死亡，看起来十分突然。至今，仍无资料明确显示死因。

雍正去世后，有关他暴亡的各种说法也开始流传，大约有以下几种：

第一，被吕四娘刺杀身亡。这种传说流传最广。说吕四娘是吕留良的孙女，是吕留良案中的幸存者。当年她和母亲及一个仆人逃走后，为替爷爷报仇，苦学武功，瞅准机会进圆明园杀了雍正。这个传说至今仍广为传播。1981年河北省有关部门曾发掘雍正地宫，未打开就停止了。社会上就传说，棺材已经打开，雍正有尸身无头——这种说法经不起推敲的地方是：李卫是当年办理吕留良案件的官员，他又最擅长缉捕，怎能让吕四娘成为漏网之鱼？这种说法的民间基础是：民国之前，对清朝腐败亡国不满的，大有人在。众人怀着憎恶之情，编造这样的故事泄私愤，这种逻辑较为合理。

第二，雍正死于丹药中毒。这个理由是《活计档》中记载，雍正八年以后，圆明园曾大量采购矿砂、黑铅、硫磺和煤炭、柴薪，这些都是炼丹所需之物。雍正也确实早年就有炼丹的爱好。还有一件事证明此事非虚。雍正死后的第三天，乾隆就下令驱逐宫中的道士张太虚、王定乾等。据此推测，乾隆是为了掩盖雍正死于丹药的事实。再者，哪有皇帝刚一即位，不着急处理其他国家大事，单单提出驱逐道士，可见是怕暴露了病因。

第三，因病而亡。目前所能查到的官书中所载，均为因病而亡，却没有说明病因，也不作解释。这正是容易让人产生怀疑的地方。

雍正十三年十一月十二日，乾隆为其父上谥号，谥曰：“敬天昌运建中表正文武英明宽仁信毅睿圣大孝至诚宪皇帝”，庙号“世宗”。

乾隆二年（1737）三月，葬直隶易州的“泰陵”。

雍正子时暴亡，乾隆、允礼、鄂尔泰、张廷玉等人连夜把他的遗体送往大内乾清宫时，由于事出突然，准备不足，张廷玉、鄂尔泰只能骑劣马和驮煤的骡子，顾不上配置马鞍。张廷玉差点从马上跌下来，鄂尔泰骑骡子更是受了伤，鲜血流了一裤子……那个忙碌而狼狈的夜晚，雍正给我们留下了无数的谜团。

从那时起，世间再无雍正。